Hans Jellouschek / Verena Kast / Hildegunde Wöller

Liebe und Glück im Märchen

Hans Jellouschek / Verena Kast /
Hildegunde Wöller

Liebe und Glück im Märchen

Wie Paare aneinander wachsen können

Kreuz

Inhalt

Vorwort

Wenn Hans Jellouschek der Prinzessin-Frau dazu gratuliert, dass sie ihre Wut herauslässt, und dem Frosch-Mann rät, »wie man richtig von der Wand fällt«, dann befinden wir uns mitten im Märchen und zugleich mitten im Beziehungsalltag. Liebe und Märchen, das klingt wie ein und dieselbe Melodie. Dabei wird leicht übersehen, welche Mühen und Ängste die Heldinnen und Helden in den Märchen durchstehen müssen. Doch gerade um diese Wege geht es den Psychotherapeutinnen und Psychotherapeuten, die sich mit Märchen befassen. Sie beobachten oft, dass in den Träumen ihrer Klienten Märchenmotive auftauchen und daran sinnfällig wird, wie der innere Konflikt der Patienten beschaffen sein könnte. Sie lesen Märchen darum mit dem Interesse, die Grundmuster zu erkennen, die in den Märchen und in der Beziehung heutiger Paare für das Scheitern oder Gelingen der Liebe bedeutsam sind. Märchen enthalten alte Erfahrungsweisheit. Immer geht es dabei um die Gefahr, sich zu verlieren und unterzugehen und um unerwartete Wendungen.

Viele Märchen haben einen mythischen Hintergrund, das heißt, ihr Ursprung reicht zurück in vorchristliche Zeiten. Darum gibt es da Tiere, die sprechen können, Menschen, die verzaubert sind, Nixen im Teich, aber auch weise alte Frauen. In den Träumen heutiger Menschen sind solche Gestalten erstaunlich gegenwärtig, erschrecken und faszinieren und wecken Fantasien. Fantasie aber ist Teil des kreativen Prozesses, der sich auch in Paaren von heute abspielt, wenn sie durch die Welt ihrer Gefühle irren, um die

Beziehung zu einer Partnerin, einem Partner zu klären und dadurch zu sich selbst zu finden.

Die drei Märchenbeispiele in diesem Band erzählen von erschütternden Ausweglosigkeiten: Da ist ein Mann so verhext, dass er wie ein Frosch in einem tiefen Brunnen haust, einen anderen hat eine Nixe in den Teich gezogen, das arme Aschenputtel ist in die Küche verbannt und muss die schwere Arbeit einer Magd tun. Aber welche Frau will schon einen Frosch zum Mann, welcher Prinz ein schmutziges Aschenputtel? Wie soll die Frau einen Mann umarmen, der unerreichbar am Grunde eines Teiches liegt?

Da setzen nun die Märchenhandlungen ein und weisen auf, dass es durchaus Lösungen gibt. Für Menschen, die in ähnlich verzweifelten Situationen sind, geben die Märchen zwar keine einfachen Rezepte. Sie vermitteln aber die Zuversicht, dass der Fantasie die unglaublichsten Wege offen stehen, um aus dem Loch herauszukommen, in die das Schicksal einen geworfen hat.

Die Autorinnen und der Autor folgen jeweils dem Gang des Märchens und machen an seinen Bildern anschaulich, wie sie sich im Befinden heutiger Paare spiegeln. Wie im wirklichen Leben sind es oft Vater oder Mutter, die der eigenen Entwicklung im Wege stehen. Erst wenn der Fluch aufgehoben ist, das düstere Geheimnis der Familie entdeckt, die Verdammung außer Kraft gesetzt, kann der Einzelne zu sich selbst finden und wird damit auch fähig zur liebevollen Begegnung mit dem Anderen. In der Regel haben beide Liebespartner dabei eine Entwicklung zu durchlaufen. Mit Mut und Ausdauer, oft auch durch viel Dulden und Leiden finden sie schließlich zu dem glücklichen Ende, für das die Märchen sprichwörtlich sind.

Hildegunde Wöller, im November 2008

8

Hans Jellouschek

Der Froschkönig

Ich liebe dich, weil ich dich brauche

Der Froschkönig
oder der eiserne Heinrich
Ein Märchen der Brüder Grimm

In den alten Zeiten, wo das Wünschen noch geholfen hat, lebte ein König, dessen Töchter waren alle schön; aber die jüngste war so schön, dass die Sonne selber, die doch so vieles gesehen hat, sich verwunderte, sooft sie ihr ins Gesicht schien. Nahe bei dem Schlosse des Königs lag ein großer dunkler Wald, und in dem Walde unter einer alten Linde war ein Brunnen: wenn nun der Tag recht heiß war, so ging das Königskind hinaus in den Wald und setzte sich an den Rand des kühlen Brunnens: und wenn sie Langeweile hatte, so nahm sie eine goldene Kugel, warf sie in die Höhe und fing sie wieder; und das war ihr liebstes Spielwerk.

Nun trug es sich einmal zu, dass die goldene Kugel der Königstochter nicht in ihr Händchen fiel, das sie in die Höhe gehalten hatte, sondern vorbei auf die Erde schlug und geradezu ins Wasser hineinrollte. Die Königstochter folgte ihr mit den Augen nach, aber die Kugel verschwand, und der Brunnen war tief, so tief, dass man keinen Grund sah. Da fing sie an zu weinen und weinte immer lauter und konnte sich gar nicht trösten. Und wie sie so klagte, rief ihr jemand zu: »Was hast du vor, Königstochter, du schreist ja, dass sich ein Stein erbarmen möchte.« Sie sah sich um, woher die Stimme käme, da erblickte sie einen Frosch, der seinen dicken hässlichen Kopf aus dem Wasser streckte. »Ach, du bist's, alter Wasserpatscher«, sagte sie, »ich weine über meine goldene Kugel, die mir in den Brunnen hinabgefallen ist.« – »Sei still und weine nicht«, antwortete der Frosch, »ich kann wohl Rat schaffen, aber was gibst du mir,

wenn ich dein Spielwerk wieder heraufhole?« – »Was du
haben willst, lieber Frosch«, sagte sie, »meine Kleider,
meine Perlen und Edelsteine, auch noch die goldene
Krone, die ich trage.« Der Frosch antwortete: »Deine Kleider, deine Perlen und Edelsteine und deine goldene Krone,
die mag ich nicht: aber wenn du mich liebhaben willst und
ich soll dein Geselle und Spielkamerad sein, an deinem
Tischlein neben dir sitzen, von deinem goldenen Tellerlein
essen, aus deinem Becherlein trinken, in deinem Bettlein
schlafen: wenn du mir das versprichst, so will ich hinuntersteigen und dir die goldene Kugel wieder heraufholen.« –
»Ach ja«, sagte sie, »ich verspreche dir alles, was du willst,
wenn du mir nur die Kugel wieder bringst.« Sie dachte
aber: Was der einfältige Frosch schwätzt, der sitzt im Wasser bei seinesgleichen und quakt und kann keines Menschen Geselle sein.

Der Frosch, als er die Zusage erhalten hatte, tauchte seinen
Kopf unter, sank hinab, und über ein Weilchen kam er wieder heraufgerudert, hatte die Kugel im Maul und warf sie
ins Gras. Die Königstochter war voll Freude, als sie ihr
schönes Spielwerk wieder erblickte, hob es auf und sprang
damit fort. »Warte, warte«, rief der Frosch, »nimm mich
mit, ich kann nicht so laufen wie du.« Aber was half es ihm,
dass er ihr sein quak quak so laut nachschrie, als er konnte!
Sie hörte nicht darauf, eilte nach Haus und hatte bald den
armen Frosch vergessen, der wieder in seinen Brunnen hin-
absteigen musste.

Am andern Tage, als sie mit dem König und allen Hofleuten sich zur Tafel gesetzt hatte und von ihrem goldenen
Tellerlein aß, da kam, plitsch platsch, plitsch platsch, etwas
die Marmortreppe heraufgekrochen, und als es oben ange-
langt war, klopfte es an die Tür und rief: »Königstochter,
jüngste, mach mir auf.« Sie lief und wollte sehen, wer

draußen wäre, als sie aber aufmachte, so saß der Frosch davor. Da warf sie die Tür hastig zu, setzte sich wieder an den Tisch, und es war ihr ganz angst.

Der König sah wohl, dass ihr das Herz gewaltig klopfte, und sprach: »Mein Kind, was fürchtest du dich, steht etwa ein Riese vor der Tür und will dich holen?« – »Ach, nein«, antwortete sie, »es ist kein Riese, sondern ein garstiger Frosch.« – »Was will der Frosch von dir?« – »Ach, lieber Vater, als ich gestern im Wald bei dem Brunnen saß und spielte, da fiel meine goldene Kugel ins Wasser. Und weil ich so weinte, hat sie der Frosch wieder heraufgeholt, und weil er es durchaus verlangte, so versprach ich ihm, er sollte mein Geselle werden; ich dachte aber nimmermehr, dass er aus seinem Wasser herauskönnte. Nun ist er draußen und will zu mir herein.« Indem klopfte es zum zweitenmal und rief:

> »Königstochter, jüngste,
> mach mir auf!
> Weißt du nicht, was gestern
> du zu mir gesagt
> bei dem kühlen Brunnenwasser?
> Königstochter, jüngste,
> mach mir auf.«

Da sagte der König: »Was du versprochen hast, musst du auch halten; geh nur und mach ihm auf.« Sie ging und öffnete die Türe, da hüpfte der Frosch herein, ihr immer auf dem Fuße nach, bis zu ihrem Stuhl. Da saß er und rief: »Heb mich herauf zu dir.« Sie zauderte, bis es endlich der König befahl. Als der Frosch erst auf dem Stuhl war, wollte er auf den Tisch, und als er da saß, sprach er: »Nun schieb mir dein goldenes Tellerlein näher, damit wir zusammen essen.« Das tat sie zwar, aber man sah wohl, dass sie's nicht

12

gerne tat. Der Frosch ließ sich's gut schmecken, aber ihr blieb fast jeder Bissen im Halse. Endlich sprach er: »Ich habe mich sattgegessen und bin müde; nun trag mich in dein Kämmerlein und mach dein seiden Bettlein zurecht, da wollen wir uns schlafen legen.« Die Königstochter fing an zu weinen und fürchtete sich vor dem kalten Frosch, den sie nicht anzurühren getraute und der nun in ihrem schönen reinen Bettlein schlafen sollte. Der König aber ward zornig und sprach: »Wer dir geholfen hat, als du in der Not warst, den sollst du hernach nicht verachten.« Da packte sie ihn mit zwei Fingern, trug ihn hinauf und setzte ihn in eine Ecke. Als sie aber im Bett lag, kam er gekrochen und sprach: »Ich bin müde, ich will schlafen so gut wie du: heb mich herauf, oder ich sag's deinem Vater.« Da ward sie erst bitterböse, holte ihn herauf und warf ihn aus allen Kräften wider die Wand: »Nun wirst du Ruhe haben, du garstiger Frosch.«

Als er aber herabfiel, war er kein Frosch, sondern ein Königssohn mit schönen freundlichen Augen. Der war nun nach ihres Vaters Willen ihr lieber Geselle und Gemahl. Da erzählte er ihr, er wäre von einer bösen Hexe verwünscht worden, und niemand hätte ihn aus dem Brunnen erlösen können als sie allein, und morgen wollten sie zusammen in sein Reich gehen. Dann schliefen sie ein, und am andern Morgen, als die Sonne sie aufweckte, kam ein Wagen herangefahren, mit acht weißen Pferden bespannt, die hatten weiße Straußenfedern auf dem Kopf und gingen in goldenen Ketten, und hinten stand der Diener des jungen Königs, das war der treue Heinrich. Der treue Heinrich hatte sich so betrübt, als sein Herr war in einen Frosch verwandelt worden, dass er drei eiserne Bande hatte um sein Herz legen lassen, damit es ihm nicht vor Weh und Traurigkeit zerspränge. Der Wagen aber sollte den jungen König in sein Reich abholen; der treue Heinrich hob beide hinein, stellte sich wieder hinten auf und war voller Freude über die Erlösung. Und als sie ein Stück Wegs gefahren waren, hörte der Königssohn, dass es hinter ihm krachte, als wäre etwas zerbrochen. Da drehte er sich um und rief:

»Heinrich, der Wagen bricht.«
»Nein, Herr, der Wagen nicht,
es ist ein Band von meinem Herzen,
das da lag in großen Schmerzen,
als Ihr in dem Brunnen saßt,
als Ihr eine Fretsche wast.«

Noch einmal und noch einmal krachte es auf dem Weg, und der Königssohn meinte immer, der Wagen bräche, und es waren doch nur die Bande, die vom Herzen des treuen Heinrich absprangen, weil sein Herr erlöst und glücklich war.

»Frosch-Mann« und »Prinzessin-Frau«

Ich erinnere mich des Augenblicks noch genau: Ich saß mit einem jungen Paar in der Therapiestunde. Die beiden hatten erhebliche Probleme miteinander, und wir kamen nur recht mühsam voran. Da war mit einem Mal das Märchen vom Froschkönig im Raum. Als ein genaues Bild dieser Beziehung und ihrer Schwierigkeiten drängte es sich förmlich auf. Je länger ich mich mit diesem Paar beschäftigte, desto überraschendere Parallelen zu Froschkönig und Königstochter zeigten sich. So wurde uns das Märchen zu einer wichtigen Verstehenshilfe und – immer mehr auch – zum Wegweiser für den Therapieprozess.

Ich bin Psychotherapeut, und ein Schwerpunkt meiner Arbeit ist die Paartherapie. Ich habe seit diesem Erlebnis mit vielen Paaren gearbeitet, einzeln, im Rahmen von Familienberatung oder auch in Paargruppen. Immer wieder traf ich dabei Paare, deren Beziehungsstruktur und deren Umgang miteinander mir die Geschichte von Frosch und Königstochter ins Gedächtnis riefen.

Immer neue Zusammenhänge zwischen diesen Paaren und dem Märchen entdeckte ich dabei und lernte beide wechselseitig besser verstehen. Auch fiel allmählich ein ganz neues Licht auf eine eigene leidvolle frühere Partnerbeziehung, die mich immer noch sehr beschäftigt und bei deren Verarbeitung mir das Märchen sehr hilfreich geworden ist.

Dies lässt mich vermuten, dass das Märchen vom Froschkönig etwas sehr Grundlegendes über Beziehungskonflikte und den Sinn von Paarbeziehungen überhaupt aussagt. In diesem Bändchen mache ich den Versuch, dieses Grundlegende in meiner Sprache und auf dem Hintergrund meiner praktischen Erfahrung in der Arbeit mit Paaren herauszuarbeiten.

Es geht dabei um Grundlegendes, das alle Paare betreffen dürfte. Dennoch gibt das Märchen durch seine Hauptpersonen – Froschkönig und Königstochter – und durch die Art, wie es deren Begegnung und Weg miteinander schildert, eine ganz bestimmte Konstellation und Rollenverteilung vor, in der sich nur ein kleinerer Teil von Paaren wiederfinden kann. Auch gibt es viele Paare, deren »Zusammenspiel« dem von Frosch und Königstochter zwar sehr ähnlich ist, jedoch in anderer Verteilung: Den Part der Königstochter übernimmt der Mann, den des Frosches die Frau. Solche Paare würden sich wohl eher in anderen Märchen, zum Beispiel in »Hänsel und Gretel«, wiederfinden. Aufgrund der Vorgabe bleibe ich aber bei dieser speziellen Konstellation von Froschkönig und Königstochter. Es gibt mir die Möglichkeit, sowohl näher an den Bildern und am dramatischen Verlauf dieser Geschichte zu bleiben als auch eine bestimmte Paarkonstellation genauer zu beschreiben und nicht zu allgemein zu werden.

Weil die angesprochene Thematik, wie gesagt, nicht nur »Frosch-Männer« und »Prinzessin-Frauen« betrifft, sondern alle, die als Paar miteinander zu leben versuchen, habe ich das Vertrauen, dass Sie, liebe Leser, die für Sie stimmigen Variationen zum Thema schon selber finden werden.

Die » heile Welt« der Königstochter

In den alten Zeiten, wo das Wünschen noch geholfen hat,
lebte ein König, dessen Töchter waren alle schön; aber die
jüngste war so schön, dass die Sonne selber, die doch so
vieles gesehen hat, sich verwunderte, sooft sie ihr ins
Gesicht schien.

Das Märchen vom Froschkönig versetzt uns mit diesen ersten Sätzen in eine glanzvolle, heile Welt. Von einem König ist da die Rede, von der Sonne und ihrem hellen Licht, von schönen Königstöchtern und einer jüngsten, deren Schönheit über alles geht. Es ist eine Welt, die auf den ersten Blick vollkommen erscheint. Ihr Symbol ist denn auch die goldene Kugel, mit der die jüngste Königstochter, eine der beiden Hauptpersonen unserer Geschichte, spielen wird. Die Kugel ist seit jeher das Symbol der Ganzheit, und dass es eine goldene Kugel ist, deutet die Vollkommenheit dieser Ganzheit an.

Ganz-Sein verbinden wir mit Heil-Sein, und – ob wir uns das bewusst machen oder nicht – wir streben mit allen unseren Kräften nach dieser heilen Ganzheit, wir tun alles, um die Bruchstückhaftigkeit unseres Daseins zu überwinden und ganz, vollständig, heil zu werden. Nun gibt es Ganzheit im menschlichen Leben auf sehr verschiedenen Ebenen. Das Märchen spricht hier zwei davon an: Es schildert eine Kindheits-Welt, die Welt einer jüngsten Tochter, und es schildert diese als eine Welt des äußerlich vollkommenen Glanzes. Damit werden zwei Dimensionen von Ganzheit angesprochen, eine, die in einem bestimmten

Entwicklungsstadium des Menschen gegeben sein kann, und eine, die einen bestimmten Lebensbereich des Menschen, den äußerlich-materiellen, betrifft. In beiden kann vollkommene Ganzheit aufleuchten: Ein Kind kann eine hinreißende Ganzheitlichkeit ausstrahlen, und die äußere Welt können sich manche Menschen so vollkommen einrichten, dass es uns ob ihres Glanzes den Atem verschlägt. Aber beide Formen der Ganzheit können nicht festgehalten werden, sonst werden sie für uns zum Gefängnis, und es kommt zur Stagnation. Man kann nicht ewig Kind bleiben, und der Glanz der äußeren Welt reicht unserem Ganzheitsbedürfnis nicht aus. So muss Ganzheit in unserem Leben immer wieder zerbrochen, verlassen, überstiegen werden, damit Entwicklung zu höherer Ganzheit möglich wird. Das Märchen vom Froschkönig schildert einen solchen Prozess: den Prozess eines Paares, das durch Scheitern und Loslassen hindurchgehen muss, um den Weg zu seiner Ganzheitsgestalt als Paar zu finden.

Werfen wir nach diesem ersten noch einen zweiten Blick auf die Welt der goldenen Kugel, auf die heile Welt der Königstochter. Das Märchen versetzt uns in eine alte Zeit, in der »das Wünschen noch geholfen hat«. Das macht uns ein wenig skeptisch. »Wunschwelt« fällt uns dazu ein, und der Verdacht steigt auf, die Welt der Königstochter könnte so vollkommen gar nicht sein. Sie könnte in der Rückschau nur so vollkommen erscheinen, also ein Produkt der Wünsche nach Ganz-Sein und Heil-Sein darstellen.

Wann träumen wir uns in solche Wunschwelten hinein? Oft gerade nicht dann, wenn wir glücklich sind, sondern wenn wir Mangel leiden und uns dies nicht eingestehen wollen. Wann malen wir uns wehmütig ein Bild von »glücklichen Kindheitstagen« aus, und wann werden blitzblanke Wohnungen, elegante Kleider, tadelloses Make-up und peinliche Ordnung besonders wichtig? Oft dann, wenn wir eine innere Leere spüren, wenn wir einsam sind und uns

Liebe fehlt. Ganzheit erfahren wir am tiefsten in der Liebe, und wenn wir an Liebe Mangel leiden, erschaffen wir uns oft andere ganze, heile Welten und versuchen damit, das Loch zu füllen: eine heile, rückprojizierte Kindheits-Wunschwelt oder eine äußerlich wunschgemäße Glanz-Welt.

Auch in unserem Märchen finden wir angedeutet, dass die glänzende Welt der Königstochter nicht eine wirklich erfüllte Ganzheit ist, sondern Leere verdeckt: Es fällt auf, dass in dieser schönen Welt die Mutter fehlt. In der ganzen Geschichte ist von ihr nie die Rede. Nur von Töchtern erfahren wir, einmal werden Hofleute erwähnt, und immer wieder hören wir vom Vater, dem König. Sein Gegenüber sind Töchter, nicht eine erwachsene Frau. Das weiblich-mütterliche Prinzip fehlt. Damit fehlt aber in dieser glänzenden Welt das Tragende, Nährende, Fürsorgliche, Bergende. Die wunderschöne Königstochter könnte ein sehr einsames Kind sein. Ist die Mutter tot, und muss dies – weil wir nichts davon erfahren – auch noch totgeschwiegen werden? Ist sie krank oder aus anderen Gründen unfähig, ihre Aufgabe als Mutter wahrzunehmen, und »spricht man darüber nicht«? Oder ist es so, dass sie physisch zwar anwesend ist, aber neben dem König nicht ausreichend in Erscheinung tritt? Was wir später von den Vorgängen im Schloss erfahren, legt die Vermutung nahe, dass niemand zu seiner bestimmenden, allzu einseitig männlichen Rolle, die fixiert ist auf das, was »sein soll«, und darüber die konkrete Situation vergisst, ein weibliches Gegengewicht bildet. Das weibliche Prinzip scheint in dieser Welt jedenfalls nicht zum Zuge zu kommen, darum vermag der König nur in sehr einseitiger Weise seine männlich-väterliche Rolle wahrzunehmen, und der Königstochter fehlt Wesentliches für ihre Entwicklung zur erwachsenen Frau. Die makellose Schönheit dieser Welt könnte eine Fassade sein, die Leere und Mangel verbirgt, eine Fassade, hinter der bei allem äußeren Glanz die Menschen leiden, hinter der auch die Königstochter leidet, aber es selbst nicht wissen und nicht fühlen darf. Die Fassade ist dazu da, dass nicht offenbar wird, was zu viel Angst machen und zu viel Schmerz auslösen würde. Und sie macht es leicht, das alles zu verdrängen, weil sie vortäuscht, dass alles da ist, was man zum Leben braucht.

Ich finde in der Königstochter des Märchens jenen Typ von Frauen wieder, die oft Prinzessin-Frosch-Beziehungen eingehen. Diese »Prinzessin-Frau« hat oft eine Kindheit gehabt, in der die Mutter nicht da war oder das Mütterliche zu wenig zur Geltung brachte, weil sie zwar physisch präsent war, aber in sich selbst das Frauliche und das Mütterliche nicht genügend entfaltet hatte. Darum gab es in diesen Familien weder ein weibliches Gegenüber zum Mann noch einen mütterlich bergenden Grund für das kleine Mädchen, in dem es sich hätte fraglos geborgen fühlen können. Trotzdem war die Tochter nicht unwichtig in ihrer Familie. Im Gegenteil, sie war eine Prinzessin, um die sich alles drehte. Aber sie war eine Prinzessin nicht als Ausdruck ihres glücklichen Lebensgefühls, sondern den Eltern zuliebe, weil es für diese aus ihrem eigenen Mangel heraus wichtig war, so ein Prinzesschen zur Tochter zu haben. Für die Mutter war sie wichtig, um ihrem Mann etwas so Schönes präsentieren und damit selbst ein wenig auf Abstand gehen zu können, und für den Vater war sie wichtig, damit er sich mit einer so schönen Tochter als Mann und Vater stolz fühlen konnte. Darum musste sie niedlich und hübsch, strahlend und brav sein und sich manchmal auch ein wenig verführerisch und hilflos zeigen. Dann bekam sie viel Beachtung und wurde mit Glanz und Anerkennung belohnt. Aber im Grunde war sie überfordert; manchmal fühlte sie sich auch in eine Konkurrentenrolle zu ihrer Mutter gedrängt, aber mit ihrer eigenen Bedürftigkeit, mit ihren eigenen dunklen Seiten, mit ihrer Wut, mit ihrer Trauer und Sehnsucht blieb sie allein. So war die Kindheitswelt der Prinzessin-Frau wie die der Königstochter oft eine glänzende Welt, aber sie war zugleich eine Welt des Scheins, die Mangel und Einsamkeit verbarg.

In den ersten Zeilen schildert das Märchen diese Welt noch in ihrer äußeren Unversehrtheit. Unsere Beobachtungen und Erwägungen lassen uns jedoch vermuten, dass diese Unversehrtheit nicht von Bestand sein kann. Hinter der glänzenden Oberfläche sind, wie der weitere Verlauf der Geschichte zeigt, bereits Kräfte am Wirken, die diese Ganzheit zerstören werden: die Kräfte der Entwicklung, die über die Kindheit hinausdrängen zu mehr und echterem Leben und darum den falschen Schein auflösen werden.

Aufbruch

Nahe bei dem Schlosse des Königs lag ein großer dunkler Wald, und in dem Walde unter einer alten Linde war ein Brunnen: wenn nun der Tag recht heiß war, so ging das Königskind hinaus in den Wald und setzte sich an den Rand des kühlen Brunnens: und wenn sie Langeweile hatte, so nahm sie eine goldene Kugel, warf sie in die Höhe und fing sie wieder; und das war ihr liebstes Spielwerk.

Es kommt Bewegung in diese starre Welt des Glanzes, weil es die Königstochter hinausdrängt. Sie hält es offenbar nicht mehr aus in dieser Welt der königlich-männlichen Helligkeit. Es zieht sie in den dunklen Wald zum kühlen Brunnen unter der Linde. Das Dunkel des Waldes, die Tiefe des kühlen Brunnens, der weit ausladende Lindenbaum – das sind eindrucksvolle Symbole des Mütterlichen. Die Königstochter sucht also instinktiv und ohne es zu wissen das Mütterliche, das ihr fehlt. Sie weiß aber noch nicht, was sie tut und was sie da draußen soll. Sie ist sehr allein. Keiner weist ihr den Weg, keiner ist bei ihr, kein Spielkamerad, keine der Schwestern, auch nicht der Vater, niemand, mit dem sie darüber reden könnte, was sie eigentlich bewegt. Sie empfindet Langeweile, und Langeweile ist ja oft das Gefühl, das unmittelbar hinter dem Glanz einer solchen Fassadenwelt lauert und tiefere Gefühle, die nicht »passen«, überlagert. Mit der goldenen Kugel versucht sie, die Langeweile zu vertreiben. Sie ist aus der glänzenden Kindheitswelt zwar äußerlich weggegangen, aber mit der Kugel hat sie ein Stück davon mitgenommen – offensichtlich muss noch etwas geschehen, damit wirklich etwas in Gang kommen kann.

Damit, dass die Prinzessin-Frau von zu Hause weggeht, ist ein erster Schritt getan, aber das Entscheidende muss erst noch geschehen. Denn wie die Königstochter aus dem väterlichen Schloss, so läuft sie von zu Hause weg, weil sie da nicht findet, was sie braucht: das Mütterliche. Dies könnte natürlich eine starke Antriebsfeder für die Entwicklung zur erwachsenen Frau werden, aber dann müsste sie erst durch den Schmerz des Verlusts und des Abschieds hindurch, sie müsste sich von der Frau, die ihre Mutter ist, ohne ihre Mutter zu sein, und von ihren Wünschen an sie lösen, um das Mütterliche in sich selbst und in der Begegnung mit anderen zu finden. Aber die Prinzessin-Frau weiß von alledem nichts, und es ist keiner da, der mit ihr über solche Dinge sprechen würde. Ihrer Schönheit sieht kaum einer an, was sie an Not verbirgt, der leicht schmollende, bittere Zug um ihren Mund fällt niemandem auf. Und sie selbst weiß viel zu wenig von sich, um darüber sprechen zu können. Sie wendet sich zwar nach außen, aber abwartend, zögernd, den Blick nach rückwärts gewandt, gleichsam die goldene Kugel noch in der Hand, festhaltend das Wunschbild einer »runden«, »goldenen« Kindheit. So wartet sie »draußen« auf das, was sie »drinnen« nicht hatte, das Mütterliche, bei dem sie ihre Kindheit nachholen und zur Frau heranreifen darf. Ihr Schritt ins Erwachsenenalter enthält damit einen Widerspruch, und es ist vorauszusehen, dass es auf diesem Weg zu Schwierigkeiten kommen muss.

Die Fassade stürzt ein

Nun trug es sich einmal zu, dass die goldene Kugel der Königstochter nicht in ihr Händchen fiel, das sie in die Höhe gehalten hatte, sondern vorbei auf die Erde schlug und geradezu ins Wasser hineinrollte. Die Königstochter folgte ihr mit den Augen nach, aber die Kugel verschwand, und der Brunnen war tief, so tief, dass man keinen Grund sah. Da fing sie an zu weinen und weinte immer lauter und konnte sich gar nicht trösten.

Die Königstochter hat das Schloss verlassen und spielt am Brunnen mit der goldenen Kugel. Provoziert sie damit nicht deren Verlust? Ist es nicht so, als wollte sie das Schicksal herausfordern? Wenn wir beachten, wie sie mit der Kugel umgeht, verstärkt sich dieser Verdacht. Sie greift gar nicht richtig danach, sondern streckt einfach das Händchen in die Höhe. Soll die Kugel von selber den Weg dahin zurückfinden? Oder gibt es eine Seite in ihr, der es ganz recht ist, dass das Wünschen nicht mehr hilft, sondern die Kugel den Fallgesetzen gehorchend zu Boden fällt und zum Brunnen rollt? Ist es dieser Seite in ihr vielleicht ganz recht, dass nicht mehr – wie im Schloss – jemand gelaufen kommt und dafür sorgt, dass schon nichts Ernstliches passieren kann? Es sieht sehr danach aus, denn als die Kugel zum Brunnen rollt, folgt sie ihr zwar nach – aber nur mit den Augen! Sie tut nichts, um zu verhindern, dass sie darin verschwindet. Ohne sich dessen ganz bewusst zu sein, treibt sie das Zerbrechen ihrer Kindheitswelt voran.

Die Kugel fällt in den Brunnen. Damit ist es geschehen.

Das Ereignis ist eingetreten, hinter das es kein Zurück mehr gibt. Wenn der Frosch auch die Kugel bald wiederbringen wird, es ist nicht mehr wie vorher. Eine unaufhaltsame Entwicklung ist in Gang gekommen durch diesen Verlust, die Abschied von der Kindheit bedeutet und die schöne Fassade zum Einsturz bringt.

»Der Brunnen war tief, so tief, dass man keinen Grund mehr sah.« Eine Tiefe tut sich auf, die der Königstochter Angst macht. So ernst sollte es ja nicht sein. Die schöne Fassade war auch ein Schutz und ein Schirm vor der harten Realität, mit der sie nun plötzlich konfrontiert ist. »Da fing sie an zu weinen und weinte immer lauter und konnte sich nicht mehr trösten.« Ungeahnte Gefühle steigen da aus der Tiefe hoch. Ein nie gekannter Schmerz bricht hervor, immer und immer mehr kommt davon hoch, man sieht keinen Grund mehr. Was die Königstochter, was die Prinzessin-Frau wirklich erlebt hat in ihrem goldenen Schloss, das steigt mit einem Mal aus der Verdrängung empor und überschwemmt sie.

Es gibt solche Momente im Leben der Prinzessin-Frau, und wie die Königstochter hat sie diese auch meist selber provoziert. Sie ist beispielsweise unter Protest von zu Hause ausgezogen, hat sich ein Zimmer weit weg genommen, ist schnell eine Beziehung eingegangen, die auch schnell wieder in die Brüche ging. Und nun sitzt sie da, und der ganze Jammer, die ganze Verlassenheit von Anfang an bricht aus ihr hervor. Für einen Moment ist sie im Kontakt mit ihrer wahren Realität ohne Schein, ohne Fassade. Ihre Chance bestünde darin, durch diesen Schmerz hindurchzugehen, wirklich Abschied zu nehmen von den Eltern, wirklich zu trauern und dadurch zu reifen. Aber so weit ist sie noch nicht. Die Prinzessin-Frau ist sich über die wahre Situation noch im unklaren, sie versteht ihren Schmerz noch nicht, es macht ihr noch viel zu viel Angst, sich darauf einzulassen, darum muss sie noch einen weiten Weg zurücklegen, bis sie wieder an diese Stelle kommt und dann fähig sein wird, den nächsten Schritt zu tun.

Jetzt kann sie noch nicht die volle Verantwortung für ihr Tun übernehmen. Wie die Königstochter verleugnet sie ihre eigene Mitwirkung am Verlust der Kugel, sie steht nicht dazu. Was da in ihr hochkommt, macht ihr viel zu viel Angst. So flüchtet sie in Hilflosigkeit, und ihr Weinen ruft nach jemandem, der ihr zu Hilfe eilt. Dieser »Jemand« nimmt in ihrer Fantasie meist die Züge eines Partners an, mit dem sie aber nicht die vollzogene Ablösung aus ihrer Kindheit besiegeln, sondern bei dem sie den Schmerz, der da aufgebrochen ist, unterbringen will. Ihre Sehnsucht malt das Bild eines Partners, in dessen mütterlichbergenden Armen sie ein kleines Mädchen sein und zur Frau heranwachsen darf. Und dieser Partner, der darauf anspricht und seine Dienste dafür anbietet, ist – wie im Märchen – meist nicht weit.

Die dunkle Welt des Frosch-Prinzen

Und wie sie so klagte, rief ihr jemand zu: »*Was hast du vor, Königstochter, du schreist ja, dass sich ein Stein erbarmen möchte.*« *Sie sah sich um, woher die Stimme käme, da erblickte sie einen Frosch, der seinen dicken hässlichen Kopf aus dem Wasser streckte.*

Der Frosch taucht auf. Er streckt seinen »hässlichen Kopf« aus dem Wasser, und damit betritt der zweite Hauptdarsteller des Dramas die Bühne. Es ist ein Beziehungsdrama, das die beiden, der Frosch und die Königstochter, da spielen werden, in dessen Verlauf es Scheitern geben wird und Verwandlung, Ende und Neubeginn.

Der Volksmund sagt über das Entstehen von Beziehungen: »Gleich und Gleich gesellt sich gern.« Aber auf den ersten Blick scheint diese Beziehung nach dem umgekehrten Motto zu entstehen, nämlich: »Gegensätze ziehen sich an.« Denn kann es größere Gegensätze geben als die wunderschöne Königstochter und den hässlichen Frosch? Ja die Gegensätzlichkeit ist so groß, dass wir kaum verstehen können, wie zwischen diesen beiden eine so intensive Beziehung entstehen kann, wie es bald der Fall sein wird.

Unter Frosch-Prinzessin-Paaren gibt es viele, die wir genauso gegensätzlich erleben. »Wie sind denn die beiden nur aneinandergeraten?« So fragen wir uns bei ihrem Anblick. Wir können nicht verstehen, was die quirlige, etwas überdrehte, hübsche junge Frau an diesem ruhigen, eher unbeholfenen, gar nicht attraktiven Mann findet. Und wir können uns überhaupt nicht ausmalen, wie es dem gelungen ist, sie zu erobern und die zahlreichen, viel imponierenderen Mitbewerber aus dem Feld zu schlagen. Sehen wir aber hinter das Äußere der beiden, entdecken wir, dass die Gegensätzlichkeit gar nicht so groß ist und das Motto dieser Beziehung viel eher das erste sein könnte: »Gleich und Gleich gesellt sich gern.« So ist es auch im Märchen. Auch hier ist der Gegensatz zwischen Frosch und Königstochter gar nicht so groß, wie es auf den ersten Blick scheinen möchte.

Gegen Ende der Geschichte erfahren wir: Der Frosch war ein Prinz. Er stammt, wie die Königstochter, auch aus einer lichten, »heilen«, strahlenden Welt! Er hat wie sie in einem Schloss gelebt, mit königlichen Eltern, Hofleuten und Dienerschaft. War diese Welt auch eine Scheinwelt? Es sieht so aus. Während in der Welt der Königstochter das mütterliche Prinzip fehlte und das Männlich-Väterliche einseitig überwog, erfahren wir beim Frosch nichts von einer männlichen Gestalt. In der ganzen Geschichte wird von einem Vater beim Frosch nichts erwähnt. Wohl aber ist die Rede von einer Hexe, die ihn verwünscht und verzaubert hat. Die Hexe ist in den Märchen das Symbol für die negativ erlebten Aspekte des Weiblich-Mütterlichen: für das Dominieren, Verzaubern, Verwünschen, Festhalten, Verschlingen. Das heißt wohl, dass in der Welt des Frosches das männlich-väterliche Prinzip fehlte und das Weiblich-Mütterliche, weil es kein balancierendes Gegengewicht hatte, die Gestalt der Hexe annahm, die ihn verwünschte und in einen Frosch verwandelte.

Der Mann, der auf das Weinen der Prinzessin-Frau anspricht, sich ihr zur Hilfe anbietet und zu ihrem Partner wird, der »Frosch-Mann«, hat oft diese Geschichte: Er ist beherrscht vom mütterlichen Prinzip, festgehalten »im tiefen Brunnen«, weil ihm ein starker Vater als Führer ins Leben und als Modell der eigenen Männlichkeit gefehlt hat. Als Junge war er von seiner Mutter auserwählt, ihr

»Prinz« zu sein. Sie brauchte ihn, weil ein starker Mann fehlte. Seine Impulse, sich von ihr zu lösen, sich aggressiv von ihr abzusetzen und in die Welt hinauszulaufen, musste sie deshalb mit Liebesentzug, Strafen und Schuldzuschreibung entmutigen. Das waren für ihn die Flüche und Verwünschungen, die ihn nicht zum vollen Mann reifen ließen, sondern ihm das Gefühl gaben, ein Frosch zu sein. So lieb ihn seine Mutter hatte, in diesem Sinn war sie eine »böse Hexe«, ihr Festhalten wurde für ihn zum Bannfluch, der ihn in den Brunnen verbannte, in den tiefen Brunnen der Depression und Selbstabwertung. Der Frosch-Mann war ein Prinz, er kennt also – wie die Prinzessin-Frau – die Welt des Scheins und des falschen Glanzes in der Liebe einer Mutter, die ihn zum Prinzen macht, und er kennt wie sie das tiefe Loch, das sich dahinter auftut, wenn der Glanz erlischt.

Wie kommt es zu solchen Schicksalen?

Prinz und Frosch –
zwei Seiten einer Medaille

Was Kinder brauchen, um zu ihrem eigenen Leben zu finden, sind nicht nur Nahrung, Kleidung, physische Wärme und Hygiene. Was sie vor allem anderen brauchen, ist die Erfahrung: Ich bin als das, was ich bin, in dieser Welt willkommen, als der Junge oder dieses Mädchen.[1] Sie brauchen, um sich und ihr Leben finden zu können, dass in den Augen der Mutter die Freude darüber aufleuchtet, dass sie, und gerade sie, da sind. In diesen strahlenden Augen findet das Kind sich selbst als wertvoll und liebenswert wieder, es findet darin sein Selbst-Bewusstsein, seinen Selbst-Wert. Sehr oft aber blicken Kinder nicht in freudestrahlende Augen, sondern in hilfesuchende, bedürftige, die nicht signalisieren:»Ich freue mich über dich«, sondern viel eher:»Ich bin in Not. Eigentlich bist du, Kind, zu viel für mich. Ich brauche selbst jemanden.« Nicht sich selbst finden sie in diesen Augen widergespiegelt, sondern das Leid und die Bedürftigkeit der Mutter. Diese Situation wird oft dadurch verschärft, dass der Vater kein Gegengewicht bildet, weder in dem Sinn, dass er für die Mutter eine Quelle der Zuwendung wäre, aus der sie für das Kind schöpfen könnte, noch in dem Sinn, dass er für das Kind eine mütterlich-väterliche Alternative wäre. Auch er braucht und sucht nach Liebe und kann wenig geben.

Wie gehen Kinder mit einer solchen Situation um? Intuitiv nehmen sie die Signale der Bedürftigkeit ihrer Eltern wahr. Andererseits brauchen sie aber diese Mutter, diesen Vater, um zu überleben. Also stellen sie sich – nach erfolglosen Versuchen, die eigene Bedürftigkeit zur Geltung zu bringen – darauf ein, das zu werden, was diese Eltern brauchen: pflegeleichte Kinder, die ganz früh sauber sind, die bald laufen können, die Eltern anstrahlen, sich auch ein bisschen hilflos stellen, damit die Eltern das Gefühl bekommen, gute Eltern zu sein, wenn sie helfend eingreifen. Im Übrigen machen sie aber so wenig Probleme wie möglich. Sie werden Prinzen und Prinzessinnen, damit sich ihre Eltern wie Königin und König fühlen dürfen, und sie werden zu kleinen Helfern, zu kleinen Vätern und Müttern ihrer Eltern, die einfühlsam auf deren Verlassenheit eingehen, sich den Kopf darüber zerbrechen, wie man die hilflose Mutter unterstützen und den traurigen Vater aufheitern kann. Der Frosch-Mann war so ein kleiner Prinz und Helfer für seine Mutter, der sehr gut gelernt hat, sich einzufühlen, der eher jungenhafte und mütterliche denn männliche Züge trägt – und damit für die Prinzessin-Frau, die das Mütterliche sucht, besonders anziehend wird, während die Prinzessin-Frau als Kind sich bemüht, das Prinzesschen für ihren Vater zu sein und ihm zu ersetzen, was er, wie sie ahnte, von seiner Frau nicht bekam, wobei sie in ihrem tiefsten Herzen der Mutter nichts wegnehmen, sondern für sie nur in die Bresche springen wollte, weil sie fühlte, wie leer und enttäuscht die Mutter war. So hat sie gelernt, zu strahlen und zu wärmen. Kein Wunder, dass sie dem Frosch-Mann in seinem tiefen, kalten Brunnen als die Frau seiner Träume erscheint.

Kinder, wie sie der Frosch-Mann und die Prinzessin-Frau waren, entwickeln also große Fähigkeiten, auf das einzugehen, was die Erwachsenen brauchen. Solange sie diese Fähigkeiten ausleben und sich in ihnen darzustellen vermögen, wirken sie nach außen stark, perfekt, erfolgreich – und sie fühlen sich zeitweise auch selbst so: Das ist die glänzende Welt der Prinzen und der Prinzessinnen. Was sie aber nicht lernen, ist zu fühlen, wer sie hinter dieser Fassade wirklich selbst sind. Sie vergessen sich selbst, haben kein Gefühl von ihrem Selbstwert und ihrer unverwechselbaren Eigenart. Wenn sie damit in Kontakt kommen, stürzt die Fassade der Stärke in sich zusammen. Plötzlich fühlen sie sich als Frosch, verwünscht von der bösen Hexe, oder als einsames, verlassenes Mädchen, das alles verloren hat, am tiefen Brunnen in dunklen Wald. So ist das Prinz- und das Prinzessin-Sein nur die eine Seite: die Seite des »falschen Selbst«, das Frosch-Mann und Prinzessin-Frau für das Wohlergehen ihrer Eltern entwickelt haben. Die andere Seite ist das Gefühl, festgehalten, verwunschen, als Frosch in die Tiefe verbannt zu sein, ohne Bewusstsein vom eigenen Selbst und vom eigenen Wert.

Beide, der Frosch und die Königstochter, der Frosch-Mann und die Prinzessin-Frau, sind nicht so verschieden voneinander. Ihrer beider Lebensschicksal verbindet sie zutiefst. Beide kennen die strahlende Schein-Welt, das »falsche Selbst« der Prinzen und Prinzessinnen, und beide kennen die dahinter lauernde Leere, die tiefe Depression, der Frosch in seinem tiefen Loch, die Prinzessin in ihren unstillbaren Tränen. Sie verbinden sich also doch nach dem Motto: »Gleich und Gleich gesellt sich gern.«

Dennoch kommt auch das Motto »Gegensätze ziehen sich an« in beider Beziehung zur Geltung. Dem Frosch-Mann ist im Augenblick der Begegnung der ehemalige Prinz meist nicht mehr sehr deutlich anzusehen. Er ist eher still und depressiv. Das ist der Prinzessin-Frau gerade recht, denn zu diesem Zeitpunkt hat sie von großen Strahlemännern wie ihrem Vater und einigen ihrer verflossenen Verehrer die Nase voll. Denn letztlich konnte sie es denen, allen voran ihrem »König-Vater«, doch nie recht machen. Dafür hat der Frosch-Mann, was sie in ihrer Einsamkeit immer dringlicher sucht. Er ist so einfühlsam, entgegenkommend und hilfreich wie eine gute Mutter. Hingegen hat sie, die Prinzessin-Frau, von den Erfahrungen in ihrer Familie her immer noch etwas so Strahlendes, Helles,

Kindlich-Lebendiges und damit genau das, was der Frosch-Mann sich wünscht, um endlich aus seiner dunklen Tiefe hochzukommen. Außerdem ist sie doch so hilflos und bedürftig, dass er das Gefühl hat, anders als bei seiner Mutter, deren Leid er ja doch nicht wegnehmen konnte, könne er sich hier endlich bewähren ...

Auf der Basis ihrer Gleichheit also ziehen die beiden sich in ihren Gegensätzen mächtig an. Sie ziehen sich an und missverstehen sich gründlich. In ihrer Begegnung und in ihrem Missverständnis liegt ein tiefer Sinn, der sich ihnen aber erst sehr viel später erschließen wird, wenn sie ihren Weg weiter, wenn sie ihn bis zum Ende gegangen sind.

Eine Beziehung entsteht

»Ach, du bist's, alter Wasserpatscher«, sagte sie, »ich weine über meine goldene Kugel, die mir in den Brunnen hinabgefallen ist.« – »Sei still und weine nicht«, antwortete der Frosch, »ich kann wohl Rat schaffen, aber was gibst du mir, wenn ich dein Spielwerk wieder heraufhole?« – »Was du haben willst, lieber Frosch«, sagte sie, »meine Kleider, meine Perlen und Edelsteine, auch noch die goldene Krone, die ich trage.« Der Frosch antwortete: »Deine Kleider, deine Perlen und Edelsteine und deine goldene Krone, die mag ich nicht: aber wenn du mich liebhaben willst und ich soll dein Geselle und Spielkamerad sein, an deinem Tischlein neben dir sitzen, von deinem goldenen Tellerlein essen, aus deinem Becherlein trinken, in deinem Bettlein schlafen: wenn du mir das versprichst, so will ich hinuntersteigen und dir die goldene Kugel wieder heraufholen.« – »Ach ja«, sagte sie, »ich verspreche dir alles, was du willst, wenn du mir nur die Kugel wieder bringst.« Sie dachte aber: Was der einfältige Frosch schwätzt, der sitzt im Wasser bei seinesgleichen und quakt und kann keines Menschen Geselle sein.

Diese Zeilen schildern nun mikroskopisch genau die Entstehung dieser Beziehung, die ich Prinzessin-Frosch-Beziehung nenne und die mir typisch erscheint für viele Paare, die ich kennengelernt habe. Meist ist in der allererersten Begegnung eine Beziehung schon vollständig enthalten, und so lässt sich ihre Grundstruktur sehr deutlich an den ersten Sätzen ablesen, die zwischen den Partnern getauscht werden. Mit besonderer Aufmerksamkeit wollen wir uns darum dieser Begegnung zwischen Frosch und Königstochter zuwenden.

Ihr Leid und ihre Hilflosigkeit rufen ihn auf den Plan. Er taucht aus seiner Tiefe empor und stellt eine Frage voller Mitleid und Einfühlsamkeit: »Was hast du vor, Königstochter, du schreist ja, dass sich ein Stein erbarmen möchte!« – Kennen Sie das? Wie die Hilflosigkeit eines zarten Geschöpfes Sie plötzlich Ihre eigene Hilflosigkeit, Ihr Gefühl, ein Frosch zu sein, vergessen lässt? Wie Sie plötzlich aus der Tiefe auftauchen, sich stark fühlen und hilfreich herbeieilen? Das ist oft der Anfang von Frosch-Prinzessin-Beziehungen: hilfloses Mädchen – starker (= sich deshalb stark fühlender) Mann. Natürlich gibt es das auch umgekehrt: hilfesuchender Mann – starke (sich deshalb stark und fürsorglich fühlende) Frau. Diese Beziehungsform hat natürlich ihre besondere Eigenart und ihre eigenen Nuancen. Im Grunde geht es aber um die gleichen Themen und um die gleichen Abläufe. Auch haben die Partner meist sehr ähnliche Vorerfahrungen in ihrer Kindheit und Jugend wie Frosch-Mann und Prinzessin-Frau. So bleibt, was sich zwischen diesen beiden abspielt, auch für viele andere Paare relevant, selbst wenn sie sich nicht direkt in ihnen wiederfinden.

Die Tränen der Prinzessin lassen den Frosch »nach oben« kommen. Die Königstochter scheint am Anfang noch gar nichts mit ihm anfangen zu können. Sie nennt ihn verächtlich einen »alten Wasserpatscher«. – Kennen Sie das auch? Dass Ihnen ganz am Anfang für einen Moment lang klar war: »Der? Nie und nimmer!« Aber weil die Geschichte dann einen anderen Verlauf nahm, wollten Sie sich die anfängliche Klarheit nicht mehr eingestehen, und so nahmen die Dinge ihren Lauf ...

Die Königstochter geht auf die Frage des Frosches ein: »Ich weine über meine goldene Kugel, die mir in den

Brunnen hinabgefallen ist.« Ein bisschen mogelt sie ja: Sie verschweigt, was sie selber dazu beigetragen hat. Aber sie hat Angst vor ihrer eigenen Courage bekommen. Sie will die Kugel wieder zurück haben, und als Helfer bietet sich der Frosch an, und indem sie sich als das totale Opfer hinstellt, wird er in seiner Hilfsbereitschaft noch mehr bestätigt. So lässt er sich auf ein Unternehmen ein, das scheitern muss: Die goldene Kugel lässt sich in Wirklichkeit nicht wiederbringen, die Kindheit lässt sich nicht nachholen, und die Mutter lässt sich nicht durch einen Partner ersetzen. Der Versuch, mit Hilfe einer Partnerschaft die Entbehrungen einer Kindheit zu kompensieren, kann so, wie Frosch-Mann und Prinzessin-Frau es versuchen, nicht gelingen.

»Sei still und weine nicht.« – Der »alte Wasserpatscher« erweist sich als sehr feinfühlig. Er findet Worte des Trostes, die jeder Frau ans Herz rühren müssen. Der Frosch-Mann hat das Trösten und Helfen gut gelernt. Als Helfer und Tröster war er für seine Mutter wichtig, und weil er sich nicht wirklich als Mann fühlt, begegnet er Frauen lieber als ihr Helfer und Tröster, denn darin fühlt er sich kompetent: »Ich kann wohl Rat schaffen.« Was er dabei nicht weiß oder nicht beachtet, ist, dass Helfen und Trösten keine tragfähige Basis für eine Beziehung zwischen Mann und Frau sein können. »Ich kann wohl Rat schaffen, aber was gibst du mir, wenn ich dein Spielwerk wieder heraufhole?« Das Märchen spricht aus, was in der Realität in großzügigen Hilfsangeboten oft unausgesprochen und versteckt mitgeliefert wird: die Erwartung, vom anderen für den eigenen Einsatz reichlich belohnt zu werden. In der Rückschau stellen wir fest: »Schon ganz am Anfang, in dieser Situation, damals, in jenem Gespräch, habe ich es deutlich gespürt, dieses Aber hinter dem großzügigen Angebot. Er war gar nicht der starke Mann, für den er sich ausgab, er war selber ein bedürftiger, hungriger Frosch!« –

Dahinter steckt, wie ich angedeutet habe, die Erfahrung: Zu geben und zu helfen war die einzige Möglichkeit des Frosches, selbst etwas zu bekommen. Kein Wunder, dass er nach demselben Muster die Partnerbeziehung aufzubauen versucht: Ich gebe dir in der Erwartung, dass ich dann von dir bekomme.

Die Königstochter reagiert darauf mit der entsprechend großzügigen Zusage: »Was du haben willst, lieber Frosch!« Die tröstenden Worte haben ihre Wirkung nicht verfehlt. Die erste spontane Abneigung ist verflogen. Aus dem »alten Wasserpatscher« ist ein »lieber Frosch« geworden, und nicht nur ein lieber Frosch, sondern einer, dem sie alles zu geben bereit ist, was er haben will. Prinzessin-Frauen haben nicht gelernt, auf ihre Gefühle zu achten. Sie sind darum leicht verführbar, wenn der Partner ihre Sehnsucht nach der goldenen Kugel, nach der mütterlich bergenden Heimat anspricht. Dann spüren sie nicht mehr, was er in ihnen auch noch auslöst, sie gehen darüber hinweg und versprechen viel zu viel: »alles, was du haben willst«. Das aber ist genau die großartige Verheißung, die auf die tiefste Sehnsucht des Frosches passt, einmal nicht mehr der Gebende sein zu müssen, sondern nur noch empfangen zu dürfen: Liebe, Achtung, Fürsorge – all das, was er als Kind gebraucht hätte.

Das ist typisch für Frosch-Prinzessin-Beziehungen: Am Anfang werden viel zu große Worte gemacht. Es wird viel zu viel erwartet, versprochen und geglaubt. Die Sehnsucht ihrer liebebedürftigen Herzen lässt die beiden die Realität vergessen. Wenn sie nur genau hinhören würden! Denn was die Königstochter anbietet, ist gar nicht mehr »alles«: »Meine Kleider, meine Perlen und Edelsteine, auch noch die goldene Krone, die ich trage.« Was sie geben will, ist ihre glänzende Welt! Will sie sie loswerden? Spürt sie erneut die Chance, sich nun endgültig aus ihrer Scheinwelt zu befreien? Würde sie das alles hergeben, stünde sie nackt und bloß da, aber auch befreit von allem Unechten, vom Zwang ihres Prinzessinnen-Daseins. Dies ist oft die geheime Triebfeder von Prinzessin-Frauen in Partnerbeziehungen: die Hoffnung auf Erlösung aus dem »goldenen« Käfig ihrer Familie. Damit kommt aber auch zum Ausdruck, dass sie in Wirklichkeit gar nicht in der Lage ist, etwas zu geben. Vielmehr will sie etwas abgenommen bekommen, und der Frosch soll es tun.

Davon will und kann der Frosch aber nichts wissen. Denn bei ihm ist es ja ganz ähnlich. Er braucht genauso notwendig jemanden, der ihn erlöst: »Deine Kleider, deine Perlen und Edelsteine und deine goldene Krone, die mag ich nicht: aber wenn du mich liebhaben willst und ich soll dein Geselle und Spielkamerad sein … so will ich hinuntersteigen und dir die goldene Kugel wieder heraufholen.« Er macht damit deutlich, dass er ihr nichts abnehmen kann, schon gar nicht ihre Perlen und Edelsteine, die sie als Prinzessin kennzeichnen. Er will ja von ihr in diese strahlende Welt hineingenommen werden! Wieder so ein Moment, in dem klarwerden könnte, worum es eigentlich geht, und an den sich beide vielleicht später erinnern werden. Doch jetzt halten sie sich nicht dabei auf. Das Drama der Beziehung ist in Gang gekommen, es scheint kein Zurück mehr zu geben. »Aber wenn du mich liebhaben willst …« Immer wieder in diesem Dialog das »Aber«! Es zeigt an, dass etwas schiefläuft in dieser Kommunikation, dass beide die Unterhaltung von ihren verdeckten Bedürfnissen her manipulativ steuern, ohne dass sie es wahrhaben wollen. So entsteht die Illusion von Übereinstimmung und Ergänzung, und die tiefen Missverständnisse bleiben hinter den »Abers« verborgen.

Beziehungen, in denen es später Probleme gibt, beginnen immer mit solchen »Unehrlichkeiten«. Ich setze Unehrlichkeit in Anführungszeichen aus zwei Gründen: Einmal entspringt sie nicht aus dem Wunsch, den anderen reinzulegen, sondern aus der Sehnsucht, es möchte doch endlich wahr werden, was ich schon so lange entbehre. Zum anderen kommt sie nicht ganz ins wache Tagesbewusstsein, wie dies bei einer bewussten Täuschung der Fall ist. Die Sehnsucht ist zu stark, sie verdunkelt den Blick auf die Realität. Das ist die »Liebe«, von der gesagt wird, dass sie blind macht. Sie hat sehr wenig mit einer reifen Liebe zu tun, die hellsichtig macht wie keine andere Seelenkraft des Menschen.

Dennoch nimmt ein Teil in uns diese »Unehrlichkeit« durchaus wahr. In der Rückschau lässt sich fast immer sehr genau rekonstruieren, wie das alles abgelaufen ist und wo wer wann gemerkt hat, dass jetzt etwas nicht mehr stimmt. Mit einem Teil unserer Wahrnehmungskraft haben wir also doch »absichtlich« weggeguckt. Trotzdem möchte ich die Anführungszeichen bei dieser »Unehrlichkeit« aufrechterhalten: Manchmal habe ich den Eindruck, dass es noch eine höhere Notwendigkeit, einen tieferen Sinn gibt, der die Partner in solchen Situationen nicht klar blicken lässt. Der Sinn ist, dass der Prozess weitergehen muss, weil es der Weg dieses Paares ist, um zur Reife zu gelangen.

Liebe für Hilfe

Ihre Kleider und Edelsteine, die mag der Frosch nicht. »Aber wenn du mich liebhaben willst …« Hier fällt das entscheidende Stichwort: Liebe sucht der Frosch. Liebe, die er nie um seiner selbst willen erfahren hat, Liebe, die ganz und ohne Vorbehalt ja sagt, die nichts verlangt und an keine Bedingung geknüpft ist. Liebe, die nicht verlangt, dass er Prinz sein muss, und die darum den Bann löst, zum Frosch werden zu müssen. All das, was er nicht erfahren hat, richtet sich als Hoffnung auf die Königstochter.

Dabei fällt auf, dass der Frosch ihre Liebe für seine Hilfe verlangt. Es ist das alte Muster, das er kennt. Nur wenn ich helfe, werde ich »geliebt«. Dieses Muster wandelt er hier ab: Wenn ich helfe, dann musst du mich auch dafür lieben. Eigentlich ist das eine Erpressung, die Liebe von vornherein unmöglich macht. Liebe kann nur geschenkt, nicht erpresst werden. Und außerdem: Liebe kann nicht für Hilfe gegeben werden. Hilfe ist etwas anderes als Liebe. Vor allem in der Liebe zwischen Mann und Frau gibt es oft dieses Missverständnis: Hilfsbereitschaft wird als Liebe ausgegeben, als Liebe verstanden, und man empfindet die Verpflichtung, sie mit Liebe zu beantworten. Natürlich sind einfühlsame Hilfsbereitschaft und mütterliche Sorge in Beziehungen zwischen Mann und Frau wichtig. Aber sie sind nicht das, was Liebe zwischen ihnen ausmacht. Die fürsorglich-barmherzige und die schöpferisch-erotische Liebe, »Agape« und »Eros«, sind keine Gegensätze, sie ergänzen einander. Aber man kann nicht auf Agape eine erotische Beziehung aufbauen, und ohne Eros fehlt der Lebensgemeinschaft zwischen den Geschlechtern die Seele. Aber wie sollte der Frosch-Mann das wissen? Um als Mann eine Frau lieben zu können, müsste er bedingungslos mütterlich geliebt und väterlich klar auf den Weg zum Mann-Sein gewiesen worden sein. Er kennt zwar die Sehnsucht nach dieser bedingungslosen Liebe, was er aber erfahren hat, ist die Koppelung:

Ich muss etwas geben, damit ich bekomme. Diese Verknüpfung von Hilfe und Liebe vollzieht er nun seinerseits und versucht damit, was unmöglich ist: ihre Gefühle unter Kontrolle zu bekommen und sich ihrer Liebe zu versichern.

Das ist so tragisch in Frosch-Prinzessin-Beziehungen: Man spürt, was dieser Mann, was diese Frau suchen, aber es ist mit Händen zu greifen: So wie sie es anpacken, ist es von vornherein zum Scheitern verurteilt. Seine Sehnsucht nach Liebe ist echt. Aber indem er sie aus seinem Unvermögen und aus dem Druck seines Mangels heraus erpresserisch mit seinem Hilfsangebot verbindet, verhindert er selbst, etwas davon zu erfahren.

Der Frosch sagt noch mehr darüber, was »Liebhaben« für ihn heißt: zunächst »dein Geselle und Spielkamerad sein«. Das klingt nach geschwisterlicher Liebe, nach heiler Kinderwelt, wo man miteinander herumtollt, Spaß hat, sich auch mal zankt, aber wieder verträgt und von neuem miteinander eintaucht in die weite Fantasiewelt des Spiels. So eine Kindheit, solche Geschwister hat der Frosch-Mann in aller Regel nicht gehabt. Er stand zu sehr im Bannkreis der Mutter, als dass er mit Geschwistern oder Gleichaltrigen hätte unbeschwert herumtollen können. Er zeigte sich immer älter, als er war. So geht seine Sehnsucht nach der Prinzessin-Frau nicht eigentlich auf die Frau, sondern auf das kleine, lebendige Mädchen, das er in ihr ahnt. Er sucht nicht die Frau, er sucht das Kind, mit dem er unbeschwert spielen und Kind sein kann.

Seine Sehnsucht geht aber noch viel weiter und tiefer.

Was er sich wünscht, ist: »an deinem Tischlein neben dir sitzen, von deinem goldenen Tellerlein essen, aus deinem Becherlein trinken, in deinem Bettlein schlafen«. Der Frosch hat eine faszinierende Vision. Er, der hässliche Frosch, wird hilfreich sein, was er gut kann, und die Kugel heraufholen. Und dann wird sie, die schöne Königstochter, ihn mitnehmen in ihre strahlende Welt. So wie er die Beziehung in seiner Schilderung vorwegnimmt, gibt es da gar nicht mehr zwei, da sind *ein* Tisch, *ein* Teller, *ein* Becher, *ein* Bett. Der Frosch geht ganz in der Welt der Königstochter auf. Seine Hoffnung ist: Dann werde ich mit dir verschmelzen, dann bin ich mein Frosch-Sein los. Du wirst mein Frosch-Sein weglieben, du wirst mich erlösen.

Das ist es, was der Frosch-Mann im tiefsten sucht: nicht Liebe zwischen zwei Erwachsenen, nicht Liebe zwischen Mann und Frau, auch die geschwisterliche Liebe ist nicht seine tiefste Sehnsucht. Eigentlich will er eine Liebe wie zwischen Mutter und Kind. Er sucht die Wiederherstellung der ursprünglichen Mutter-Kind-Symbiose.

Die Liebe zwischen Mutter und Kind ist, wenn sie gelingt, in der ersten Zeit symbiotisch, das heißt, es gibt in ihr nicht zwei getrennte Wesen. Auch wenn das Kind schon geboren, also physisch von der Mutter getrennt ist, bilden die beiden in der ersten Zeit eine fast völlige Lebensgemeinschaft. Die Mutter stellt sich dem Kind zur Verfügung, sorgt mit ihrem Körper und mit ihrer Seele für Nahrung, Wärme, Kontakt – bei Tag und bei Nacht. Sie macht sich zum »verfügbaren Objekt« für das Kind, indem sie ihre eigenen Bedürfnisse zurückstellt und denen des Kindes Vorrang lässt. Kommt diese Mutter-Kind-Symbiose nicht zustande, entweder weil keine mütterliche Bezugsperson da war oder weil die Mutter aus ihrer eigenen Bedürftigkeit heraus nicht die Reserven hatte, so bedingungslos zu geben, bleibt das Kind auf der Suche danach, sie irgendwo doch noch zu finden, diese bergende, nährende, tragende Ureinheit mit der Mutter. Auch im Heranwachsenden und im Erwachsenen bleibt dieses Kind lebendig und auf der Suche. Vor allem in der Begegnung zwischen Mann und Frau erwacht seine ungestillte Sehnsucht von neuem, und die Hoffnung steigt in ihm auf: »Hier bei dieser schönen Frau, bei diesem starken Mann, da werde ich es endlich finden!«

Der Frosch-Mann verlangt nicht nach einer Partnerliebe, sondern nach einer Mutter-Kind-Symbiose, und das Tragische ist, dass er meint, sie ausgerechnet bei einer selber so bedürftigen Prinzessin-Frau zu finden. Wünsche und Sehnsüchte können so groß sein, dass wir die Realität nicht mehr sehen. Frosch-Mann und Prinzessin-Frau erfassen sich nicht in ihrer Realität, sondern verwechseln ihre Sehnsucht, die sich an seiner Hilfe und an ihrem Glanz entzündet hat, mit der Wirklichkeit.

Die Antwort der Königstochter auf sein Verlangen, in ihrer lichten Welt aufzugehen und so sein Frosch-Gefühl loszuwerden, lautet: »Ach ja, ich verspreche dir alles, was du willst, wenn du mir nur die Kugel wieder bringst.« – Die Prinzessin-Frau spürt, dass dieser Mann etwas hat, was sie sucht, so kompetent wie er sich darstellt, so einfühlsam und trostvoll wie er sich gibt. So etwas sucht sie am tiefen Brunnen im dunklen Wald unter dem Lindenbaum: mütterlich aufmerksame Fürsorge und Hilfsbereitschaft. Der kann die goldene Kugel wieder holen, der kann herstellen, was sie im Schloss beim König vermisst. Der kann ihr mütterliche Heimat schaffen, in der sie nicht mehr als Prinzessin für irgendjemand glänzen muss. Dass er dies an unmögliche Bedingungen knüpft, darüber meint die Königstochter hinweggehen zu können:

»Was der einfältige Frosch schwätzt. Der sitzt im Wasser bei seinesgleichen und quakt und kann keines Menschen Geselle sein.«

Hier kommt die andere Seite ihrer Wahrnehmung wieder heraus, der »alte Wasserpatscher«, als den sie ihn zu Anfang empfunden hat und mit dem sie so nahe eigentlich gar nichts zu tun haben wollte. Frosch-Männer machen es Prinzessin-Frauen allerdings meistens leicht, solche Empfindungen und Gedanken schnell wieder zu unterdrücken, indem sie ihre unmöglichen Bedingungen nicht so klar äußern wie der Frosch im Märchen, sondern mehr verpacken in Untertönen, Blicken und unausgesprochenen, nur vage spürbaren Erwartungen. Damit ermöglichen sie der Prinzessin-Frau, nicht auf ihre inneren Vorbehalte zu achten. So kommt eine Eindeutigkeit zustande, die ganz und gar nicht stimmt: »Ich verspreche dir alles, was du willst.« Das Übertriebene einer solchen Zusage ist offenkundig, aber darauf will wiederum der Frosch-Mann nicht hinhören. Es klingt zu schön, was sie sagt. Er hat damit erreicht, was er wollte. Für ihn ist damit der »Beziehungsvertrag« perfekt.

Der »geheime Beziehungsvertrag«

Dieser Beziehungsvertrag ist im Märchen ganz klar und offenkundig. Er lautet:»Ich, der hilfreiche Frosch, werde meine Stärke für dich, weinende Königstochter, einsetzen, dir die goldene Kugel wieder heraufholen und dir geben,was du vermisst. Du, schöne Königstochter, wirst mich, den hässlichen Frosch, dafür mitnehmen und mich in deiner strahlenden Welt mein Frosch-Sein vergessen lassen.« Oder kurz ausgedrückt:»Ich, Frosch, werde dich, Königstochter, von deiner Traurigkeit erlösen. Und dafür wirst du, Königstochter, mich, Frosch, von meinem Frosch-Sein erlösen.«

In Prinzessin-Frosch-Beziehungen wird dieser »Vertrag« meist nicht so klar formuliert. Darum nenne ich ihn den »geheimen Beziehungsvertrag«. Ich verstehe darunter jene stillschweigende und meist nicht einmal ganz bewusste Übereinkunft zwischen den Partnern, in der Leistung und Gegenleistung »geregelt« und der »Zweck« der Beziehung bestimmt wird, und dieser ist immer: sich gegenseitig die Wünsche und Bedürfnisse zu erfüllen, die in der eigenen bisherigen Beziehungsgeschichte von Anfang an unerfüllt geblieben sind. Auch und gerade ganz fundamentale und »frühe« Wünsche und Bedürfnisse, die nicht erfüllt worden sind, das Bedürfnis nach Anerkennung der eigenen Person in ihrer Individualität, nach bedingungsloser Geborgenheit und Sicherheit, versuchen die Partner in ihrem Beziehungsvertrag unterzubringen. Darum ist ein solcher Vertrag beiderseits unerfüllbar. Denn erstens ist die Zeit, diese Grundbedürfnisse in einer symbiotischen Lebensgemeinschaft erfüllt zu bekommen, vorbei –

die Kindheit lässt sich nicht einfach wiederholen. Und zweitens suchen und finden sich wie in unserer Geschichte meist ausgerechnet diejenigen, die aufgrund ihrer Vorerfahrungen ganz ähnliche Mangelerlebnisse haben und deshalb besonders ungeeignet sind, sich gegenseitig zu »bemuttern«.

Sehen wir uns den »Beziehungsvertrag« zwischen Frosch und Königstochter genauer an, wird klar, dass die Beziehung in dieser Form nicht gutgehen kann:

Beide »Vertragspartner« fühlen sich in einer »schwachen« Position (»Ich bin nicht okay«).[2] Er fühlt sich als Frosch, verwunschen von einer Hexe; sie ist voller Verzagtheit über ihren Verlust. Beide sehen den anderen in einer starken Position (»Du bist okay«): Er sieht in ihr die Prinzessin, die ihn von seinem Frosch-Sein befreien kann, sie sieht ihn als den starken Helfer, der imstande ist, ihren Mangel wettzumachen. Somit begegnen sich im Frosch-Mann und in der Prinzessin-Frau zwei hilflose Kinder, die im Grunde auf der Suche nach starken Eltern sind. Ihr fundamentales Missverständnis liegt darin, dass jeder im anderen diese starke Elternfigur sucht und nicht wahrhaben will, dass er genauso bedürftig ist und darum das Gesuchte nicht geben kann. Dass sie das nicht erkennen und dass beide Lebenspositionen zu einem scheinbar sich ergänzenden Arrangement zusammenpassen, liegt darin, dass er sich im Moment des Zusammentreffens aufgrund ihrer Hilflosigkeit stark und sie ihre Hilflosigkeit bei seiner Stärke aufgehoben fühlen kann. Sie hilft ihm in die Position: »Ich bin okay, weil du so schwach bist«, und er ermöglicht ihr, die genau dazu passende Position einzunehmen: »Ich kann getrost nicht-okay, schwach, sein, weil du so stark bist.« Dazu kommt, dass sie sich bei all ihrer Schwäche, die sie ihm anvertrauen kann, auch noch geschmeichelt und aufgewertet fühlen muss, denn er lässt sie ja spüren: »Ich brauche deine Liebe, damit ich leben kann!« Damit suggeriert der Frosch-Mann der Prinzessin-Frau eine nahezu allmächtige Liebeskraft, und es ist – bei allen Bedenken und Vorbehalten, die auch noch da sind – doch so schön, an so etwas zu glauben.

Was beide in diesem Beziehungsvertrag ausblenden, sind die Signale, die von Anfang an deutlich machen, was sie wirklich voneinander wollen, die vielen »Abers«, die vielen Bedingungen und verqueren Verknüpfungen – Einsichten, die zwar aufblitzen, aber nicht ernst genommen werden. Die Sehnsucht danach, was da aufleuchtet, möchte wahr werden, ist so stark, dass allen realistischen Wahrnehmungen zum Trotz Frosch-Mann und Prinzessin-Frau die Beziehung zueinander eingehen. Es ist wohl ihr Weg: ein schmerzvoller Weg, wie wir schon ahnen und wie sich zeigen wird; aber wollten wir ihnen diesen Weg versperren – was sie im Übrigen gar nicht zulassen würden –, würden wir ihnen ihren Entwicklungsweg versperren. Das habe ich in meiner Arbeit als Paartherapeut schon oft erfahren: Viele Paare lassen sich ihren leidvollen Weg nicht einfach wegnehmen, etwa durch Einüben »besserer Kommunikation« oder durch Einführung neuer Verhaltensregeln. Sie müssen diesen Weg bis zu Ende gehen – damit Reifung möglich wird.

Eine verpasste Chance

*Der Frosch, als er die Zusage erhalten hatte, tauchte seinen
Kopf unter, sank hinab, und über ein Weilchen kam er wieder heraufgerudert, hatte die Kugel im Maul und warf sie
ins Gras. Die Königstochter war voll Freude, als sie ihr
schönes Spielwerk wieder erblickte, hob es auf und sprang
damit fort. »Warte, warte«, rief der Frosch, »nimm mich
mit, ich kann nicht so laufen wie du.« Aber was half es ihm,
dass er ihr sein quak quak so laut nachschrie, als er konnte!
Sie hörte nicht darauf, eilte nach Haus und hatte bald den
armen Frosch vergessen, der wieder in seinen Brunnen hin-
absteigen musste.*

Indem der Frosch die Kugel heraufholt, lässt er sich auf
den Versuch ein, der traurigen Prinzessin die verlorene
oder nie wirklich erfahrene Ganzheit wiederherzustellen.
Darin geht es aber gar nicht um ihn, sondern um die müt-
terlichheilende Geborgenheit der Königstochter. Folge-
richtig schildert das Märchen, wie die Königstochter die
Kugel nimmt und nach Hause ins Schloss läuft. Was sie vom
Frosch wollte, war nicht in die Zukunft gerichtet, sondern
in der Vergangenheit verhaftet: Ihre Kindheit sollte ganz
und heil gemacht werden. Dass der Beziehungsvertrag, den
sie eben eingegangen ist, noch einen zweiten Teil hat, der
sie betrifft, scheint vergessen. Wir haben ja schon gesehen,
dass sie gar nicht ernst genommen hat, was sie da zusagte.

Was hier geschieht, ereignet sich in Frosch-Prinzessin-
Beziehungen sehr häufig und sehr bald: Der Frosch-Mann
strengt sich an und müht sich ab – aber es kommt nicht viel

zurück. Die Prinzessin läuft davon, nach Hause, ins Schloss. Der starke Frosch-Mann fühlt sich mit einem Mal schwach: »Ich kann nicht so laufen wie du.« Sein »Ich bin okay, ich bin stark und hilfreich« verwandelt sich sehr rasch in ein »Ich bin nicht okay – eigentlich bin ich es, der Hilfe braucht«. Aber die Prinzessin-Frau hört das gar nicht mehr. Sie ist nach Hause gelaufen. Das kann sich sehr verborgen abspielen. Die beiden leben durchaus »glücklich« ihre ersten Jahre, er ist emsig damit beschäftigt, ihre Kugel hochzuholen, sie freut sich darüber; aber ganz in ihrem Innern entzieht sie sich ihm, fühlbar für ihn manchmal in dem vagen Eindruck, dass mit dem, was von ihr zurückkommt, er eigentlich gar nicht wirklich gemeint ist. Weil er das aber nicht wahrhaben will, unterdrückt er, was im Märchen der Frosch ganz offen sagt: »Lass mich nicht zurück, nimm mich doch mit!« Aber ebenfalls in seinem tiefsten Inneren registriert er es sehr wohl und bucht es auf sein »Soll-Konto«. Eines Tages stellt er dann fest, dass dieses Soll-Konto sein Haben-Konto bei weitem übersteigt.

Oft zeigt sich diese erste Trennung aber auch offener und direkter, ähnlich wie im Märchen. Wie die Königstochter merkt einer von beiden, meist die Prinzessin-Frau, dass der Beziehungsvertrag so nicht halten kann, sie spürt die Überforderung und das Missverständnis. Angstvoll überflutet es sie: »Nein, so geht das nicht, so kann es nicht gehen!« Abrupt distanziert sie sich, bricht Streitigkeiten vom Zaun, es kommt zu heftigen Konflikten, und sie läuft sogar weg wie die Königstochter nach Hause, zu ihren Eltern. In diesen ersten Trennungsimpulsen läge wieder eine Chance, sich den eigentlichen Fragen zu stellen, die darin zum Ausdruck kommen. Aber sie kann es ihm und sich natürlich nicht erklären, es ist ja nur so ein dumpfer Impuls, und darum kann er das, ähnlich wie der Frosch, zu diesem Zeitpunkt überhaupt nicht verstehen. Er kommt sich äußerst ungerecht behandelt vor, das Verhalten der

Prinzessin-Frau macht ihm schreckliche Angst, denn die Tiefe des Brunnens droht wieder, und da will er nicht mehr hinab. So setzt er alles daran, sie wiederzugewinnen und die Konflikte unter den Teppich zu kehren: »Ich weiß nicht, was du hast, es läuft doch prima bei uns, ich will mich auch ändern, und das werden wir schon noch schaffen …« Wie der Frosch setzt er alle Hebel in Bewegung, um die Beziehung wieder zustande zu bringen.

Entwicklung kommt in Gang

Am andern Tage, als sie mit dem König und allen Hof-
leuten sich zur Tafel gesetzt hatte und von ihrem goldenen
Tellerlein aß, da kam, plitsch platsch, plitsch platsch, etwas
die Marmortreppe heraufgekrochen, und als es oben ange-
langt war, klopfte es an die Tür und rief: »Königstochter,
jüngste, mach mir auf.«

Die Königstochter ist davongelaufen. Sie hat gespürt,
dass sie nicht halten kann, was sie versprochen hat:
Liebe zu schenken, bedingungslose Liebe, eine totale Mut-
ter-Liebe. Sie kann sie nicht geben, denn sie sucht sie
selbst, und sie kann sie nicht geben, weil sie zwischen Mann
und Frau grundsätzlich nicht mehr möglich ist. Die Kindheit lässt sich in einer Partnerschaft nicht nachholen. Das
spürt sie, aber sie findet keinen Ausweg. Denn die Rückkehr ins elterliche Schloss, der Versuch, in die Kindheit, zu
den Eltern zurückzukehren, ist ebenfalls nicht mehr möglich. Auch wenn sie ihr Leben als jüngste Königstochter
wiederaufnimmt, sich mit den anderen zu Tisch setzt, als
wäre nichts geschehen, es gibt kein Zurück mehr. Dafür ist,
bei aller Problematik des Vorgangs, zu viel geschehen, die
Entwicklung, die in Gang gekommen ist, lässt sich nicht
mehr aufhalten. Die goldene Kugel, auch wenn sie der
Frosch wieder heraufgeholt hat, ist in Wirklichkeit ein für
alle Mal verloren, die geschlossene Welt der Kindheit ein
für alle Mal zerbrochen. Die Schritte, die die Marmortreppe hochkommen, das Pochen an die Tür, sie zeigen den
endgültigen Einbruch in diese »heile« Glanzwelt an.

Genauso ist es beim Frosch. Er ist zwar wieder in seinen Brunnen hinabgestiegen, er ist wieder in die tiefe Depression seines Frosch-Seins versunken, aber da hält es ihn jetzt nicht mehr. Er wird aktiv, seine Sehnsucht treibt ihn zu der schier unglaublichen Leistung, den weiten Weg zum Schloss zurückzulegen und die hohen glatten Marmorstufen emporzuklettern. Auch bei ihm ist eine unaufhaltsame Entwicklung in Gang gekommen. So bedenklich seine Antriebsfeder auch ist – er will die Erfüllung eines unerfüllbaren Vertrages einfordern, er will sich Liebe abholen, wie man sich das Geld für eine unbezahlte Rechnung holt – und sosehr dieses Vorhaben zum Scheitern verurteilt ist: dennoch weckt es ungeheure Kräfte in ihm und holt ihn ein für alle Mal aus der Tiefe des Brunnens heraus.

In Paarbeziehungen entfaltet sich eine ungeheure Kraft. So problematisch die Frosch-Prinzessin-Beziehung auch ist, so illusionär die Hoffnungen, so unerfüllbar ihre geheimen Beziehungsverträge und so leidvoll ihre Geschichte, sie drängt beide, Frosch-Mann und Prinzessin-Frau, in einen Entwicklungsprozess hinein, an dessen Ende die Befreiung aus der alten Gefangenschaft, aus Brunnen und Schloss steht und neue Möglichkeiten der Beziehung sich auftun.

Aber das Positive dieser Entwicklung ist hier noch kaum zu spüren. Vorerst möchten wir dem Frosch am liebsten zurufen: »Ach, wärst du doch in deinem Brunnen geblieben, du hättest dir und ihr viel Leid erspart.« So überzeugt wir auch manchmal sagen wollen: »Ach, bleibt doch bei eurer Trennung, guckt euch doch noch woanders um«, es nützt nichts. Die beiden halten die Trennung nicht aus. Sie gehen wieder zusammen, wie von Magneten angezogen. Der Frosch-Mann entwickelt ungeahnte Aktivitäten, und seiner »Werbekampagne« kann die Prinzessin-Frau nicht widerstehen.

Liebe aus schlechtem Gewissen

Sie lief und wollte sehen, wer draußen wäre, als sie aber aufmachte, so saß der Frosch davor. Da warf sie die Tür hastig zu, setzte sich wieder an den Tisch, und es war ihr ganz angst. Der König sah wohl, dass ihr das Herz gewaltig klopfte, und sprach: »Mein Kind, was fürchtest du dich, steht etwa ein Riese vor der Tür und will dich holen?« – »Ach, nein«, *antwortete sie,* »es ist kein Riese, sondern ein garstiger Frosch.« – »Was will der Frosch von dir?« – »Ach, lieber Vater, als ich gestern im Wald bei dem Brunnen saß und spielte, da fiel meine goldene Kugel ins Wasser. Und weil ich so weinte, hat sie der Frosch wieder heraufgeholt, und weil er es durchaus verlangte, so versprach ich ihm, er sollte mein Geselle werden; ich dachte aber nimmermehr, dass er aus seinem Wasser herauskönnte. Nun ist er draußen und will zu mir herein.« *Indem klopfte es zum zweitenmal und rief:* »Königstochter, jüngste, mach mir auf, weißt du nicht, was gestern du zu mir gesagt bei dem kühlen Brunnenwasser? Königstochter, jüngste, mach mir auf.«

Da sagte der König: »Was du versprochen hast, musst du auch halten; geh nur und mach ihm auf.«

Warum springt ausgerechnet die Königstochter auf und öffnet die Tür? Es kann kein Zweifel daran bestehen, dass sie erkennt, wer da an die Tür pocht. Ist es nicht auch ein wenig faszinierend, dass sich da einer so viel Mühe gibt, einen solchen Aufwand treibt? »Ich mochte ihn zwar nie sonderlich gern, aber dass er sich so um mich bemühte, das tat mir schon sehr gut, und deshalb …«

Das Märchen stellt im Verhalten der Königstochter dar, was wir im Fachjargon »Ambivalenz« nennen. Beides ist da: Abstoßung (sie ist davongelaufen), aber auch Anziehung (sie geht und öffnet die Tür). Die Abstoßung ist nicht so stark, dass die Tür einfach zubliebe, die Anziehung ist nicht so stark, dass sie sie wirklich öffnen würde, das heißt: Die Königstochter, die Prinzessin-Frau, kann sich nicht abgrenzen. Sie spürt: »Was der Frosch von mir will, kann ich nicht geben.« Dennoch schafft sie es nicht, ein klares Nein zu sagen. Das ist ihr schwacher Punkt. Auch wenn sie noch so deutlich fühlt: »Mit dem geht es doch nicht«, schafft sie das auf die Dauer nicht. Er drängt so, wie könnte sie es ihm abschlagen? Und auch sie wünscht sich ja so sehnlich einen Partner, wie könnte sie da den Verzicht eines eindeutigen »Nein« ertragen?

Was brauchte sie in dieser Situation, da sie zitternd und mit Herzklopfen am Tisch sitzt, aber von sich aus nicht den Mut findet, ein klares Nein zu sagen? Was brauchte dieses hilflose Geschöpf in seiner Ambivalenz? Es brauchte jemand, der Schutz gibt und Orientierung: eine starke Eltern-Figur. Es sieht auch so aus, als gäbe es diese. Der König-Vater fragt besorgt: »Mein Kind, was fürchtest du dich, steht etwa ein Riese vor der Tür und will dich holen?« Und später scheint er auch Orientierung zu geben: »Was du versprochen hast, musst du auch halten; geh nur und mach ihm auf.« Aber es wird uns nicht so recht wohl dabei. Die fürsorgliche Frage geht zu sehr an der Realität der Tochter vorbei! Der König-Vater meint, ihre Welt sei noch bevölkert von Riesen und dergleichen Fabelwesen kindlicher Fantasie, die man beruhigend väterlich und überlegen dem Kind schon ausreden könne, während dieses »Kind« sich mit tiefen Beziehungsnöten herumschlägt und in Wahrheit schon lange die Kindheitswelt verlassen hat. Der Verdacht steigt auf, seine Frage sei eher elterliches Gehabe als elterliche Fürsorge. Und die Orientierung, die er gibt, ist eine leere, moralische Formel, die in keiner Weise der Situation und der Not der Königstochter gerecht wird. Ihrer Angst und Verwirrung setzt er ein abstraktes Prinzip entgegen: »Was du versprochen hast, das musst du auch halten.« Er hört nicht hin, wie dieses Versprechen zustande gekommen ist, er interessiert sich nicht dafür, was da am Brunnen wirklich vor sich gegangen ist. Er weiß schnell und klar die Lösung des Problems. Wie es der Königstochter dabei geht, fällt nicht ins Gewicht.

Hier wird nochmals deutlich, warum ich gesagt habe, das Leben der Königstochter werde von einem einseitig männlichen Prinzip beherrscht und das Weiblich-Mütterliche komme nicht zum Zuge. Moralische Grundsätze und logische Konsequenz herrschen vor, es gibt keine Einfühlung in die konkrete Situation und kein Verständnis für die spezifische Lage. Wichtig ist nur, dass die Tochter ein braves Mädchen ist, das gut funktioniert und dem König-Vater Anlass gibt, sich in einer überlegenen Position zu fühlen und in moralischer Rechtschaffenheit zu gefallen.

Die Prinzessin-Frau hat solche Eltern erlebt. Sie hat die Botschaft empfangen, dass sie für sich genommen nicht viel wert ist, sondern dazu da, als liebes, strahlendes und angepasstes Kind den Eltern zu gefallen und ihnen das Bewusstsein zu geben, gute Eltern zu sein. Sie hat von ihnen nicht die wirklich wichtigen Dinge fürs Leben gelernt, zum Beispiel wie man mit Beziehungen umgeht und was das heißt, eine Frau zu werden. Sie hat nur abstrakte Prinzipien mitbekommen. Diese hat sie als ihr eigenes »Eltern-Ich«,[3] wie wir sagen, in sich hineingenommen. Sie sucht mit diesem Eltern-Ich Halt und Orientierung im Leben, aber sie findet sie nicht. Sie kann sich nicht wirklich um sich und ihre Bedürfnisse kümmern, hat für sich selber kaum ein »nährendes Eltern-Ich«, und ihren eigenen Gefühlen – Angst und Herzklopfen – begegnet sie mit den moralischen Prinzipien ihres »kritischen Eltern-Ich«: Was du versprochen hast, musst du auch halten – und das gilt dann auch für Versprechen, die man wie hier gar nicht halten *kann*. Der Prinzessin-Frau steht in ihrer Ambivalenz und Orientierungslosigkeit kein klares und hilfreiches Eltern-Ich zur Verfügung, denn die eigenen Eltern gaben dafür kein gutes Modell ab. Nun steht sie ohne Orientierung und Schutz im Leben, geht über ihre Gefühle hinweg und passt sich dem Druck von außen und innen an.

Es ist, als ob der Frosch das intuitiv erfassen würde. Während sie noch erzählt, haut er genau in diese Kerbe: »Weißt du nicht, was gestern du zu mir gesagt?« Damit liefert er dem König oder dem »kritischen Eltern-Ich« der Prinzessin-Frau das Stichwort: »Was du versprochen hast, das musst du auch halten!« Der Konflikt wird nicht durch Besinnung auf die eigenen Gefühle und Möglichkeiten gelöst, sondern durch Rückgriff auf übernommene moralische Prinzipien, die zu gelten haben, auch wenn der Mensch daran zerbricht. Damit ist die Geschichte dieser Beziehung ein weiteres Stück vorangekommen. Die Prinzessin öffnet die Tür. Ihr schlechtes Gewissen, elterliche Moralprinzipien und die eigene Unentschiedenheit haben die Trennung wieder rückgängig gemacht.

Moral und moralische Verpflichtung spielen in Prinzessin-Frosch-Beziehungen oft eine große Rolle. Mit Hilflosigkeit (»Nimm mich mit, ich kann nicht so laufen wie du«) und moralischen Appellen (»Weißt du nicht, was gestern du gesagt…«) lässt sich die Prinzessin-Frau vom Frosch-Mann leicht ein schlechtes Gewissen machen. Ihr eigenes kritisches Eltern-Ich verbündet sich mit ihm, und so wird dieses Vorgehen eine machtvolle Strategie, um zu erzwingen, was sich nicht von allein einstellt, nämlich Zuneigung, und rückgängig zu machen, was seinen Wünschen zuwiderläuft, nämlich ihre Distanzierung.

Wichtig ist auch zu sehen, wie der Frosch zu einem neuen Mittel greift, als die Verknüpfung »Hilfe für Liebe –

Liebe für Hilfe« nicht mehr wirkt: zum Mittel des moralischen Drucks. Liebe zwischen Mann und Frau ist entweder von selber da, als Geschenk, voraussetzungs- und bedingungslos, oder sie ist nicht da. Sie lässt sich nicht mit hilfreichem Verhalten hervorlocken und schon gar nicht mit Moral erzwingen. »Du hast doch gesagt ...«; wenn dieser Vorwurf Liebe einklagen soll, lassen Sie sich bitte auf ein solches Gespräch erst gar nicht mehr ein, es *kann* nur in einem sinnlosen Hickhack enden. Liebe als moralische Verpflichtung, Liebe aus schlechtem Gewissen, das ist keine Liebe, sondern Vortäuschung falscher Tatsachen. »Furcht gibt es in der Liebe nicht«, steht im Neuen Testament, auch keine Gewissensfurcht aus Gewissenszwang. »Denn die Furcht rechnet mit Strafe, und wer sich fürchtet, dessen Liebe ist nicht vollendet« (1. Johannes 4,18).

Vergessen wollen wir dabei nicht die Not des Frosch-Mannes, aus der dieses Erzwingenwollen von Liebe mit Hilfreichsein und Moral entspringt. Er erlebt ja wieder, was er unter bitteren Schmerzen tausendfach bei seiner Mutter erlebt hat: Sie war nicht einfach da, sie war nicht für ihn verfügbar, er musste zu immer stärkeren Mitteln greifen, um sie unter Kontrolle zu bringen und sich zu verpflichten. Dieselben Manipulationen, die er dabei gelernt hat, wendet er jetzt an, da die Geliebte sich ihm zu entziehen und er wieder in die Tiefe zu stürzen droht. Solche Manipulationen, sich dem anderen hilfreich zu zeigen, oder auch hilflos, oder ihm Schuldgefühle zu machen, sind häufig. Natürlich, für sich betrachtet, ist dies ein schlimmes Verhalten. Aber vergessen wir nicht, aus welcher existentiellen Not es geboren ist. Es ist der verzweifelte Versuch, zu erzwingen, was man nur geschenkt bekommen kann und dennoch so dringend braucht, um zu leben.

Ein hilfloser Helfer

Sie ging und öffnete die Türe, da hüpfte der Frosch herein, ihr immer auf dem Fuße nach, bis zu ihrem Stuhl. Da saß er und rief: »*Heb mich herauf zu dir.*« *Sie zauderte, bis es endlich der König befahl. Als der Frosch erst auf dem Stuhl war, wollte er auf den Tisch, und als er da saß, sprach er:* »*Nun schieb mir dein goldenes Tellerlein näher, damit wir zusammen essen.*« *Das tat sie zwar, aber man sah wohl, dass sie's nicht gerne tat. Der Frosch ließ sich's gut schmecken, aber ihr blieb fast jeder Bissen im Halse.*

Nun kommt die ganze unersättliche Bedürftigkeit des Frosches zum Vorschein, die bis jetzt hinter seinem Helferverhalten[4] verborgen war. Er läuft hinter ihr her und hängt sich an wie ein kleines Kind. Es sieht so aus, als könne er, nachdem er den weiten Weg zurückgelegt hat und die Marmortreppe hochgeklettert ist, aus eigenem nun gar nichts mehr. Er sitzt einfach da und will von ihr hochgehoben werden. Das Bedürfnis, passiv versorgt zu werden, drängt alles andere zurück. »Heb mich herauf zu dir«: Das war ja sein Erlösungswunsch von Anfang an und die Chance, die er in dieser Beziehung gesehen hatte – hochgehoben zu werden in die lichte, strahlende Welt der Prinzessin. Wie es um die Königstochter steht, was sie fühlt, ihre Angst und Verwirrung, das allerdings fällt dem Frosch gar nicht mehr auf. Es geht nur noch um ihn.

Der Frosch-Mann sieht, wenn er mit seiner eigenen Not in Kontakt gekommen ist, die Bedürftigkeit der Prinzessin-Frau nicht mehr. Aber auch die Prinzessin-Frau nimmt ihre Gefühle nicht wirklich ernst. Sie spürt, dass sie zu all dem, was da von ihr verlangt wird, doch gar nicht in der Lage ist. Aber weil es ihr »kritisches Eltern-Ich«, ihr schlechtes Gewissen verlangt, so geht sie auf die Bedürfnisse des Frosch-Mannes, äußerlich jedenfalls, ein. Aber man sieht deutlich: Es ist ein falsches Eingehen. Es stimmt nicht, denn in Wirklichkeit ist sie überhaupt nicht bereit, das zu geben, was sie gibt.

Hier wäre eine andere Moral wichtiger als die der Prinzipien des König-Vaters, nämlich die Moral der Übereinstimmung mit sich selbst. Danach ist es unmoralisch, zu geben, was man nicht geben kann, auch wenn es der andere noch so dringlich verlangt. Beziehungen kommen dadurch nicht in Ordnung, sondern verstricken sich immer mehr, wenn einer, weil es der andere ja so dringend möchte, gibt, was nicht aus dem Herzen kommt, sondern aus schlechtem Gewissen. Wie wir in der Geschichte weiter sehen werden, vergiftet dies die Beziehung, auch wenn beide sich noch so bemühen, es gut zu machen.

Prüfen Sie doch für einen Augenblick nach: Wo habe ich mich in meiner Partnerbeziehung auf ein solches Arrangement eingelassen? Wo gleiche ich die Passivität und die Minderwertigkeitsgefühle meines Partners mit Dauerengagement aus, weil ich meine, er könnte es anders nicht ertragen? Und ist es nicht so, dass Sie dann zwar geben und hilfreich sind, aber nur mit einem geheimen Groll im Herzen, weil Sie sich ausgebeutet, benutzt, missbraucht fühlen? Diese Verpflichtung »aus Liebe« lässt die wahre Liebe in Ihrem Herzen mehr und mehr ersterben. Ist das nicht viel liebloser als ein klares »Nein«? Ein klares »Nein« zur rechten Zeit würde Ihre Liebe nicht töten, es würde mit Ihnen mehr übereinstimmen *und* würde eine neue Situation schaffen und damit Ihnen beiden eine neue Chance geben.

Dazu scheint aber unsere Prinzessin noch nicht in der Lage zu sein. Sie hebt den Frosch auf den Stuhl. »Als der

Frosch erst auf dem Stuhl war, wollte er auf den Tisch, und als er da saß, sprach er: ›Nun schieb mir dein goldenes Tellerlein näher, damit wir zusammen essen.‹« Stuhl – Tisch – Teller: Der Frosch kann nicht genug kriegen. Seine Unersättlichkeit kommt in dieser Steigerung zum Ausdruck – die Unersättlichkeit, die viele Frosch-Männer über lange Zeit hinter ihrem starken, hilfreichen Verhalten verborgen haben. Um selbst etwas zu bekommen und auf diesem Weg wichtig zu werden, haben sie dieses Helfen als eine Art »Ersatzverhalten« entwickelt und damit ihre Bedürftigkeit verdeckt. Sie können es besonders gut, »goldene Kugeln« aus tiefem Brunnen heraufholen, und oft haben sie ihr ganzes Leben dem Helfen gewidmet, indem sie Sozialarbeiter, Pfarrer, Lehrer, Therapeuten oder Ähnliches geworden sind. Dabei leisten sie natürlich auch sehr viel Gutes und Nützliches, aber der Ersatzcharakter ihres hilfreichen Verhaltens wird deutlich, wenn sie eine Partnerbeziehung eingehen. Hier, in dieser nahen Beziehung, bricht das ursprüngliche Bedürfnis, »hochgehoben« und genährt zu werden, also nach symbiotischer Nähe, mit aller Macht hervor. Die Prinzessin-Frau kennt ihn nicht wieder. »Er war doch damals, als ich ihn kennenlernte, so anders! Wie konnte ich mich nur so total in ihm täuschen?« Ja, Sie haben sich getäuscht, denn Sie haben sein hilfreiches Verhalten als Stärke gedeutet. In Wirklichkeit war es ein Ersatzverhalten, eine erlernte Überlebensstrategie, mit der er sich davor bewahrte, ins tiefe Loch seines Brunnens zu fallen. Und Sie erschienen ihm als die Möglichkeit, dieses Loch zu füllen, darum lernen Sie ihn plötzlich von einer so anderen Seite kennen!

Während er sich ganz seinem symbiotischen Bedürfnis hingibt, bleibt ihr jeder Bissen im Hals stecken. Der Frosch scheint davon nichts zu merken. Er lässt es sich schmecken. Er merkt nichts davon, weil es jetzt endlich nur mehr um ihn gehen soll. Jetzt scheint endlich die Zeit angebrochen, da er jemanden hat, der nur für ihn da ist, nur und ausschließlich für ihn. Darum merkt er immer noch nicht, mit welchem Gesicht und in welcher Körperhaltung die Königstochter neben ihm sitzt. Beide sind in sich selbst gefangen, er in seinem gierigen Schlingen, sie in ihrer Angst und ihrem Ekel. Jeder dreht sich nur noch um sich und ist nicht imstande, auf den anderen einzugehen.

Das ist die Tragik von Frosch-Prinzessin-Beziehungen. Die ähnlichen Vorerfahrungen geben dem Frosch-Mann und der Prinzessin-Frau ein tiefes Gefühl der Seelenverwandtschaft, die tiefste Basis ihrer Beziehung. Aber ihre Bedürftigkeit und der Wunsch, vom anderen genährt und widergespiegelt zu werden, sind zu groß, dass sie nicht auf das eingehen können, was sie im Laufe der Zeit bei dem anderen immer besser verstehen lernen. Im Gegenteil, dass es beim anderen auch so ist, obwohl es so anders schien, erfüllt sie mit Verachtung, Ekel und Wut. Sie fühlen sich voneinander betrogen, vom anderen übers Ohr gehauen, und je länger die Beziehung geht, um so mehr solcher Gefühle sammeln sie an. Aber oft können sie sie auch nicht loswerden, weil sie andererseits recht gut verstehen, was beim anderen vorgeht. So entsteht manchmal eine ungeheure Spannung zwischen den beiden, die jegliche Lebendigkeit erstarren lässt oder sich in schlimmen Ausbrüchen von Wut und Verzweiflung entlädt.

Was Sex alles sein kann

Endlich sprach er: »*Ich habe mich sattgegessen und bin müde; nun trag mich in dein Kämmerlein und mach dein seiden Bettlein zurecht, da wollen wir uns schlafen legen.*« *Die Königstochter fing an zu weinen und fürchtete sich vor dem kalten Frosch, den sie nicht anzurühren getraute und der nun in ihrem schönen reinen Bettlein schlafen sollte.*

Sich satt zu essen, das allein genügt dem Frosch noch nicht. Essen allein macht nicht wirklich satt. Darum verlangt der Frosch immer mehr. Es ist ein untrügliches Zeichen, dass versucht wird, Bedürfnisse auf falschem Weg zu befriedigen, wenn es nie ein Ende hat, wenn es immer weitergehen muss. Suchtverhalten im Essen, Trinken, Rauchen, der Zwang zu kaufen, zwanghaftes Streben nach Erfolg im Beruf oder in der »Liebe« sind von dieser Art: Es braucht immer mehr und ist doch nie genug.

Das Bedürfnis des Frosches nach symbiotischer Verschmelzung mit der Königstochter kann durch das gemeinsame Essen am selben Tisch und vom selben Teller natürlich nicht befriedigt werden. Es drängt weiter und sucht nach intensiverer Erfahrung des Einswerdens: »Trag mich in dein Kämmerlein und mach dein seiden Bettlein zurecht, da wollen wir uns schlafen legen.« Dass es sich bei dem, was sich hier anbahnt, nicht um eine reife sexuelle Begegnung zwischen Mann und Frau handelt, wird in der Passivität des Frosches deutlich: Er möchte, dass sie ihn trägt und ihm ihr Bettlein zurechtmacht. Sein Wunsch geht eher auf ein mütterliches Versorgtwerden denn auf sexuelle Begegnung.

In Prinzessin-Frosch-Beziehungen hat Sexualität oft diese Bedeutung. Abgesehen davon, dass im sexuellen Erleben die Bestätigung gesucht wird, ein »richtiger Mann«, eine »richtige Frau« zu sein, die Frosch-Mann und Prinzessin-Frau doch so bitter nötig haben, kommt die innige körperliche Vereinigung der sexuellen Begegnung doch am ehesten der Vorstellung von symbiotischer Verschmelzung nahe. Für einen Augenblick können sich die beiden der Illusion hingeben, jene ersehnte Ureinheit zwischen Mutter und Kind wäre nun wiederhergestellt. Da es aber natürlich nicht so ist, wird auch die sexuelle Begegnung nicht ausreichen. Darüber hinaus gibt es aber keine intensivere Vereinigung mehr, und so wird es in Prinzessin-Frosch-Beziehungen – meist für einen von beiden – unendlich wichtig, immer und immer wieder mit dem Partner zu schlafen, um der Illusion der erlösenden Verschmelzung Nahrung zu geben. – »Wenn er mich endlich dazu gebracht hat, dass ich mit ihm schlafe, dann ist er der zufriedenste Mensch!« – freilich nur für den Moment, denn was er sucht, findet er auch im Bett nicht wirklich, darum muss er es morgen und übermorgen von neuem suchen.

Sexualität ist die deutlichste Ausdrucksform des Mann-Seins und Frau-Seins und der schöpferischen Begegnung zwischen Mann und Frau. Sie kann aber auch als Ausdruck für viele andere Gefühle und Bedürfnisse dienen, die mit reifem Mann- und Frau-Sein sowie mit Kreativität und Produktivität sehr wenig zu tun haben. Der Frosch-Mann drückt im sexuellen Bedürfnis sehr oft sein frühkindliches Bedürfnis nach symbiotischer Verschmelzung mit der Mutter aus. Dies wird, ähnlich wie in unserem Märchen, deutlich darin, dass er sich sehr passiv verhält und total auf sich bezogen bleibt, so dass die Prinzessin-Frau das Gefühl bekommt, sie sei als Geschlechtspartnerin gar nicht gefragt, sondern lediglich als – im Grunde auswechselbare – Bedürfnis-Befriedigerin. Dies erlebt sie natürlich als kränkend, weil sie aus ihrer eigenen Problematik ebenfalls den sehnlichen Wunsch hat, passiv befriedigt zu werden, und weil sie auch den starken Wunsch hat, als Frau sexuell bestätigt zu werden. Dazu ist der Frosch-Mann zu diesem Zeitpunkt aber nicht in der Lage, was dazu führt, dass die Prinzessin-Frau seinem sexuellen Verlangen mit Abwehr zu begegnen beginnt: »Die Königstochter fing an zu weinen und fürchtete sich vor dem kalten Frosch, den sie nicht anzurühren getraute und der nun in ihrem schönen reinen Bettlein schlafen wollte.«

Das reine Bettlein soll nicht befleckt werden. Für die Prinzessin-Frau bekommt Sexualität – in diesem Zusammenhang erlebt – etwas Ekliges, Schmutziges. Darin drückt sie nicht nur ihre eigene kindliche Unreife aus, in deren Welt sexuelle Begegnung noch keinen Platz hat, sie reagiert damit auch auf die Tatsache, dass Sexualität wirklich nicht in diesen Zusammenhang »passt«, weil es eigentlich um ein anderes, viel »früheres« Bedürfnis geht.

In Prinzessin-Frosch-Beziehungen muss es über kurz oder lang zu schweren sexuellen Problemen kommen. Ihre Abweisung kann er leicht als Frigidität interpretieren, während bei ihm »alles normal« ist. Daraus macht er ihr einen Vorwurf, und weil sie das ganze Geschehen auch nicht versteht, zieht sie sich diesen Vorwurf an und reagiert mit Selbstvorwürfen oder Gegenangriffen, die die Selbstanklage verdecken sollen.

Damit haben die beiden »ein sexuelles Problem«, und die Handgreiflichkeit und Offensichtlichkeit dieses Problems ermöglicht es ihnen dann oft, eine Eheberatung oder eine Paartherapie in Anspruch zu nehmen. Insofern ist es gut, dass beider Konflikt sich als sexuelles Problem darstellt, sonst würden sie vielleicht die Schwelle dazu noch lange nicht überwinden. Nur darf der Berater nicht meinen, er würde bei dem Paar irgendetwas ausrichten, wenn er dessen Problemdefinition »sexuelle Schwierigkeiten wegen Frigidität der Frau« übernimmt. Bevor nicht deutlich geworden ist, in welchem tieferen Zusammenhang dieses sexuelle Problem steht und dass der angeblich »normale« Partner genauso Anteil hat an den Schwierigkeiten, indem er in der Sexualität seine symbiotischen Verschmelzungswünsche erfüllt sehen will, wird ein Veränderungsprozess nicht in Gang kommen.

»Spiele der Erwachsenen«

Der König aber ward zornig und sprach:»*Wer dir geholfen hat, als du in der Not warst, den sollst du hernach nicht verachten.*«*Da packte sie ihn mit zwei Fingern, trug ihn hinauf und setzte ihn in eine Ecke. Als sie aber im Bett lag, kam er gekrochen und sprach:*»*Ich bin müde, ich will schlafen so gut wie du: heb mich herauf, oder ich sag's deinem Vater.*«*Da ward sie erst bitterböse, holte ihn herauf und warf ihn aus allen Kräften wider die Wand:*»*Nun wirst du Ruhe haben, du garstiger Frosch.*«*

Wieder gibt der König-Vater eines seiner Moralprinzipien von sich, gegen die an sich nichts einzuwenden ist, die aber in dieser Situation wieder von so wenig Einfühlungsvermögen in die Not seiner Tochter zeugen, dass sich unser Eindruck von der Eltern-Beziehung der Königstochter, wie wir sie skizziert haben, nur verstärkt. Wieder wird in diesem Prinzip die unselige Verkoppelung von Hilfe und Verpflichtung zur Liebe vollzogen, und es wird wieder deutlich, wie sehr dieses Königskind von seinen Eltern-Figuren mit den wirklich wichtigen Fragen des Lebens allein gelassen ist. Die Moralprinzipien ihres »kritischen Eltern-Ich« lassen der Prinzessin-Frau keine Alternative. Sie macht weiter und fügt sich – aber wie sie das tut, darin kommt immer deutlicher zum Ausdruck, wo sie innerlich mit dieser Beziehung steht und wie viel Wut sie bereits angesammelt hat: Sie packt den Frosch mit zwei Fingern und setzt ihn in eine Ecke ihres Zimmers.

Wir erleben ab jetzt eine der bösen Szenen, wie sie sich

in Prinzessin-Frosch-Beziehungen abspielen, wenn sich die Hoffnungen vom Anfang nicht erfüllen. Er – insgesamt schwer verunsichert in seinem Mann-Sein – möchte immer wieder dem Problem beikommen, indem er mit ihr Sexualität erlebt. Sie mag ihn kaum noch anfassen, möchte ihn am liebsten in die hinterste Ecke des Schlafzimmers verbannen oder sucht selbst das Weite, indem sie sich im Kinderzimmer zum Schlafen legt.

Natürlich muss sie sich in dieser Situation verschließen, doch macht sie das, weil sie selbst nicht versteht, warum, und sich innerlich zu sehr unter Druck fühlt, nicht offen, sondern indirekt und mit schlechtem Gewissen. So gibt es keinen Ausweg aus der Verstrickung. Was sie nicht zu sagen wagt, nämlich ein klares Nein, das besorgt nun ihr Körper. Weil sie nicht Nein *sagt, handelt* ihr Körper nun »Nein«. Er verschließt sich, und so wird sie immer mehr zur »frigiden Frau«, die »keinen Spaß am Sex« hat.

»Als sie aber im Bett lag, kam er angekrochen und sprach: ›… heb mich herauf, oder ich sag's deinem Vater.‹« Dies sind die nächsten Schritte des Dramas: Er kommt angekrochen oder beginnt zu drohen. Der Frosch-Mann bittet und bettelt und macht sich damit für die Prinzessin-Frau als Mann noch unattraktiver. Darum braucht er als nächste Steigerung massive Drohungen: »Ich sag's deinen Eltern, was du für eine bist.« Oder: »Ich gehe zum Rechtsanwalt und reiche die Scheidung ein, dann wirst du schon sehen, wo du bleibst.« Immer mehr wird auch bei ihm die Wut spürbar darüber, dass sie sich von ihm nicht dazu drängen lässt, ihn »heraufzuheben«, dass er auch bei dieser Frau nicht die Macht hat, zu erzwingen, was ihm seine Mutter (und andere Frauen) versagt haben. Auch sie macht ihn zum Frosch, stellt ihn in die Ecke, und so will er erst recht erzwingen, was sie ihm nicht freiwillig gibt, und das Bett wird dabei zum Testfall.

An diesem Testfall erreicht unsere Geschichte ihren

Höhepunkt. Nun – endlich möchte man sagen – brechen auch ihre Wut und ihr Hass auf den Frosch aus ihr heraus. Bitterböse packt sie ihn, holt ihn hoch und wirft ihn mit aller Kraft an die Wand: »Nun wirst du Ruhe haben, du garstiger Frosch.« Im Märchen bringt dieser Wutausbruch die Wende des Dramas. Wir werden sehen, warum, und werden uns damit noch eingehend beschäftigen. Vorerst befassen wir uns aber noch nicht mit dieser Wende, denn im täglichen Leben erreichen Prinzessin-Frosch-Paare oft diesen »Höhepunkt«, ohne dass es dabei zur Verwandlung kommt. Im Gegenteil: Es beginnt wieder von vorne, treibt unaufhaltsam wieder auf diesen Gipfel zu und beginnt wieder von neuem. Tätliche Auseinandersetzungen wie im Märchen sind dabei keine Seltenheit, denn die Verzweiflung darüber, dass sich nicht herstellen lässt, was man so sehr wünscht, sucht eine dramatische Entladung.

Das »An-die-Wand-geworfen-Werden« kann viele Formen annehmen, dramatische oder weniger dramatische, offene oder versteckte. Es kann ein Streit sein, der auf unerklärliche Weise immer dann entflammt, wenn die beiden gerade zu Bett gehen, und damit endet, dass sie natürlich jetzt nicht mehr mit ihm schlafen kann; oder es ist ihre Müdigkeit, die sie »zwingt«, ihn zu vertrösten. Oder sie wird so lange im Bad nicht fertig, bis er endlich eingeschlafen ist. Immer läuft es darauf hinaus, dass er sich an die Wand geklatscht fühlt, was ihn aber nicht daran hindert, es immer wieder von neuem zu versuchen, immer wieder von neuem »angekrochen« zu kommen.

Oder noch weiter im Vorfeld: Es kann sein, dass sie nie mit seinem Verhalten zufrieden ist; er kann tun, was er will, es ist immer zu viel oder zu wenig, richtig ist es nie. Und wenn er sich ganz besonders angestrengt hat, dann war es gerade falsch. Oder: Immer dann, wenn sie mit Freunden und Gästen zusammen sind, wird sie auf einmal lebendig, wie er sie sonst schon lange nicht erlebt hat, und wenn er sich einschaltet, um auch mitzumachen, erteilt sie ihm plötzlich vor den anderen eine Abfuhr, dass ihm die Ohren klingen. – Immer wieder versucht er's, immer wieder fliegt er an die Wand, immer wieder probiert er's von neuem. Aber auch sie feiert keineswegs große Triumphe. Irgendetwas ist sie zwar an ihn losgeworden, was sich in ihr aufgestaut hat, aber in ihrem Herzen wird wieder die Verzweiflung wach, die sie damals im Wald am Brunnen gefühlt hat, als sie die Kugel verlor …

Solche Abläufe können sich über lange Zeit immer und immer wiederholen. Meist sind sie von bemerkenswerter Gleichförmigkeit. Sie beginnen ähnlich, haben einen ähnlichen Verlauf und enden mit dem gleichen – lauten oder leiseren – Knalleffekt. Schon am Anfang scheint der Ausgang vorprogrammiert. Es ist, als ob es nach verborgenen Regeln ginge, die beide gleichwohl genau kennen und an die sie sich strikt halten. Deshalb hat man solche Abläufe »Spiele« genannt, »Spiele der Erwachsenen«[5], obwohl ihnen das Spielerisch-Lustvolle abgeht, abgesehen von einer gewissen selbstquälerischen Leidenslust, die sich manchmal darin äußert. »Immer läuft das Gleiche zwischen uns. Immer ist er am Ende verletzt, und ich hab die Schuld …« So berichten sie dann.

Warum läuft es denn immer und immer wieder so? Warum muss der Frosch-Mann immer wieder an die Wand fliegen und die Prinzessin-Frau wütend, unglücklich und schuldbewusst sein? Woher der Drang, solche »Spiele« immer wieder zu spielen? Würden Frosch-Mann und Prinzessin-Frau damit aufhören, wären sie mit der Frage konfrontiert: Haben wir eine Beziehung aufgebaut, die so nicht geht? Erwarte ich vom anderen nicht viel zu viel, erwarte ich nicht, was kein Mensch mir mehr geben kann? – Und müssten sie dann nicht den anderen aus der Verpflichtung entlassen, für das eigene innere verletzte Kind zu sorgen? Und wären sie dann nicht von neuem und erst recht dem Schmerz der weinenden Prinzessin im dunklen Wald und der Depression des Frosches im tiefen Brunnen ausgeliefert? Das vermeiden sie, weil sie meinen, es täte zu weh. Spiele geben die Möglichkeit, dem anderen die Schuld zuzuschieben und damit die Illusion aufrechtzuerhalten: »Es ginge ja, wenn nur du nicht ...« Aber eine Lösung ist das natürlich nicht, und deshalb muss man es immer wieder von neuem versuchen.

Wie die Nadel der Schallplatte, die immer wieder an derselben Stelle hängenbleibt, zurückspringt und wieder hängenbleibt, so spielt das Leben das Märchen vom Froschkönig: vom Hochholen der Kugel, bis der Frosch an die Wand fliegt, und wieder von vorne.

Ich erschrecke immer wieder darüber, wie schlimm Männer und Frauen, die in dieser Prinzessin-Frosch-Dynamik gefangen sind, miteinander umgehen. Oft sind sie, für sich genommen, warmherzige Menschen, die mir sympathisch sind, ja die ich ausgesprochen mag. Wenn sie zusammen sind, sind sie wie besessen, werten sich ab, verletzen sich, traktieren sich mit sinnloser Wut, werden unersättlich und manipulativ wie der Frosch oder hart, abweisend und verächtlich wie die Königstochter. Verständlich wird dieses Verhalten erst, wenn man begreift, dass sich darin der verzweifelte Kampf ausdrückt um die bedingungslose mütterlich-väterliche Annahme, der Kampf um die Freigabe zum eigenen Mann-Sein oder Frau-Sein, der Kampf um den Segen: »Ich lasse dich nicht, du segnest mich denn!« Es ist die Sehnsucht nach dem Segen, die sie so kämpfen lässt.

Doch die andauernde Wiederholung der »Spiele« ist das untrügliche Zeichen, dass dieser Kampf aussichtslos geworden ist. Der Beziehungsvertrag ist gescheitert. Der Segen ist so nicht zu bekommen. Es kommt nun alles darauf an, dass die beiden sich dieses Scheitern eingestehen. Das Eingeständnis, dass »alles verloren ist«, ist der erste Schritt, »alles zu gewinnen«.

Die Verwandlung der Königstochter

*Da ward sie erst bitterböse, holte ihn herauf und warf ihn
aus allen Kräften wider die Wand:»Nun wirst du Ruhe
haben, du garstiger Frosch.«*

Dieser Ausbruch bringt im Märchen die Wende und
die Verwandlung: Der Frosch wird zum Königssohn.
Im Leben, haben wir gesagt, beginnt es nach dem Ausbruch meist wieder von vorne. Ist die Verwandlung also
nur ein illusionärer, »märchenhafter« Schluss, ein Happy
End, das man im Blick auf das Leben ruhig wegstreichen
kann? Ich denke nicht.

Das Märchen schildert die Verwandlung nicht als Prozess, und natürlich bedient es sich nicht der Sprache psy-
chologischer Beschreibung. Es geht alles ein bisschen
plötzlich und auf einen Schlag, wie es im Leben meistens
nicht geht – obwohl es auch da Schlüsselerlebnisse geben
kann, durch die mit einem Mal alles anders wird, als es
vorher war. Auf jeden Fall enthält aber die Bildersprache
des Märchens sehr genaue Hinweise, wie es in solchen
Auseinandersetzungen nicht wieder zu den endlosen Wie-
derholungen der »Spiele der Erwachsenen« kommen
muss, sondern ein wirklicher Neubeginn möglich wird.

Wenn wir uns den Text genau ansehen, bemerken wir,
dass der Vorgang, den das Märchen schildert, sich darin
von »Spielen« unterscheidet, dass er von großer Eindeutigkeit und Klarheit ist. Es gibt keine »Abers« mehr, keine
Versprechen, in denen verborgene Wünsche mitgeliefert
werden, keine Handlungen, die im Widerspruch zur inne-

ren Haltung stehen. Die Königstochter hört auf, dem Schein den Vorrang zu geben vor dem, was ist. Und das in mehrfacher Hinsicht.

Sie bringt den Mut auf, »hässlich« zu sein. Bisher war sie immer nur wunderschön. Seiten, die diese Schönheit verdunkelten, Gefühle wie Angst, Trauer und Ekel, die durften nicht sein, der König reagierte darauf mit Zorn. Nun aber bricht die Wut aus ihr heraus, auch so ein hässliches Gefühl, das ihr liebes Gesicht entstellt und böse Worte auf ihre Zunge drängt: »Nun wirst du Ruhe haben, du garstiger Frosch.« Die Königstochter steht dazu. Sie verleugnet nicht mehr ihre dunklen Seiten und findet damit zu sich selbst.

Prinzessin-Frauen wie auch Frosch-Männer verhindern oft dadurch Entwicklungen, dass sie vermeiden, das schöne Bild, das sie von sich und andere von ihnen haben, durch den Ausdruck »hässlicher Gefühle« zu entstellen. Sie gestehen sich Wut und Aggression nicht zu. Natürlich werden sie trotzdem eine Menge Wut aneinander los, weil diese sich nicht mehr einfach so abstoppen lässt. Aber diese Wut wirkt destruktiv und ist eine Quelle von sinnlosem Leid, weil sie eben nur so herausbricht, wie durch ein Überdruckventil, und dann schnell wieder unterdrückt wird, weil sie ja nicht sein darf, und alles bleibt beim Alten. Die Königstochter dagegen lässt die Wut zu, und sie lässt sie nicht nur verpuffen, sondern setzt sie in kraftvolles Handeln um. Dieses Handeln macht ganz klar: »Nein, so nicht mehr!« Die Wut hilft ihr, die längst fällige Abgrenzung in Tat *und* Wort zu vollziehen und damit die Lüge, die ihr Mitmachen bisher war, zu beenden.

Damit bringt die Wut die Königstochter auch dazu – und das ist das zweite –, die Gebote des König-Vaters offen zu übertreten, in denen sie bisher gefangen war. Sie wirft nicht nur den Frosch an die Wand, sie wirft damit auch das Gesetz des Vaters über Bord – dieses männlich-einseitige »Du sollst« ohne Rücksicht auf Verluste. Sie hat den Mut, hässlich zu sein, auch im Sinn von »böse«, »unmoralisch«. – In Prinzessin-Frosch-Beziehungen verhindern die Partner ihre Entwicklung auch oft dadurch, dass sie sich »unbefleckt« bewahren wollen. Der Wunsch, moralisch unantastbar zu bleiben, ist stärker als der Wunsch zu leben. Lieber quälen sie sich jahrelang, lieber täuschen sie Eltern, Verwandten, Freunden die falschen Tatsachen einer heilen Ehe vor, als einen Schritt zu tun, der gegen die Normen verstößt, wie eine Ehefrau, ein Ehemann zu sein haben.

Darin äußert sich der Wunsch, die goldene Kugel der Kindheit zu bewahren, eine makellose Welt, in der alles »stimmt«. Denn solche Gebote sind ja immer von Eltern-Instanzen, Eltern-Autoritäten gegeben. Gegen sie zu verstoßen, »böse« zu sein, das bedeutet, Vater und Mutter zu verlassen. Jetzt erst, da die Königstochter eindeutig gegen die Gebote ihres Vaters handelt, hat sie die goldene Kugel wirklich verloren. Prinzessin-Frau und Frosch-Mann ziehen es demgegenüber oft vor, »brav« zu sein, treue Söhne und Töchter ihrer Eltern zu bleiben, und versäumen damit, Partner zu werden.

Noch ein Drittes. Die Königstochter wagt jetzt auch, andere zu verletzen. Sie verletzt den König-Vater, indem sie nicht mehr die folgsame Tochter ist, und sie verletzt den Frosch, sehr handgreiflich, indem sie ihn an die Wand wirft und indem sie sich damit seinen Wünschen versagt. – Wir haben darüber gesprochen, wie wichtig es für die Eltern der Prinzessin-Frau und des Frosch-Mannes war, dass ihr Kind ihrem Bild eines »braven Kindes« entsprach, damit sie sich sagen konnten, sie seien gute Eltern. Prinzessin-Frau und Frosch-Mann übertragen das später auf andere »Autoritäten« wie Lehrer, Pfarrer, Freunde und glauben, dass es für deren Wohlergehen genauso wichtig ist, dieses makellose Bild des »braven Kindes« zu erhalten. Davon hängt ja ihrer Vorstellung nach auch ab, dass sie deren Zuwendung bekommen. Durch den Vorwurf: »Das hätte ich nicht von dir gedacht!« würde ihnen das Bewusstsein entzogen, liebenswert zu sein. Darum vermeiden sie es, bei Eltern, Pfarrern, Partnern usw. das Bild zu zerstören, das diese von ihnen haben, wie Kinder, die den Liebesverlust der Mutter befürchten, wenn sie sie verletzen – oft genug haben sie dies ja auch tatsächlich erlebt. Die Königstochter im Märchen wird von ihrer Wut den Weg geführt, es zu riskieren, Schmerz zuzufügen und »Liebe« zu verlieren. Damit mutet sie dem Frosch und dem König-Vater zu, mit ihren Bedürfnissen allein zu bleiben. Sie lässt sich nicht durch die Frage bremsen, ob die das wohl aushalten werden. Sie denkt – endlich – auch an sich und bringt ihre eigenen Bedürfnisse kraftvoll zur Geltung. Dies wird oft nicht möglich sein, ohne wie sie bitter, böse und hässlich zu werden …

Wie sich herausstellt, hilft sie nicht dadurch dem Frosch, sich zu verwandeln, dass sie seine Wünsche erfüllt, sondern dadurch, dass sie sie ihm versagt.

Das Märchen zeigt damit: Noch bevor der Frosch sich verwandelt, hat die Königstochter einen Wandlungsprozess durchgemacht. Sie hat sich aus dem Bann des elterlichen Auftrags, für das Wohlergehen des Königs »brav« und »schön« zu sein, gelöst. Sie hat ihr Prinzessin-Sein abgestreift, ihre Kleider, ihre Perlen und Edelsteine und ihre goldene Krone, die sie schon am Anfang loswerden wollte. Indem sie zu ihren eigenen dunklen Seiten fand, zu ihrer Wut, zu ihrem »Egoismus«, hat sie die Maske abgelegt und ist ein Stück mehr Mensch geworden. Sie hat dazu den Frosch nicht als Retter gebraucht, wie sie anfangs meinte, wohl aber »musste« er ihr zur Herausforderung werden, um herauszufinden, dass sie auch anders als lieb und strahlend ist, und um die Kraft zu finden, die einseitige Vorherrschaft des väterlich-männlichen Prinzips zu durchbrechen und damit zu sich als Frau zu finden. Anders als sie dachte und ahnen konnte, hat damit der Frosch zu ihrer »Rettung« beigetragen!

Die Verwandlung des Frosches

*Als er aber herabfiel, war er kein Frosch, sondern ein
Königssohn mit schönen freundlichen Augen. Der war nun
nach ihres Vaters Willen ihr lieber Geselle und Gemahl. Da
erzählte er ihr, er wäre von einer bösen Hexe verwünscht
worden, und niemand hätte ihn aus dem Brunnen erlösen
können als sie allein, und morgen wollten sie zusammen in
sein Reich gehen.*

Die Auseinandersetzung mit dem Frosch fordert die
Königstochter zu einem entscheidenden Entwicklungsschritt heraus. Und was passiert nun mit ihm? Er
muss den Schmerz der Distanzierung erleiden, den sie ihm
zufügt, indem sie ihn an die Wand wirft. Und nun »fällt er
herab«. Die Enttäuschung all seiner symbiotischen Verschmelzungswünsche scheint mir in diesem Herabfallen
symbolisiert, das Zerrinnen aller Illusionen von gegenseitiger Erlösung. Er ist nicht der große Helfer, der die weinende Prinzessin retten kann, und sie ist nicht die strahlende Lichtgestalt, in der er aufgehen könnte. Dieser Beziehungsvertrag enthält ja auch ein erhebliches Maß an
Größenvorstellungen, die mit diesem Herabfallen in sich
zusammenfallen.

Es kommt nun alles darauf an, *wie* der Frosch von der
Wand »herabfällt«. Daran entscheidet sich, ob er sich dabei zum Königssohn verwandelt.

– Der Frosch kann sich wieder in den tiefen Brunnen fallen lassen, bitter, grollend und ressentimentgeladen. Er kann auf die nächste Prinzessin warten, die ihre Kugel verliert und ihm wieder alles verspricht. Dann wird das Ganze wieder von vorne beginnen.

– Er kann sich bei diesem Zurückfallen in den Brunnen auch in ein reißendes Untier verwandeln, das seine Lebensaufgabe künftig darin sieht, der Königstochter das Leben schwerzumachen: mit Morddrohungen, gerichtlichen Auseinandersetzungen, ewigen Streitereien. So nimmt er Rache für die angetane Verletzung. Gemeinsame Kinder müssen dabei oft dafür herhalten, dass der Frosch-Mann den eigenen Schmerz nicht selber fühlt, sondern diesen auf sie projizieren kann. Ihr »Wohl« liefert ihm dann die Begründung für seinen Rachefeldzug …

– Oder er kann sich noch tiefer in den Brunnen fallen lassen, auf Nimmerwiedersehen: Er kann sich umbringen. Jeder, der in einer solchen Situation war, weiß, wie nahe der Gedanke an Selbstmord liegt. Und er weiß auch, was dieser Selbstmord bedeuten würde: Es wäre der unsinnige Versuch, den Partner doch noch zu zwingen, sich – wenn nicht mit Liebe, so doch in Form von Selbstvorwürfen – mit ihm zu beschäftigen, nach dem Motto: »Wenn sie mir das schon antut, soll es ihr wenigstens ewig leidtun!« In Wirklichkeit wäre dieser Selbstmord freilich nur die endgültige Kapitulation vor dem Hexenfluch, ein Frosch zu sein.

Alle drei Möglichkeiten »herabzufallen« bringen keine Wandlung. Der Frosch-Mann bleibt Frosch, er hält an seinem Beziehungsvertrag und an seinem alten Beziehungskonzept fest, und die Schuld, dass daraus nichts geworden ist, schiebt er der Partnerin in die Schuhe. Damit bringt er die Prinzessin-Frau in die schwierige Lage, den angefangenen Entwicklungsweg allein weitergehen und mit ihren Schuldgefühlen und Verletzungen, die sein Handeln in ihr zurücklässt, allein fertig werden zu müssen. So geht es häufig, wenn die Partner keine gemeinsame Hilfe bekommen, zum Beispiel eine Beratung als Paar. Einer der beiden vollzieht die Entwicklungsschritte des anderen nicht nach und »hängt ab«. Dadurch kann so viel Leid entstehen, so viel Zerstörung zurückbleiben, dass man wünscht, das Ganze hätte doch lieber gar nie begonnen.

Gott sei Dank gibt es noch eine vierte Möglichkeit. Der Frosch kann auch herabfallen im Sinn von: die Enttäuschung annehmen als Ent-Täuschung, als Befreiung von einer großen Täuschung. Dies wird am meisten wehtun – und wird ihm die Verwandlung zum Königssohn einbringen. Das Schmerzliche der Ent-Täuschung besteht darin, zu realisieren, dass es nicht an dieser einen Frau liegt, sondern dass es grundsätzlich unmöglich und nicht zu erzwingen ist, die bedingungslose Zuwendung zu bekommen, die in der Kindheit ausgeblieben ist. Es ist schmerzhaft, von etwas zu lassen, wonach man so große Sehnsucht hat. Es ist schmerzhaft, damit auch zuzugeben: »Ja, es gibt Seiten an meiner Mutter, da war sie – aus eigener Not und eigenem Unvermögen – eine böse Hexe, die mich verwünscht und zum Frosch verzaubert hat. Den Segen, den ich von ihr gebraucht hätte, um ins Leben hineinzugehen, den hat sie nicht gesprochen und wird ihn auch nie mehr sprechen.« Trauer und Wut wird der Frosch-Mann darüber empfinden – in echtem Mitgefühl mit sich selbst. Indem er das zulässt, wird er anfangen, die Prinzessin-Frau aus der Verpflichtung zu entlassen, für das verletzte Kind in ihm zu sorgen:

Er hat angefangen, es selbst zu tun.

In diesem Prozess des Herabfallens beginnt er – paradoxerweise – erst wirklich aus der Tiefe des Brunnens zu steigen, weil er sich damit aus der Umklammerung des Mütterlich-Hexenhaften löst: In der Prinzessin-Frau, die er loslässt, lässt er auch seine Mutter los und gesteht sich ein: »Ich kann nicht erzwingen, was du mir nicht freiwillig gegeben hast.« Wie die Prinzessin-Frau aus der einseitigen Herrschaft des Väterlichen löst er sich damit aus der einseitigen Herrschaft des Mütterlichen. Damit wird der Weg zu sich selbst als Mann frei: »Als er herabfiel, war er kein Frosch, sondern ein Königssohn mit schönen, freundlichen Augen.«

Der Frosch-Mann erfährt im Schmerz des Herabfallens sehr bald auch die Befreiung dieser Ent-Täuschung. Ein Beziehungsvertrag auf wechselseitige Erlösung ist ja auch eine ungeheure Überforderung! Er übersteigt in seinem Anspruch das menschliche Maß und führt dazu, dass Frösche nicht zu Prinzen, viel eher Prinzen zu Fröschen werden. »Der Mensch ist weder Engel noch Tier. Und das Unglück will es, dass, wer aus ihm einen Engel machen will, ein Tier aus ihm macht.«[6] Das Annehmen der Enttäuschung ist ein Wiederfinden des menschlichen Maßes, und darin liegt die befreiende Wirkung.

Der Frosch wird zum Königssohn: Der Frosch-Mann erfährt, wenn er loslässt und die Distanzierung annimmt, dass er kein armer Frosch ist, angewiesen auf Stuhl, Tisch, Tellerlein und Bett der Königstochter. Er merkt, dass er bei all den Kämpfen der Vergangenheit auch eine Menge Stehvermögen und Selbstachtung gewonnen hat, und sei es auch über den Weg: »So lass ich nicht mehr mit mir umgehen!« Er entdeckt, dass er gar nicht so unselbstständig ist, dass er »gekrochen« kommen müsste; dass es viele Dinge gibt, die man auch ohne Prinzessin machen kann, zum Beispiel mit Männern Freundschaft schließen, was er bisher in seiner Fixierung auf erlösende Prinzessinnen vollkommen ausgeklammert hat, oder ganz allein für sich sein, es sich gut gehen lassen in seinem eigenen »Reich«, was er bisher immer nur mit »traurig im tiefen Brunnen sitzen« gleichgesetzt hat.

Frosch-Prinzessin-Beziehungen haben auch den Aspekt, dass sie den Mann in seinem Frosch-Sein festhalten und er in einer eigenartigen Leidenslust förmlich darum kämpft, ein Frosch bleiben zu müssen. Frosch-Männer brauchen oft tatsächlich eine harte Abgrenzung durch die Prinzessin-Frau, damit sie ihren eigenen Adel entdecken. Manchmal kommt mir in der Arbeit mit ihnen ein anderer Vergleich aus der Tierwelt. Sie sind wie Falter, die immer und immer wieder in die helle Flamme der Kerze fliegen und sich da fürchterlich verbrennen und trotzdem immer wieder hin »müssen«. Man muss ihnen die Kerze wegnehmen, damit sie entdecken, dass sie schöne Falter sind, die es nicht nötig haben, immer nur in dieses eine Licht zu fliegen, wo es wehtut.

Malen wir uns aus, was geworden wäre, wenn die Königstochter nicht so hart gewesen wäre. Ihre Härte war nötig, um ihm weiterzuhelfen. – Es ist ein wichtiges Ziel für Paare, konstruktive Härte gegeneinander zu lernen: sich abgrenzen, sich dem anderen zumuten, den anderen herausfordern. Was Frosch-Männer und Prinzessin-Frauen oft voneinander wollen, ist Verwöhnung, die nicht voranbringt, sondern nur die alten Verhaltens-, Fühl- und Denkmuster bestätigt.

Der Frosch erlebt seine Verwandlung in einem sehr schmerzvollen Prozess. Darum möchte ich hier noch ein Wort zum Leiden sagen. Meiner Erfahrung nach gibt es zwei grundlegend verschiedene Arten des Leidens, ein selbstquälerisches und ein »heilbringendes«. Selbstquälerisch ist das Leid des Frosch-Mannes, der an die Wand fliegt, herunterfällt, wieder zu ihr ins Bett kriecht und wieder an die Wand fliegt. Selbstquälerisch ist auch das Leid der Prinzessin-Frau, wenn sie ihre Kugel verliert und sie unbedingt wiederhaben will; oder das Leid, das sie empfindet, wenn sie gegen ihre Gefühle den Frosch mit ins Bett nimmt. Selbstquälerisch ist dieses Leid, weil es daraus entsteht, dass man meint, etwas festhalten zu müssen, dessen Loslassen ansteht. Leid dagegen, das durch Loslassen entsteht, das Leid der mitvollzogenen Ent-Täuschung, das Ja zur Wirklichkeit, wie man sie nicht wünscht und die man dennoch annimmt, dies ist »heilbringendes« Leid. Lebensprozesse sind Entwicklungsprozesse, und Entwicklung kann nur dort geschehen, wo eine bestimmte Form zerbricht oder aufgegeben wird, um auf einer höheren Ebene eine neue zu finden. Es gibt also keine Entwicklung ohne Trennung, Abschied, Loslassen; und das ist sehr oft mit Leid verbunden.

Viele, die Therapie machen, weil sie leiden, kennen den Unterschied zwischen den beiden Arten zu leiden nicht. Sie wollen verständlicherweise von ihrem Leid befreit werden und sperren sich deshalb oft auch gegen das Erleiden des Loslassens und der Ent-Täuschung. Damit aber vermeiden sie auch, zu reifen und »heil« zu werden. Es gibt eine unausgesprochene Ideologie, dass Paarbeziehungen nur dann in Ordnung sind, wenn die Partner sich pausenlos Freude machen und »Spaß« miteinander haben. Solche Beziehungen aber bleiben oberflächlich und werden bald ereignislos. Auch eine Paarbeziehung kann nur reifen, wenn die Partner lernen, Abschied zu nehmen und loszulassen, immer wieder, auch voneinander, von Lieblings- und Idealvorstellungen, Wünschen aneinander und eingespielten Gewohnheiten. Immer wieder müssen wir sterben, um zu neuem Leben zu erstehen, immer wieder müssen wir den Weg zum Kreuz und durch den Tod hindurch nachvollziehen, um zur »Auferstehung« zu gelangen.

Auf diesem Weg werden die großen bedürftigen Augen des Frosches, die immer nur haben wollen, zu den »schönen freundlichen Augen« des Königssohns. Indem der Frosch-Mann seine Illusionen und Täuschungen sterben lässt, verwandelt sich seine Bedürftigkeit in die Fähigkeit zu lieben. Der hungrige Blick wird zum wohlwollenden Blick, der auf dem anderen ruht, nicht weil er etwas von ihm haben will, sondern weil er sich an ihm freut.

Psychologische Scheidung

Als er aber herabfiel, war er kein Frosch, sondern ein Königssohn mit schönen, freundlichen Augen.« – Da steht er nun, verwandelt, der Königstochter ein gleichwertiges Gegenüber. Und was nun? Im Märchen sind sie gleich wieder ein Paar. So schnell geht es im Leben meistens nicht – oder sollte es wenigstens nicht gehen. Die beiden sind auf Distanz gegangen, sie haben beide ihre symbiotischen Erlösungsvorstellungen von Beziehungen aufgegeben und nacheinander ihren ursprünglichen Beziehungsvertrag aufgelöst. »Psychologische Scheidung« nenne ich diesen Prozess, der sich in der Paartherapie oft unter vielen Schmerzen – »mit Heulen und Zähneknirschen« – vollzieht.

Als Hilfestellung dabei gebe ich Partnern, die in ihrem Prozess an diese Stelle gekommen sind, manchmal eine Art Ritual. Ich fordere sie auf, einander gegenüberzutreten, sich in die Augen zu schauen und sich nacheinander zu sagen:

»… (Name), ich entlasse dich aus der Verantwortung, für das verletzte Kind in mir zu sorgen. Ich übernehme selbst die Verantwortung dafür. Wenn du von dir aus etwas für das verletzte Kind in mir tun willst, werde ich dafür offen sein.«

Wenn sich die Partner diese Worte gesagt haben, gehen sie, ohne weiter darüber zu sprechen, auseinander und verbringen die nächsten Stunden für sich allein. Was hier besonders betont wird, ist die Distanz. Und was wird nun aus der Beziehung?

Es ist schwer, die Situation der psychologischen Scheidung auszuhalten. Es liegt nahe, entweder das alte Spiel von vorne zu beginnen oder einfach auseinanderzulaufen – und das alte Spiel mit neuen Partnern zu wiederholen. Beides ist einfacher. Oder, wenn es geschieht, kann es auch ein Zeichen sein, dass Verwandlung noch nicht an der Zeit war, dass der Vorgang noch das eine oder andere Mal wiederholt werden muss, bis die Königstochter den Frosch wirklich an die Wand wirft und der Frosch wirklich herabfällt.

Wenn wir solche Kreisläufe immer und immer wiederholen, sind wir nicht unbedingt und ausschließlich im Mythos des Sisyphus gefangen, in der sinnlosen Wiederkehr des ewig Gleichen. Sehr oft vollzieht sich in diesen immer neuen »Runden« doch ein unmerkliches Voran, gleichsam in einer Spiralbewegung, in der die Linie zwar immer wieder an die gleiche Stelle zurückkehrt, aber eben doch ein Stück »weiter vorne«. Es kann sein, dass diese Spiralbewegung in einer Entwicklung oft und oft vollzogen werden muss, bis der »Sprung« zu einer neuen Form möglich wird. So kann es sein, dass der Therapeut mit seinem Paar, nachdem schon alles gewonnen schien, wieder – scheinbar – von vorne beginnen muss. Die eigene Partner-Erfahrung hat ihn hoffentlich so weise und geduldig gemacht, es zu tun.

Die Schwierigkeit, die Situation der psychologischen Scheidung auszuhalten, besteht darin, dass beide nicht wissen, worin ihre Beziehung noch besteht, nachdem der alte Beziehungsvertrag aufgelöst ist. Sie stehen einander zwar in einer neuen Grundhaltung gegenüber, in einer Haltung gegenseitiger Achtung und Anerkennung (»Ich bin okay – und du bist okay!«). Aber was sie darüber hinaus noch verbindet, ist unklar, zumal sehr vieles, was sie verbunden hat, als symbiotische Fessel deutlich geworden ist.

Es kann sein, dass sie entdecken, dass sich die Beziehung darin erschöpft hat und dass ihr Sinn darin bestand, gemeinsam dieses Stück Weg zu gehen und an diese Stelle zu kommen. Immerhin ist dabei aus einem Frosch ein Königssohn und aus einem Prinzesschen eine erwachsene Königstochter geworden. So werden sie vielleicht einander »Adieu« sagen und ihrer Wege gehen – traurig und dankbar. Dies kann freilich im konkreten Fall immer noch recht schwierig werden, vor allem wenn gemeinsame Kinder da sind und eine bleibende Verbindung als Eltern damit bestehen bleibt. Außerdem steckt bei Trennungen, auch wenn sie noch so stimmen, an der Zeit sind und beidseitig akzeptiert werden, der Teufel im Detail: Beim Aufteilen des Bestecks, der Möbel und Finanzen muss der schmerzliche Weg des Frosches und der Prinzessin noch mehrmals gegangen werden, bevor die beiden sich in Frieden ziehen lassen.

Eine äußere Trennung und eine auch juristische Scheidung können die richtige Konsequenz aus der psychologischen Scheidung sein. Ich neige aber je länger je mehr dazu, die Paare zu ermutigen, sich mit diesem Schritt Zeit zu lassen. Sehr oft stellt sich heraus, dass damit doch nur die schwer aushaltbare Spannung der Distanz zwischen ihnen aufgehoben werden soll. Und das ist das Wichtigste, was beide lernen müssen: sich als Königssohn und Königstochter gegenüberzustehen, noch bevor sie »miteinander einschlafen« und am anderen Morgen »in sein Reich ziehen«, wie das Märchen so verheißungsvoll weiter erzählt. Sich als Königssohn und Königstochter gegenüberzustehen heißt: sich als zwei getrennte, eigenständige, ganze Personen verstehen zu lernen. In der Skizzierung des »Frau-Werdens« bei der Königstochter, indem sie die einseitige Bindung an das männliche Prinzip überwindet, und des »Mann-Werdens« beim Königssohn in der Überwindung des Festhaltenden-Hexenhaften habe ich angedeutet, was das für die individuelle Reifung jedes Einzelnen bedeutet. Für ihre Beziehung bedeutet es meist, dass viele konkrete Regelungen im Sinn von größerer Autonomie, Distanz und Eigenständigkeit neu ausgehandelt werden müssen.

Wir nennen das in der Paartherapie: Die beiden schreiben einen vorläufigen »neuen Beziehungsvertrag«. Er bezieht sich auf alle konkreten Lebensbereiche: Zimmer, Betten, Geld, Kinder, Aufgabenverteilung, individuelle Freunde usw. Ich erlebe dabei immer wieder meine blauen Wunder, was es an symbiotischer Verschmelzung in Paarbeziehungen so alles gibt. Auch hier steckt der Teufel im Detail, oder besser: Jede einzelne dieser Neuregelungen ist ein neuer Abschied. Mit jeder neuen Vereinbarung wird der Wandlungsprozess vom Frosch zum Königssohn und vom Prinzesschen zur Königstochter von neuem schmerzlich, aber auch tiefer vollzogen. Viele Wunschträume, so stellen die beiden selbst erst jetzt mit Überraschung fest, hingen am gemeinsamen Schlafzimmer, am französischen Bett, an der grundsätzlich gemeinsam verbrachten Freizeit und an den grundsätzlich miteinander geteilten Freunden. Noch öfter muss also die Königstochter an den Brunnen, um ihre Kugel wieder zu verlieren, und der Frosch von der Wand herabfallen, bis sich die beiden wirklich als Königssohn und Königstochter gegenüberstehen.

Im Märchen sagt der Königssohn nach seiner Verwandlung zur Königstochter, niemand hätte ihn aus dem Brunnen erlösen können als sie allein. Nun haben sie solches Leid miteinander erfahren, und vieles, was sie jetzt miteinander tun, tut so weh – wie passt da dieser Satz in den Zusammenhang? Hat sich nicht herausgestellt, dass diese ganze Beziehungs-Erlösungs-Fantasie eine Illusion war? Haben wir nicht immer wieder betont, dass sich Menschen nicht gegenseitig erlösen können? Wäre nicht von vornherein alles ganz anders, viel besser gelaufen, wenn sie sich gar nicht begegnet wären? Vielleicht. Und trotzdem – anders als sie dachten, anders als sie es sich in den Kopf gesetzt hatten, stimmt dieser Satz, und zwar, wie wir gesehen haben, für beide. In einem anderen Sinn, als sie es wollten, sind sie sich »zur Erlösung« geworden.

Weil sie die Kugel verlorengehen ließ, ist er aus dem Brunnen gestiegen, weil er aus dem Brunnen gestiegen ist und ihr half, hat sie sich auf die Beziehung eingelassen, weil er ihre Beziehungsversprechungen einklagte, hat sie sich zu wehren begonnen und ihn an die Wand geworfen. Damit wiederum hat sie ihm ermöglicht, das Gebäude seiner Illusionen einstürzen zu lassen, und wie wir noch sehen werden, wird dieser Prozess weitergehen: Seine neugewonnene Selbstständigkeit, seine Autonomie wird ihr wiederum die nächsten Schritte der Entwicklung ermöglichen.

»Mussten« sich die beiden also nicht begegnen? Mussten sie diesen Weg nicht miteinander erleiden? Wäre er nicht immer noch der Frosch im tiefen Brunnen und sie die hilflos weinende Prinzessin am Rande des Waldes, wenn sie sich nicht begegnet wären? Anders als beide es wollten, ist nun doch geschehen, was beide im Grund ihres Herzens angestrebt haben. Eines war allerdings von ihrer Seite dafür erforderlich: Nicht dass sie alles »richtig« machten – mein Gott, wie viel haben sie »falsch« gemacht! Aber notwendig war, dass sie nicht haltgemacht haben, dass sie immer weiter-, dass sie hindurchgegangen sind.

Neubeginn

Dann schliefen sie ein, und am andern Morgen, als die
Sonne sie aufweckte, kam ein Wagen herangefahren, mit
acht weißen Pferden bespannt, die hatten weiße Straußen-
federn auf dem Kopf und gingen in goldenen Ketten, und
hinten stand der Diener des jungen Königs, das war der
treue Heinrich. Der treue Heinrich hatte sich so betrübt, als
sein Herr war in einen Frosch verwandelt worden, dass er
drei eiserne Bande hatte um sein Herz legen lassen, damit
es ihm nicht vor Weh und Traurigkeit zerspränge. Der Wa-
gen aber sollte den jungen König in sein Reich abholen.

Die psychologische Scheidung und das »Auseinander-
dividieren« der verschiedenen Lebensbereiche bringt
für die Partner bei aller Angst und Verunsicherung einen
ständigen Reifungsprozess in Richtung größerer Autonomie. Damit entstehen die Voraussetzungen zu neuer Begegnung, die vorher nicht gelingen konnte. Das Märchen
drückt dies aus, indem es nun wie selbstverständlich fort-
fährt: »Dann schliefen sie ein …«

Wir können darin die sexuelle Begegnung angedeutet
sehen, die jetzt möglich wird. Der Königssohn braucht
nicht mehr als bettelnder Frosch hinter der Königstochter
herzulaufen. In seiner neu gewonnenen Männlichkeit
muss er den Blick nicht mehr bedürftig an sie heften. In
seinen »schönen freundlichen Augen« kann sie sich nun
als Frau bestätigt finden. Damit ermöglicht er ihr, sich
jetzt auch erotisch-sexuell auf ihn einzulassen und ihre
»Frigidität« zu überwinden.

Sie »schlafen miteinander«: Über die sexuelle Bedeutung hinaus kommt darin eine Nähe, Vertrautheit und Selbstverständlichkeit zum Ausdruck, die vorher, als sie der Frosch erzwingen wollte, nicht entstehen konnte. Jetzt, da jeder der beiden die Verantwortung für sich selbst übernommen hat, brauchen sie nicht mehr zu kämpfen. Es wird ihnen geschenkt: Sie tauchen in die Tiefe des gemeinsamen Schlafes ein, der sich wie der Lohn für die ausgestandenen Mühen über sie senkt und in dem sie einem neuen Morgen entgegenschlummern dürfen.

Dieser Morgen bricht an und mit ihm ein neuer Anfang. Wieder ist von der Sonne die Rede, wie am Anfang des Märchens. Aber sie blickt nun nicht mehr auf ein kleines, unreifes Mädchen, sondern auf zwei Erwachsene. Diesen Reifungsprozess betont das Märchen, indem es den achtspännigen Wagen mit dem treuen Heinrich herbeieilen lässt, um König und Königin in ihr Reich abzuholen: Der Bann ist gebrochen, die Kräfte, von denen der Frosch-Mann abgeschnitten war, »kommen nach«: Die acht mit weißen Straußenfedern geschmückten und in goldenes Zaumzeug gelegten Pferde sind ein schönes Bild für seine ihm zuwachsende geistgebändigte Vitalität und Männlichkeit. Der treue Diener Heinrich mit dem gebrochenen und gefesselten Herzen steht für die im Brunnen, im weiblich-mütterlichen Bereich, gebannte Liebeskraft des Königs. Er eilt herbei und kümmert sich um ihn und symbolisiert damit, wie diese Liebe sich nun dem Königssohn selber zuwendet und dieser lernt, statt sich als Helfer nur um andere zu sorgen, sich liebevoll um sich selber zu kümmern und sich in einer reifen Partnerbeziehung selber zu schenken. Es ist, als ob diese positiven Kräfte die ganze Zeit »in Treue« nur gewartet hätten, bis sie Gelegenheit bekamen, herbeizueilen. Es ist alles da, was wir zum Leben und Lieben brauchen, auch wenn wir es jahrelang blockiert haben. Wenn wir uns dafür öffnen, eilen sie herbei …

Dies ist der Grund, warum ich in meiner Arbeit dazu neige, das Paar möglichst lange daran zu hindern, die psychologische Scheidung durch eine schnelle Trennung oder eine schnelle »Versöhnung« zu beenden. Denn im Durchleben und Durchleiden dieser Zeit werden alte/neue Kräfte in ihnen lebendig, und damit verwandeln sich auch die alten Beziehungsmuster in neue Begegnungsmöglichkeiten miteinander.

Im Märchen kommt dies darin zum Ausdruck, dass die Initiative in der Beziehung nun auf die Seite des jungen Königs wechselt. Er ist nicht mehr der passive Frosch, der hinterherläuft und hochgehoben werden will. Er ist nicht mehr der Königs-*Sohn*, sondern wird zum »jungen König«. Er braucht sich darum nicht länger mehr im Schloss der Königstochter aufzuhalten, in ihrer Kindheits-Welt. Im eigenen Wagen, mit eigenen Pferden fährt er sie in das Reich, das nun ihr Reich sein wird, nicht mehr das von Vätern und Müttern, in dem sie Söhne und Töchter sind. Damit hat der junge König nun eine ähnlich führende Rolle übernommen, wie sie die Königstochter in der Phase ihrer dramatischen Auseinandersetzung innehatte. Wie sie ihn zur Verwandlung »zwang«, so fordert nun er sie zu ihrem nächsten Entwicklungsschritt heraus: Er führt sie aus dem väterlichen Schloss und veranlasst sie damit zu ihrem endgültigen Abschied von zu Hause, zum entscheidenden Schritt von der Prinzessin zur Königin, von der Tochter zur Frau.

Reifere Formen der Partnerschaft zeichnen sich dadurch aus, dass Mann und Frau in den verschiedenen Rollen wechseln können: Nicht immer nur einer führt und der andere folgt, sondern die Führung wechselt. Beide können führen und beide können der Führung des anderen folgen. Wenn eingefahrene Bahnen in dieser Weise verlassen und einseitig festgelegte Positionen aufgegeben werden, bringt dies manchmal eine Menge Unsicherheit in die Beziehung. Es kann ganz schön schwierig werden für die Frau, die immer zu sagen hatte, wo's langgeht, wenn er nun plötzlich seinen Achtspänner vorfährt, auch wenn sie sich das im tiefsten ihres Herzens immer gewünscht hatte, denn so kennt sie ihn noch gar nicht, und alles Unbekannte macht uns Angst. Aber die Kehrseite dieser Unsicherheit ist die neue Lebendigkeit und Vitalität, die in solche Partnerschaften einzuströmen beginnt, die sich auf das wechselnde Spiel ihrer eigenständigen Kräfte einlassen. Wenn man getrennt ist, kann man sich auch begegnen. Wenn man sich selbst besitzt, kann man sich auch schenken.

Noch einen anderen Aspekt der Beziehung zeigt das Märchen: Nicht nur eine neue Ebene der Begegnung *miteinander* wird möglich, nicht nur eine tiefere wechselseitige Hingabe *aneinander*, sondern auch die gemeinsame Hinwendung zu einer Aufgabe: Die beiden fahren in das Reich, um als König und Königin hier die Regierung zu übernehmen. Darin ist die gemeinsame Aufgabe dargestellt, der sich beide nun zuwenden können. Vorher waren sie so auf ihre Beziehung fixiert, sie kostete so viel Energie, dass für nichts anderes Platz war. Sie konnten nicht »fruchtbar« werden in einem Dritten, das aus ihrer beider Beziehung heraus gewachsen wäre. Deshalb musste diese sich auch bezeichnenderweise im elterlichen Schloss abspielen. Nun aber werden sie ihr eigenes Reich haben, hier wird Platz sein für gemeinsame Kinder, gemeinsame Unternehmungen, gemeinsames politisches Engagement, eine gemeinsame berufliche Aufgabe, oder was immer es sein mag. Die Beziehung setzt ihre kreativen und produktiven Kräfte frei.

An dieser Stelle droht für manche Paare eine Gefahr: dass sie sich nicht nach vorne und nach außen wenden, um in einem Dritten fruchtbar zu werden, weil sie meinen, es sei zu spät dazu. Freilich kann es sein, dass beiden aufgeht: »Jetzt, an dieser Stelle, so wie wir jetzt zueinander stehen, wäre es schön, ein Kind miteinander zu haben, jetzt wäre

Platz dafür in unserer Beziehung – aber dazu ist es zu spät.« An dieser einen Möglichkeit, für die es vielleicht wirklich zu spät ist, bleiben sie hängen und trauern ihr nach. Was hier ansteht, ist ein neuer Schritt des Abschieds und des Loslassens, aber nicht, um sich resigniert zurückzuziehen, sondern um Platz zu schaffen für andere Ziele, andere Aufgaben und Projekte, in denen sie fruchtbar werden können.

Durch ihren Trennungsprozess hindurch finden die beiden wieder zu neuen Formen der Gemeinschaft und Gemeinsamkeit. Ist dies nicht wieder nur eine Form der Symbiose, aus der sie sich doch eben unter vielen Schmerzen herausgerungen haben?

Ja und nein. Ja, denn in der Hingabe aneinander und in der gemeinsamen Hingabe an ein Werk verschmelzen sie gewissermaßen wieder zu einer Einheit – und entsprechen damit ihrer Ursehnsucht nach ungeschiedener Ganzheit. Auch werden sie in vielen Dingen des täglichen Lebens die Aufgaben so verteilen, dass nicht jeder alles macht, sondern der eine wird bald mehr jenen, der andere mehr diesen Bereich wahrnehmen. Sie werden sich ergänzen und insofern auch aufeinander angewiesen sein. Und doch – es ist eine andere Symbiose, nicht mehr eine von der Art »ein Stuhl, ein Tisch, ein Teller, ein Bett«, sondern eine, die durch den Prozess der Trennung hindurchgegangen ist und Eigenständigkeit, Verschiedenheit, Mann-Sein und Frau-Sein, »ich« und »du« in sich vereinigt, so wie es der folgende schöne Text von Kahlil Gibran zum Ausdruck bringt:

»Vereint seid ihr geboren
und vereint sollt ihr bleiben immerdar.
Doch lasset Raum zwischen eurem Beinandersein,
Und lasset Wind und Himmel tanzen zwischen euch.
Liebet einander,
doch macht die Liebe nicht zur Fessel:

Schaffet eher daraus ein webendes Meer
zwischen den Ufern eurer Seelen.
Füllet einander den Kelch,
doch trinket nicht aus *einem* Kelche.
Gebet einander von eurem Brote,
doch esset nicht vom gleichen Laibe.
Singet und tanzet zusammen und seid fröhlich,
doch lasset jeden von euch allein sein.
Gleich wie die Saiten einer Laute allein sind,
erbeben sie auch von derselben Musik.
Gebet einander eure Herzen,
doch nicht in des anderen Verwahr.
Und stehet beieinander,
doch nicht zu nahe beieinander:
Denn die Säulen des Tempels stehen einzeln,
Und Eichbaum und Zypresse wachsen nicht
im gegenseit'gen Schatten.«[7]

In einer solchen »Symbiose« werden sie sich weder einengen noch ausbeuten, wie Frosch und Königstochter es am Anfang getan haben. Vielmehr werden sie sich unterstützen und herausfordern zu weiterer Entwicklung und weiterem Wachstum.

Freilich heißt das nicht, wie das Märchen es vielleicht nahelegen könnte, dass sie nun ein für alle Mal die unreifen Symbiose-Wünsche von Frosch und Königstochter hinter sich gelassen haben. Sehr wahrscheinlich werden die beiden nach ein paar Jahren entdecken, dass auch noch ein Teil Prinzessin-Frosch-Beziehung übrig geblieben ist oder sich wieder eingeschlichen hat. Dann wird eine neue Runde anstehen, mit neuem leidvollem Loslassen und neuem Wiederfinden in tieferer Liebe, ein neuerliches Sterben und Neu-Entstehen – im Sinne der Spirale, deren Bewegung doch nur scheinbar wieder an dieselbe Stelle zurückkehrt.

Das Ganze im Fragment

Der treue Heinrich hob beide hinein, stellte sich wieder hinten auf und war voller Freude über die Erlösung. Und als sie ein Stück Wegs gefahren waren, hörte der Königssohn, dass es hinter ihm krachte, als wäre etwas zerbrochen. Da drehte er sich um und rief:

> *»Heinrich, der Wagen bricht.«*
> *»Nein, Herr, der Wagen nicht,*
> *es ist ein Band von meinem Herzen,*
> *das da lag in großen Schmerzen,*
> *als Ihr in dem Brunnen saßt,*
> *als Ihr eine Fretsche wast.«*

Indem der treue Heinrich beide, den König und die Königin, in den Wagen hebt, stellt er seine Dienste beiden zur Verfügung und symbolisiert nun die beide verbindende Liebe, die wie der treue Diener, der hinten auf dem Wagen steht, beide behütet.

Auf dem Weg in die gemeinsame Zukunft springen die eisernen Bande vom Herzen des treuen Heinrich. Die Fesseln ihrer Liebe, die in Trauer und Weh über die Verwünschung, die im Schicksal ihrer Kindheit gebunden war, fallen ab, und in der dreimaligen Wiederholung ist die Fortdauer dieses Prozesses angedeutet.

Damit wird der tiefste Sinn der leidvollen Geschichte dieser Beziehung deutlich: die gebundenen Herzen zu einer reifen Liebe zu entbinden. »Unreife Liebe sagt: Ich liebe dich, weil ich dich brauche. Reife Liebe sagt: Ich brauche dich, weil ich dich liebe.« (Erich Fromm) Diese reife Liebe verbindet nun die beiden, ihre unterschiedlichen Fähigkeiten und Kräfte, ihr Mann-Sein und Frau-Sein zu einer neuen und tieferen Einheit.

Ihre Liebe hat damit auch jene Aufgabe gelöst, die ihnen von ihren Vorfahren als ungelöstes Problem übergeben wurde: die Versöhnung der Geschlechter. Ihre beiden Familien, so haben wir gesehen, sind daran gescheitert, das Mann-Sein auszuprägen nicht im Gegensatz, sondern im Gegenüber zum Weiblichen, und das Frau-Sein nicht im Gegensatz, sondern im Gegenüber zum Männlichen. Was solche einseitig männlich oder einseitig weiblich beherrschten Familien hervorbringen, sind nicht reife Männer und Frauen, sondern königliche Patriarchen oder Frösche, Hexen oder Prinzessinnen. Ihre Verbindung führt dann nicht zur Versöhnung, sondern zum Kampf, zur Konkurrenz der Geschlechter, zu Sieg oder Niederlage über Generationen hin, und dies so lange, bis sie als Aufgabe angenommen wird, die es zu durchleben und zu durchleiden gilt, so wie Froschkönig und Prinzessin in unserem Märchen es getan haben.

Als König und Königin, behütet vom treuen Heinrich, von dessen liebendem Herzen die eisernen Bande springen, stehen sie für die Versöhnung ihres familiären und zugleich ur-menschlichen Erbes: für die Versöhnung der Gegensätzlichkeit von Mann und Frau. Darin leuchtet in neuer Weise »Ganzheit« auf, als deren Symbol uns am Anfang des Märchens die goldene Kugel begegnete.

Die goldene Kugel geht immer wieder verloren. Die Formen der Ganzheit, die wir – auch in Beziehungen – erreichen, bleiben vorläufig und müssen wieder zerbrechen. Immer wieder müssen wir loslassen, uns trennen, uns wieder vereinen, um uns wieder zu trennen und wieder zu vereinen. Die Ganzheit der Liebe ist unsere tiefste Sehnsucht, und sie ist uns vollkommen nie erreichbar. Aber indem wir sie immer wieder als Fragment verwirklichen, leuchtet uns darin das Urbild vollkommener Ganzheit auf, die liebende Vereinigung aller Gegensätze, die wir Gott nennen.

Verena Kast

Die Nixe im Teich

Gefahr und Chance erotischer Leidenschaft

Die Nixe im Teich
Ein Märchen der Brüder Grimm

*E*s war einmal ein Müller, der führte mit seiner Frau ein
vergnügtes Leben. Sie hatten Geld und Gut, und ihr
Wohlstand nahm von Jahr zu Jahr noch zu. Aber Unglück
kommt über Nacht: wie ihr Reichtum gewachsen war, so
schwand er von Jahr zu Jahr wieder hin, und zuletzt
konnte der Müller kaum noch die Mühle, in der er saß, sein
Eigentum nennen. Er war voll Kummer, und wenn er sich
nach der Arbeit des Tags niederlegte, so fand er keine Ruhe,
sondern wälzte sich voll Sorgen in seinem Bett. Eines Morgens stand er schon vor Tagesanbruch auf, ging hinaus ins
Freie und dachte, es sollte ihm leichter ums Herz werden.
Als er über dem Mühldamm dahinschritt, brach eben der
erste Sonnenstrahl hervor, und er hörte in dem Weiher
etwas rauschen. Er wendete sich um und erblickte ein schönes Weib, das sich langsam aus dem Wasser erhob. Ihre langen Haare, die sie über den Schultern mit ihren zarten
Händen gefasst hatte, flossen an beiden Seiten herab und
bedeckten ihren weißen Leib. Er sah wohl, dass es die Nixe
des Teichs war, und wusste vor Furcht nicht, ob er davongehen oder stehen bleiben sollte. Aber die Nixe ließ ihre
sanfte Stimme hören, nannte ihn beim Namen und fragte,
warum er so traurig wäre. Der Müller war anfangs verstummt; als er sie aber so freundlich sprechen hörte, fasste
er sich ein Herz und erzählte, ihr, dass er sonst in Glück
und Reichtum gelebt hätte, aber jetzt so arm wäre, dass er
sich nicht zu raten wüsste. »Sei ruhig«, antwortete die Nixe,
»ich will dich reicher und glücklicher machen, als du je
gewesen bist, nur musst du mir versprechen, dass du mir
geben wirst, was eben in deinem Hause jung geworden ist.«

– »Was kann das anders sein«, dachte der Müller, »als ein junger Hund oder ein junges Kätzchen?« und sagte ihr zu, was sie verlangte. Die Nixe stieg wieder in das Wasser hinab, und er eilte getröstet und guten Mutes nach seiner Mühle. Noch hatte er sie nicht erreicht, da trat die Magd aus der Haustüre und rief ihm zu, er sollte sich freuen, seine Frau hätte ihm einen kleinen Knaben geboren. Der Müller stand wie vom Blitz gerührt; er sah wohl, dass die tückische Nixe das gewusst und ihn betrogen hatte. Mit gesenktem Haupt trat er zu dem Bett seiner Frau, und als sie ihn fragte: »Warum freust du dich nicht über den schönen Knaben?«, so erzählte er ihr, was ihm begegnet war und was für ein Versprechen er der Nixe gegeben hatte. »Was hilft mir Glück und Reichtum«, fügte er hinzu, »wenn ich mein Kind verlieren soll? Aber was kann ich tun?« Auch die Verwandten, die herbeigekommen waren, Glück zu wünschen, wussten keinen Rat.

Indessen kehrte das Glück in das Haus des Müllers wieder ein. Was er unternahm, gelang, es war, als ob Kisten und Kasten von selbst sich füllten und das Geld im Schrank über Nacht sich mehrte. Es dauerte nicht lange, so war sein Reichtum größer als je zuvor. Aber er konnte sich nicht ungestört darüber freuen: die Zusage, die er der Nixe getan hatte, quälte sein Herz. Sooft er an dem Teich vorbeikam, fürchtete er, sie möchte auftauchen und ihn an seine Schuld mahnen. Den Knaben selbst ließ er nicht in die Nähe des Wassers: »Hüte dich«, sagte er zu ihm, »wenn du das Wasser berührst, so kommt eine Hand heraus, hascht dich und zieht dich hinab.« Doch als Jahr auf Jahr verging und die Nixe sich nicht wieder zeigte, so fing der Müller an, sich zu beruhigen.

Der Knabe wuchs zum Jüngling heran und kam bei einem Jäger in die Lehre. Als er ausgelernt hatte und ein tüchtiger Jäger geworden war, nahm ihn der Herr des Dorfes in seine Dienste. In dem Dorf war ein schönes und *treues Mädchen, das gefiel dem Jäger, und als sein Herr das bemerkte, schenkte er ihm ein kleines Haus; die beiden hielten Hochzeit, lebten ruhig und glücklich und liebten sich von Herzen.*

Einstmals verfolgte der Jäger ein Reh. Als das Tier aus dem Wald in das freie Feld ausbog, setzte er ihm nach und streckte es endlich mit einem Schuss nieder. Er bemerkte nicht, dass er sich in der Nähe des gefährlichen Weihers befand, und ging, nachdem er das Tier ausgeweidet hatte, zu dem Wasser, um seine mit Blut befleckten Hände zu waschen. Kaum aber hatte er sie hineingetaucht, als die Nixe emporstieg, lachend mit ihren nassen Armen ihn umschlang und so schnell hinabzog, dass die Wellen über ihm zusammenschlugen.

Als es Abend war und der Jäger nicht nach Haus kam, so geriet seine Frau in Angst. Sie ging aus, ihn zu suchen, und da er ihr oft erzählt hatte, dass er sich vor den Nachstellungen der Nixe in Acht nehmen müsste und nicht in die Nähe des Weihers sich wagen dürfte, so ahnte sie schon, was geschehen war. Sie eilte zu dem Wasser, und als sie am Ufer seine Jägertasche liegen fand, da konnte sie nicht länger an dem Unglück zweifeln. Wehklagend und händeringend rief sie ihren Liebsten mit Namen, aber vergeblich. Sie eilte hinüber auf die andere Seite des Weihers und rief ihn aufs Neue, sie schalt die Nixe mit harten Worten, aber keine Antwort erfolgte. Der Spiegel des Wassers blieb ruhig, nur das halbe Gesicht des Mondes blickte unbeweglich zu ihr herauf.

Die arme Frau verließ den Teich nicht. Mit schnellen Schritten, ohne Rast und Ruhe, umkreiste sie ihn immer von neuem, manchmal still, manchmal einen heftigen Schrei ausstoßend, manchmal in leisem Wimmern. Endlich waren ihre Kräfte zu Ende, sie sank zur Erde nieder und verfiel in einen tiefen Schlaf. Bald überkam sie ein Traum. Sie stieg zwischen großen Felsblöcken angstvoll aufwärts;

Dornen und Ranken hakten sich an ihre Füße, der Regen schlug ihr ins Gesicht, und der Wind zauste ihr langes Haar. Als sie die Anhöhe erreicht hatte, bot sich ein ganz anderer Anblick dar. Der Himmel war blau, die Luft mild, der Boden senkte sich sanft hinab, und auf einer grünen, bunt beblümten Wiese stand eine reinliche Hütte. Sie ging darauf zu und öffnete die Türe; da saß eine Alte mit weißen Haaren, die ihr freundlich winkte. In dem Augenblick erwachte die arme Frau. Der Tag war schon angebrochen, und sie entschloss sich, gleich dem Traum Folge zu leisten. Sie stieg mühsam den Berg hinauf, und es war alles so, wie sie es in der Nacht gesehen hatte. Die Alte empfing sie freundlich und zeigte ihr einen Stuhl, auf den sie sich setzen sollte. »Du musst ein Unglück erlebt haben«, sagte sie, »weil du meine einsame Hütte aufsuchst.« Die Frau erzählte ihr unter Tränen, was ihr begegnet war. »Tröste dich«, sagte die Alte, »ich will dir helfen: da hast du einen goldenen Kamm. Harre, bis der Vollmond aufgestiegen ist, dann geh zu dem Weiher, setze dich am Rand nieder und strähle dein langes schwarzes Haar mit diesem Kamm. Wenn du aber fertig bist, so lege ihn am Ufer nieder, und du wirst sehen, was geschieht.«

Die Frau kehrte zurück, aber die Zeit bis zum Vollmond verstrich ihr langsam. Endlich erschien die leuchtende Scheibe am Himmel; da ging sie hinaus an den Weiher, setzte sich nieder und kämmte ihre langen schwarzen Haare mit dem goldenen Kamm, und als sie fertig war, legte sie ihn an den Rand des Wassers nieder. Nicht lange, so brauste es aus der Tiefe, eine Welle erhob sich, rollte an das Ufer und führte den Kamm mit sich fort. Es dauerte nicht länger, als der Kamm nötig hatte, auf den Grund zu sinken, so teilte sich der Wasserspiegel, und der Kopf des Jägers stieg in die Höhe. Er sprach nicht, schaute aber seine Frau mit traurigen Blicken an. In demselben Augenblick kam eine zweite Welle herangerauscht und bedeckte das

Haupt des Mannes. Alles war verschwunden, der Weiher lag so ruhig wie zuvor, und nur das Gesicht des Vollmondes glänzte darauf.

Trostlos kehrte die Frau zurück, doch der Traum zeigte ihr die Hütte der Alten. Abermals machte sie sich am nächsten Morgen auf den Weg und klagte der weisen Frau ihr Leid. Die Alte gab ihr eine goldene Flöte und sprach: »Harre, bis der Vollmond wieder kommt, dann nimm diese Flöte, setze dich ans Ufer, blas ein schönes Lied darauf, und wenn du damit fertig bist, so lege sie auf den Sand; du wirst sehen, was geschieht.«

Die Frau tat, wie die Alte gesagt hatte. Kaum lag die Flöte auf dem Sand, so brauste es aus der Tiefe, eine Welle erhob sich, zog heran und führte die Flöte mit sich fort. Bald darauf teilte sich das Wasser, und nicht bloß der Kopf, auch der Mann bis zur Hälfte des Leibes stieg hervor. Er breitete voll Verlangen seine Arme nach ihr aus, aber eine zweite Welle rauschte heran, bedeckte ihn und zog ihn wieder hinab.

»Ach, was hilft es mir«, sagte die Unglückliche, »dass ich meinen Liebsten nur erblicke, um ihn wieder zu verlieren.« Der Gram erfüllte aufs Neue ihr Herz, aber der Traum führte sie zum drittenmal in das Haus der Alten. Sie machte sich auf den Weg, und die weise Frau gab ihr ein goldenes Spinnrad, tröstete sie und sprach: »Es ist noch nicht alles vollbracht, harre, bis der Vollmond kommt, dann nimm das Spinnrad, setze dich ans Ufer und spinn die Spule voll, und wenn du fertig bist, so stelle das Spinnrad nahe an das Wasser, und du wirst sehen, was geschieht.«

Die Frau befolgte alles genau. Sobald der Vollmond sich zeigte, trug sie das goldene Spinnrad an das Ufer und spann emsig, bis der Flachs zu Ende und die Spule mit dem Faden ganz angefüllt war. Kaum aber stand das Rad am Ufer, so brauste es noch heftiger als sonst in der Tiefe des Wassers, eine mächtige Welle eilte herbei und trug das Rad mit sich fort. Alsbald stieg mit einem Wasserstrahl der Kopf und der ganze Leib des Mannes in die Höhe. Schnell sprang er ans Ufer, fasste seine Frau an der Hand und entfloh. Aber kaum hatten sie sich eine kleine Strecke entfernt, so erhob sich mit entsetzlichem Brausen der ganze Weiher und strömte mit reißender Gewalt in das weite Feld hinein. Schon sahen die Fliehenden ihren Tod vor Augen; da rief die Frau in ihrer Angst die Hilfe der Alten an, und in dem Augenblick waren sie verwandelt, sie in eine Kröte, er in einen Frosch. Die Flut, die sie erreicht hatte, konnte sie nicht töten, aber sie riss sie beide voneinander und führte sie weit weg.

Als das Wasser sich verlaufen hatte und beide wieder den trockenen Boden berührten, so kam ihre menschliche Gestalt zurück. Aber keiner wusste, wo das andere geblieben war; sie befanden sich unter fremden Menschen, die ihre Heimat nicht kannten. Hohe Berge und tiefe Täler lagen zwischen ihnen. Um sich das Leben zu erhalten, mussten beide die Schafe hüten. Sie trieben lange Jahre, ihre Herden durch Feld und Wald und waren voll Trauer und Sehnsucht.

Als wieder einmal der Frühling aus der Erde hervorgebrochen war, zogen beide an einem Tag mit ihren Herden aus, und der Zufall wollte, dass sie einander entgegenzogen. Er erblickte an einem fernen Bergesabhang eine Herde und trieb seine Schafe nach der Gegend hin. Sie kamen in einem Tal zusammen, aber sie erkannten sich nicht, doch freuten sie sich, dass sie nicht mehr so einsam waren. Von nun an trieben sie jeden Tag ihre Herden nebeneinander; sie sprachen nicht viel, aber sie fühlten sich getröstet. Eines Abends, als der Vollmond am Himmel schien und die Schafe schon ruhten, holte der Schäfer die Flöte aus seiner Tasche und blies ein schönes, aber trauriges Lied. Als er fertig war, bemerkte er, dass die Schäferin bitterlich weinte. »Warum weinst du?«, fragte er. »Ach«, antwortete sie, »so schien auch der Vollmond, als ich zum letzten Mal dieses Lied auf der Flöte blies und das Haupt meines Liebsten aus dem Wasser hervorkam.« Er sah sie an, und es war ihm, als fiele eine Decke von den Augen; er erkannte seine liebste Frau. Und als sie ihn anschaute und der Mond auf sein Gesicht schien, erkannte sie ihn auch. Sie umarmten und küssten sich, und ob sie glückselig waren, braucht keiner zu fragen.[1]

Einleitung

Zu dem Märchen »Die Nixe im Teich« entwickeln viele Menschen eine Liebe auf den zweiten Blick. Das ging auch mir so. Aber warum erst »auf den zweiten Blick«? »Die Nixe im Teich« ist kein »Klassikermärchen« aus der Kindheit. Wenn man es überhaupt gehört oder gelesen hat als Kind, dann hat man es doch eher wieder verdrängt. Märchen mit Nixen, die Kinder holen wollen, die schmecken einem als Kind nicht. Auch die Tatsache, dass der Vater einen Fehler macht und der Sohn dafür ein Leben lang in seiner Freiheit eingeschränkt ist, macht das Märchen für Kinder nicht attraktiv. Nun sind ja Märchen nicht unbedingt Geschichten für Kinder, es waren einmal Geschichten von Erwachsenen für Erwachsene, und das ist dieses Märchen in einer ganz ausgeprägten Weise.

Jahrelang hatte ich rasch über dieses Märchen hinweggelesen. Erst als ich Märchen suchte, die deutlich mit der Überwindung von Angst zu tun haben, erinnerte ich mich an dieses Märchen – und ich war dann in der Folge fasziniert davon. In einigen Seminaren habe ich mit dem Märchen gearbeitet und immer wieder festgestellt, dass es mit zunehmender Beschäftigung immer noch mehr Bilder entbirgt, zu immer mehr eigenen Fragestellungen anregt. Lässt man sich auf dieses Märchen ein, wird plötzlich deutlich, wie reich es ist, wie subtil sich ein Bild an ein anderes reiht, wie sehr es dadurch in uns die Bilderwelt, die Gefühle, aber auch das Nachdenken anregen kann. Das Phänomen, etwas Altbekanntem zu begegnen, entfällt also bei diesem Märchen. Das hat durchaus Vorteile: Fast ganz neu kann man diesem Märchen begegnen, kann man sich auf die Bilder, die auch Angst machen, einlassen – weniger geprägt von den Kinderängsten, mehr geprägt von unseren ganz aktuellen Angstsituationen im Zusammenhang mit dem Verdrängten, der Faszination und der daraus resultierenden möglichen Depression, dem Überwältigtwerden durch die Faszination und der möglichen Trennung oder des sich Getrennt-Fühlens von einem Partner oder einer Partnerin und des möglichen Sich-wieder-Findens. Stellt man sich den Ängsten, die dieses Märchen auslösen kann, dann enthüllt es seinen ganz besonderen Reichtum. Für mich ist »Die Nixe im Teich« ein besonderes, reiches Märchen, nicht nur wegen der Fülle der existenziell bedeutsamen Lebenssituationen, die angesprochen sind, nicht nur wegen des Reichtums der Bilder, derer sich das Märchen bedient, sondern auch wegen des ausgewogenen Rhythmus zwischen Aktion und Kontemplation, zwischen Handeln und Reifenlassen.

Die Märchen ermutigen uns immer zum Leben, dieses Märchen und seine Thematik ermutigt uns dazu in ganz besonderem Maße.

Unglück kommt über Nacht

Es war einmal ein Müller, der führte mit seiner Frau ein vergnügtes Leben. Sie hatten Geld und Gut, und ihr Wohlstand nahm von Jahr zu Jahr noch zu. Aber Unglück kommt über Nacht: wie ihr Reichtum gewachsen war, so schwand er von Jahr zu Jahr wieder hin, und zuletzt konnte der Müller kaum noch die Mühle, in der er saß, sein Eigentum nennen. Er war voll Kummer, und wenn er sich nach der Arbeit des Tags niederlegte, so fand er keine Ruhe, sondern wälzte sich voll Sorgen in seinem Bett. Eines Morgens stand er schon vor Tagesanbruch auf, ging hinaus ins Freie und dachte, es sollte ihm leichter ums Herz werden. Als er über dem Mühldamm dahinschritt, brach eben der erste Sonnenstrahl hervor, und er hörte in dem Weiher etwas rauschen. Er wendete sich um und erblickte ein schönes Weib, das sich langsam aus dem Wasser erhob. Ihre langen Haare, die sie über den Schultern mit ihren zarten Händen gefasst hatte, flossen an beiden Seiten herab und bedeckten ihren weißen Leib. Er sah wohl, dass es die Nixe des Teichs war, und wusste vor Furcht nicht, ob er davongehen oder stehen bleiben sollte. Aber die Nixe ließ ihre sanfte Stimme hören, nannte ihn beim Namen und fragte, warum er so traurig wäre. Der Müller war anfangs verstummt; als er sie aber so freundlich sprechen hörte, fasste er sich ein Herz und erzählte ihr, dass er sonst in Glück und Reichtum gelebt hätte, aber jetzt so arm wäre, dass er sich nicht zu raten wüsste. »Sei ruhig«, antwortete die Nixe, »ich will dich reicher und glücklicher machen, als du je gewesen bist, nur musst du mir versprechen, dass du mir geben willst, was eben in deinem Haus jung geworden ist.«

*– »Was kann das anders sein«, dachte der Müller, »als ein
junger Hund oder ein junges Kätzchen?« und sagte ihr zu,
was sie verlangte. Die Nixe stieg wieder in das Wasser
hinab, und er eilte getröstet und guten Mutes nach seiner
Mühle. Noch hatte er sie nicht erreicht, da trat die Magd aus
der Haustüre und rief ihm zu, er sollte sich freuen, seine
Frau hätte ihm einen kleinen Knaben geboren. Der Müller
stand wie vom Blitz gerührt; er sah wohl, dass die tückische
Nixe das gewusst und ihn betrogen hatte. Mit gesenktem
Haupt trat er zu dem Bett seiner Frau, und als sie ihn
fragte: »Warum freust du dich nicht über den schönen Knaben?«, so erzählte er ihr, was ihm begegnet war und was für
ein Versprechen er der Nixe gegeben hatte. »Was hilft mir
Glück und Reichtum«, fügte er hinzu, »wenn ich mein
Kind verlieren soll? Aber was kann ich tun?« Auch die Verwandten, die herbeigekommen waren, Glück zu wünschen,
wussten keinen Rat.*

Ein Müller führt mit seiner Frau ein vergnügtes Leben,
ihr Wohlstand an Geld und Gut nimmt immer noch
zu. Es geht ihnen gut; sie sind vergnügt, sie sind in einer
Phase des Lebens, in der immer alles noch mehr wird, und
sie können offenbar ihren Überfluss genießen, halten ihn
wohl auch für selbstverständlich. Sie würden wohl von
sich sagen, dass das Leben es gut mit ihnen meint.

Aber der Reichtum schwindet, so wie er gekommen ist,
ohne größeres Zutun, ohne merkbares größeres Verschul-
den; nun sind andere Qualitäten als die des Genießenkön-
nens gefragt – aber diese Qualitäten fehlen dem Müller
zunächst. Er ist so arm, dass er nicht mehr ein und aus
weiß. Es ist möglich, dass es sich um materielle Armut
handelt, die schon schwierig genug zu ertragen ist, löst sie
doch, besonders bei denen, die Armut nicht gewohnt sind,
massive Existenzängste aus, Angst, nicht mehr genug zum

Leben zu haben, vielleicht sogar Angst zu verhungern. Ob auch soziale Ängste mit im Spiel sind, wird im Märchen nicht erwähnt: die Scham, dass man an den Gütern des Lebens nicht den einem zustehenden Anteil halten kann, und damit verbunden ein Gefühl der Minderwertigkeit. Es ist durchaus möglich, dass diese Armut auch eine Armut in der Beziehung zwischen Müller und Müllerin ist, dass auch sie nach einer Phase, in der sie Vergnügen aneinander hatten, jetzt erleben, dass beiden wenig Energie aus der Beziehung erwächst und sie sich, obwohl sie beieinander sind, arm vorkommen. Arm kann auch bedeuten, dass man wenig seelische Energie hat, und das Gefühl, das Leben sei leer, armselig, man sei ausgeschlossen von der großen Lebendigkeit.

Der Müller kann mit dieser Situation schlecht umgehen. Er ist voll Kummer, und statt zu schlafen, wälzt er sich voll Sorgen auf seinem Lager. Er sollte sich auch um etwas »sorgen«, er müsste die pflegerische Verantwortung für etwas Wesentliches in seinem Leben übernehmen. Aber er sorgt sich wohl eher darum, woher er wieder Geld bekommen wird, und weniger darum, warum er plötzlich so arm geworden ist. Er überlegt wohl, wie der alte Zustand wieder hergestellt werden kann, und nicht, was denn dieser Schicksalseinbruch für ihn und seine Frau bedeuten könnte, welche Veränderungen in ihrem Leben anstehen.

So, ganz erfüllt von seinen Sorgen, flieht ihn der Schlaf. Auch früh am Morgen treiben die Sorgen ihn um. Er steht schon früh auf, vor Tagesanbruch, geht aus dem Haus und hofft, im Freien sollte es ihm leichter ums Herz werden. Der Müller reagiert mit einer depressiven Verstimmung auf die Veränderung; sein ganzes Leben kreist nun um die Sorge. In seiner Verzweiflung hat er aber doch eine kleine Hoffnung: Im Freien könnte es ihm besser gehen.

Nun ist ein Haus nicht nur unsere Behausung, in der wir geschützt und abgeschirmt leben können, es ist auch der

Raum des Gewohnten, des Vertrauten. Geht der Müller aus dem Haus, dann ist er auch gewillt, etwas Neues zu erleben, das ihm möglicherweise seine Sorgen leichter macht. Eine leise Hoffnung bemächtigt sich seiner. Zu dieser leisen Hoffnung passt, dass er beim ersten Sonnenstrahl über den Mühldamm schreitet. Nach der Nacht des Dunkels geht die Sonne auf – nicht sofort, aber ein erster Sonnenstrahl kündigt Licht an, kündigt an, dass das Leben wieder lichter werden wird, dass es wieder »Tag« werden kann.

Was dem Müller hier im Märchen geschieht, kann vielen Menschen geschehen, wenn sie an einer depressiven Verstimmung leiden: Obwohl ganz bestimmt von ihren depressiven Gefühlen, voller Sorge um die Zukunft, voller Angst, das Leben nicht bewältigen zu können, voller dunkel getönter Fantasien, was das Schicksal noch alles bringen könnte, voller Schuldgefühle und Angst, keimt doch plötzlich – eines Morgens – eine leise Hoffnung auf, dass es vielleicht doch eine Lösung geben könnte. Auch diese Menschen müssen, symbolisch gesehen, außer Haus gehen, sie müssen sich auf den Weg machen, um etwas Neues zu erfahren. Es gehört zur depressiven Verstimmung, dass wir etwas, das dringend in unser Leben integriert werden müsste, was notwendigerweise zu unserem Selbstsein gehört, vielleicht sogar unser Selbstsein ausmacht, von unserem Leben ausgeschlossen haben. Wir haben es verdrängt, vergessen. Es kann der Sinn der Depression sein, uns zu zwingen, dieses Vergessene in unser Leben hereinzuholen. Letztlich wird unser Leben dadurch dann reicher und mehr unser je eigenes Leben, unser ganz persönliches Schicksal, das sich ja nur in unserem Selbst-Sein ausdrücken kann. Aber: Zunächst müssen wir uns eher auf Schwierigkeiten gefasst machen, denn wäre der psychische Inhalt, wäre der Aspekt des Lebens, den wir aus der Verdrängung heben müssen, sichtbar und fühlbar eine Bereicherung, wir hätten ihn kaum verdrängt.

Dem Müller zeigt sich das zuvor Verdrängte sofort, kommt sofort ans Licht, nachdem er sich entschlossen hat, das Haus zu verlassen: Im Weiher rauscht es, und fast gleichzeitig mit dem ersten Sonnenstrahl erhebt sich ein schönes Weib aus dem Wasser. Beschrieben werden ihre langen Haare, ihre zarten Hände, ihr weißer Leib. Der Müller erkennt die schöne Frau als die Nixe des Teiches – er ängstigt sich und weiß nicht, ob er davonlaufen oder stehen bleiben soll. Das Bild der Nixe taucht auf in seiner Seele – und es löst große Angst aus. Wohl auch Faszination, die sich darin ausdrückt, wie die Frau in ihrer Schönheit beschrieben wird. Die Angst scheint aber zu dominieren.

Angst und Faszination ergreifen uns dann, wenn etwas Wesentliches in unserer Psyche belebt wird, etwas uns zum Bewusstsein kommt, das uns fremd ist und von dem wir auch überzeugt sind, dass es eine Bedeutung hat, die über unser persönliches Leben hinausgeht.

Von Nixen weiß man im Märchen, dass es sie gibt, dass sie aber nicht jedermann begegnen. Wenn sie auftauchen, dann bedeuten sie auch ein Stück Schicksal, unausweichliches Schicksal. Die Nixe gehört im Märchen nicht dem Bereich der Menschen an, sie ist ein Wesen des Zwischenreiches, halb Frau, halb Göttin. Was sich da zeigt, ist wunderschön, vermag durch Schönheit zu faszinieren und verspricht letztlich, auch etwas Schönes ins Leben hereinzubringen. Letztlich. Da ist nämlich auch die Angst: Was will sie denn von einem? Nixenkundig, wie die Menschen im Märchen sind, weiß der Müller, dass die Nixe auch gefährlich sein kann und sicher auch etwas von ihm will. Davonlaufen aber würde heißen, vor dem Problem – das sich in der Nixe erstmals deutlicher abbildet – wiederum davonzulaufen. Stehenbleiben heißt, sich dem Problem zu stellen. Die Nixe macht es ihm zunächst leicht. Sie nähert sich ihm in einer sehr empathischen Weise: Sie nennt ihn bei seinem Namen und fragt, warum er so traurig sei. Indem sie ihn bei seinem Namen nennt, gibt sie zu erkennen, dass sie ihn kennt, dass sie ihn wahrgenommen hat – und dass sie ihn auch jetzt wahrnimmt in seiner Trauer.

Beim Namen genannt zu werden, gerade in einer Situation, in der man sich traurig fühlt, wohl auch gekränkt im Selbstwertgefühl, als Versager vielleicht, gibt ein Gefühl der Bedeutsamkeit. In einer Situation, in der man sich gerade nicht bei sich selbst fühlt, ist die Anrufung des Namens auch so etwas wie ein erster Sonnenstrahl: Sie erinnert daran, wer man ist, oder auch, dass man trotz Unglück immer noch derselbe oder dieselbe ist, der oder die man einmal war. Dann verlockt die Nixe den Müller dazu, über seinen Kummer zu sprechen – nachdem er zunächst verstummt war.

Leiden wir an einer depressiven Verstimmung, ist es eine ganz wesentliche Hilfe, wenn es gelingt, über den Kummer zu sprechen, und zwar möglichst ungefiltert, so dass einem beim Sprechen ein Licht aufgehen kann und man versteht, was denn zu dieser Verstimmung geführt haben könnte. Natürlich wird ein Mensch mit einer sanften Stimme uns eher dazu bringen, von unseren Kümmernissen zu sprechen, erinnert uns die sanfte Stimme doch an alle die Menschen, die sanft und in großer Zärtlichkeit schon je mit uns gesprochen haben. Es wird dabei eine meist frühkindliche Geborgenheit reaktiviert.

Der Müller erzählt der Nixe seinen Kummer – und sie verspricht Abhilfe. Er soll ihr geben, was in seinem Haus jung geworden ist, und sie will ihn reicher machen, als er je war. Eine rasche Lösung, die den Müller kaum etwas zu kosten scheint, denn was könnte das Junge schon sein außer einer Katze oder einem Hund? Ein guter Handel – so scheint es für den Müller. Er reagiert wie jene Menschen, die in einer problematischen Lebenssituation eine Idee davon haben, wie diese zu lösen wäre, und schon sind sie wieder zufrieden, schon fühlen sie sich wieder dem Strom des Lebens angeschlossen, voller Lebensmut. Zumindest vorerst.

Die Furcht vor der Nixe hätte den Müller warnen müssen. Aber er ist so froh, dass ihm eine Lösung für sein Problem angeboten wird, dass er nicht weiter darüber nachdenkt. Auch scheint er wenig Sinn für den Wert dessen zu haben, was »jung« ist, was neu geworden ist in seinem Leben. Der Tod des Alten macht ihn depressiv, das, was neu geboren wird, gibt er leichten Herzens weg. Die Nixe steigt wieder ins Wasser, und er eilt getröstet und guten Mutes nach Hause.

Die Magd tritt aus der Haustür mit einer Freudenbotschaft: Seine Frau habe ihm einen kleinen Knaben geboren. Da fühlt er sich betrogen von der Nixe. Er muss sich schuldig fühlen in dieser Situation – und was tut er? Er beschimpft die Nixe, macht sie zur Alleinschuldigen. Spätestens jetzt wird deutlich, dass die Beziehung zwischen dem Müller und seiner Frau nicht von Achtsamkeit geprägt ist, wenn er nicht einmal weiß, dass sie kurz vor der Niederkunft ist! Eine liebevolle, mitfühlende, miteinander teilende Beziehung ist es auf jeden Fall nicht. Wie blind muss der Müller für seine hochschwangere Frau gewesen sein! Will er etwa nichts von Geburt, von Tod, vom Wandel des Lebens wissen? Kann er seine Frau als Mutter nicht ertragen?

Die Nixe will nicht etwa einen jungen Hund oder eine junge Katze, sie will den Sohn. Sie will an einer ganz zentralen Stelle in der Zukunft mitleben. Das Leben des Sohnes wird von diesem Versprechen des Vaters geprägt sein. Oder anders ausgedrückt: Das Problem des Vaters wird vom Sohn letztlich gelöst werden müssen. Immerhin wird in dieser Familie von dem Problem gesprochen. Auf die Frage der Frau, warum er sich nicht über den schönen

Knaben freue, erzählt er ihr, was geschehen ist. Das ist immerhin etwas, gibt es doch einige vergleichbare Märchen, in denen der Vater auch einem Mann oder einer Frau verspricht, was jung wird zu Hause, um sich rasch aus einer unangenehmen Situation zu befreien. Solche Männer opfern unbesehen ihre Zukunft und die Zukunft ihrer Kinder für eine vorschnelle Lösung, aber meistens verheimlichen sie dann auch noch der Partnerin und dem Kind, was sie getan haben.[2]

Der Müller erzählt, was ihm geschehen ist. Wahrscheinlich wäre er gar nicht fähig, das Geheimnis für sich zu behalten, zu sehr ist er auf die Hilfe von anderen Menschen angewiesen. Immerhin sagt er deutlich, dass ihm Glück und Reichtum nicht helfen, wenn er dafür sein Kind verliert. Er bekennt sich zu seinem Kind, sagt aber – und da hört man noch den depressiven Unterton –: »Aber was kann ich tun?« Er wäre durchaus bereit, Rat anzunehmen, aber niemand weiß Rat. Die Idee, dass er noch einmal zur Nixe gehen und mit ihr verhandeln könnte, diese Idee kommt ihm nicht. Probieren aber hätte er es doch wenigstens können. Aber dann wäre der Müller eben nicht der Müller. Er scheint die Zukunft zu opfern.

Die Zukunft opfern –
eine depressive Haltung

Kein Mensch opfert natürlich bewusst die Zukunft. Im Gegenteil: Wir tun alles, um die Zukunft zu sichern, uns sogar eine gute Zukunft zu sichern. Wir sorgen vor, für alles Mögliche. Die Offenheit der Zukunft ängstigt uns. Die grundsätzliche Offenheit der Zukunft könnte uns aber auch mit Hoffnung erfüllen, mit Erwartung.[3] Wir wissen nie ganz genau, was uns die Zukunft bringen wird. Und auch dann, wenn wir wissen, dass sich vieles in der Zukunft einfach aus der Gegenwart und aus der Vergangenheit heraus verlängert und die Folge von unserem schon gelebten Leben ist, immer wieder gibt es auch Überraschungen, »Zufälle«, mit denen wir nicht gerechnet hätten, Wendungen, die uns erstaunen und überraschen. Im Guten und im Bösen. Offenheit der Zukunft heißt, dass nichts für immer festgelegt sein muss, auch wenn es vieles durchaus ist – es gibt da Möglichkeiten, mit denen wir nicht rechnen. Diese Tatsache nährt die Hoffnung auf »das bessere Leben«, lässt Fantasien entstehen für die Zukunft, Utopien. Die Offenheit der Zukunft ist es letztlich, die uns der Gewohnheit entreißt, uns daran hindert, uns im Gewohnten einzurichten. Sie ist es, die uns neugierig auf das sein lässt, was denn überhaupt noch alles geschehen kann in unserem Leben, was uns alles noch wichtig werden kann. Die prinzipielle Offenheit der Zukunft lässt uns aber auch ängstlich Vorsorge treffen, in der Illusion, die Zukunft kontrollieren zu können. Wir sichern uns ab, wir versichern uns, wir betonen die Sachzwänge, in denen wir stehen und von denen wir denken, dass sie gar keine Veränderung zulassen. Wir engen uns ein, verbauen unser Leben, so dass der Anruf der Zukunft – falls er an uns ergehen sollte, und sei es zunächst auch nur in Form einer profunden Unzufriedenheit – gar nicht gehört werden kann. Insofern wird die mögliche Zukunft geopfert, in dem man sich in den Erklärungen, die die Vergangenheit liefert, und in den aktuellen Bewältigungsstrategien hoffnungslos verstrickt, in der Erwartung, dabei im Leben nichts falsch zu machen. Es ist ein ängstliches Festhalten an dem, was man schon immer gehabt hat. Dieses ängstliche Festhalten pflegen wir besonders dann, wenn die Gegenwart uns bereits als schwierig erscheint. In einer Lebenssituation, in der wir auch nur ein wenig an uns zweifeln, daran zweifeln, ob wir das Leben auch leben können, das wir uns in etwa vorgenommen haben, in einer solchen Lebenssituation erscheint uns die Offenheit der Zukunft vor allem durch Angst gefärbt, wir werden ängstlich, sind melancholisch gestimmt, sehen alles, was eher den Niedergang betrifft, und weniger das Erhebende. Und in der Folge sehen wir uns vor, wir sehen uns so sehr vor, dass nichts Neues in unser Leben kommen kann.

Aber die Zukunft kommt immer, ob wir sie abwehren oder nicht. Wehren wir sie ab, kommt sie als Störung, als störende Veränderung, als uns ärgernde Einbrüche, die uns in unseren Gewohnheiten und in unserem Selbstverständnis in Frage stellen. Sind wir ihr gegenüber ambivalent eingestellt, erscheint sie als Versuchung. Weniger Ambivalenten erscheint sie als Verlockung, der gegenüber man doch immer ein leises Misstrauen behält. Das ist der Kompromiss zwischen der Hoffnung auf das bessere Leben und der Angst vor dem schlechteren Leben, vor der Enttäuschung – letztlich auch vor dem Tod, der irgendwo in der Zukunft auf uns zukommen wird. Wenn wir weniger Angst haben, fasziniert uns die Zukunft, wir malen sie uns in hellen Farben aus, verbunden mit Fantasien über das eigentlich Undenkbare.[4] Natürlich sind solche Fantasien geprägt von unserem Erleben in der Vergangenheit und in der Gegenwart. Je weniger ängstlich wir aber sind, um so mehr wagen wir es, uns auch ungewöhnliche Fantasiekombinationen zuzugestehen, wir lassen unseren Wünschen und unseren Sehnsüchten, die auch Ausdruck des »anstehenden Unbewussten« sind, Raum, lassen neue Lebensthemen und Erlebnisse in der Fantasie Wirklichkeit werden. Die Zukunft zu opfern heißt auch, die Fantasie vom besseren Leben zu opfern. Wir versagen es uns, unsere verschwiegenen Wünsche und Sehnsüchte kennen zu lernen, geben ihnen keine Chance, sich zu verwirklichen.

Opfern wir die Zukunft, dann versuchen wir, uns auf einem gegenwärtigen Stand festzuschreiben. Das gelingt natürlich nicht, das ist gegen den Fluss des Lebens, und so werden wir immer mehr Bedrohte, die zu retten versuchen, was sie zu haben vermeinen. Auch diese Form der Sorge wird von uns natürlich als zukunftsbezogen betrachtet, als eine Form der Vorsorge. Sie soll uns ja gerade die Zukunft ermöglichen. Natürlich wird es nicht ohne Vorsorge gehen, aber eine gute Vorsorge lässt Raum für unerwartete Veränderungen, ja erwartet diese geradezu – in Form von Überraschungen – und weiß auch, dass sie niemals nur im Gewinnen bestehen können, sondern durchaus auch im Verlieren.

Das Opfern der Zukunft, das in einer zwanghaften Sicherung des Gegenwärtigen am deutlichsten wird, sei das nun im Bereich der persönlichen Verhaltensweisen, sei es im Bereich des Materiellen, ist im Grunde genommen das Opfern des Selbstseins, das Opfern unserer wahren Persönlichkeit. Und das ist eine Voraussetzung, unter der wir depressiv werden können. Nur wenn es uns gelingt, das »Stirb und Werde« zu leben, das uns erst ermöglicht, die Offenheit der Zukunft zu sehen – denn sie fordert Veränderung, fordert Wandlung und neue Anpassung –, dann ist es uns möglich, immer mehr unser je eigenes Leben zu leben. Das können wir aber nur, wenn wir ein gewisses Grundvertrauen ins Leben haben – oder Vertrauen riskieren –, sonst werden wir versuchen, die Zukunft zu kontrollieren, indem wir die Gegenwart festhalten oder im Sinne des Müllers sagen, das, was neu wird in meinem Leben, das kann nichts sein, was eine größere Wichtigkeit hat. So sagen manchmal Menschen, es könne nichts wesentlich Neues mehr in ihrem Leben passieren. Damit sprechen sie allem potenziell Neuen bereits die Bedeutsamkeit ab – natürlich geschieht dann nichts Bedeutendes mehr. Sie opfern die Zukunft – um welchen Preis? Sie meinen, sich damit das Gewohnte zu erhalten, das Ruhige, das Unveränderbare – was sie sich einhandeln, ist eine ängstliche Unlebendigkeit.

Sichern wir uns so sehr gegen die Zukunft ab, so ist das eigentlich bereits ein Opfer unser selbst, weil wir uns nicht zutrauen, kompetent mit der Zukunft umgehen zu können, sinnbringend dem zu begegnen, was auf uns zukommt.

Das Problem des Müllers

Was aber ist das Problem des Müllers? Der Müller – in einem Parallelmärchen ist es ein Fischer[5] – ist es gewohnt, in Reichtum zu leben, zu bekommen, was er haben will. Er lebt in der Fülle. Der Mühlenbach treibt sein Mühlrad, das ihm erlaubt, das Getreide zu mahlen. Er ist in direktem Kontakt mit dem Wasser, mit der Lebensenergie, die wir so oft dem Unbewussten zuschreiben, und er arbeitet mit dem Getreide, dem Nahrungsmittel, das zum Ackerbau gehört, im Bereich der Korngöttinnen. Nimmt man seine Lebenssituation ganz real, dann kann er nur verarmen, wenn es kein Getreide mehr gibt oder wenn ihm das Wasser abgegraben wird. Entweder zürnt die Getreidegöttin, oder er muss sich neu um den Fluss des Lebens kümmern. Das Leben war für ihn bisher wie eine große, ihm alles spendende Mutter. Etwas verwöhnt, hat er offenbar nicht gelernt, dass es nicht nur Zeiten des Reichtums, sondern auch Zeiten der Armut gibt. Ihm fehlt eine gewisse Autonomie und kreative Fantasie in der veränderten Lebenssituation. Ganz in der Art derer, die es gewohnt sind, dass das Leben ihnen viel gibt, kommt er mit der Zeit der Armut nicht zurecht. Sie wird als große Kränkung erlebt, er wird depressiv. Zu lange dominierte in seinem Leben ein ursprünglich positiver Mutterkomplex, der unter anderem auch bewirkt, dass er zu wenig anpackend ist, dass er sein Leben zu wenig autonom gestalten kann.[6] Das zeigt sich auch darin, dass er in dem kleinen Stück des Märchens, in dem er vorkommt, auffallend oft jemanden sucht, der ihm helfen könnte. Die ihm zuteil gewordene Hilfe durch die Nixe ist zumindest zwiespältig,

117

Hilfe gegen die Nixe gibt es nicht. Die Armut, unter der der Müller leidet, kann man sich als ein Fehlen von Energie vorstellen, als eine Lebenssituation, in der sich alles leer anfühlt, nichts einen zu beflügeln vermag, in der sich die Angst einnistet, das Leben nicht mehr bewältigen zu können. Das Märchen sagt uns aber auch, warum der Müller sich so arm fühlt: Die Nixe im Teich ist vom Leben ausgeschlossen, das Gefühl, das die Nixe im Teich verkörpert, fehlt ihm.

Die Nixe

Die Nixen gehören in den Bereich der Seejungfrauen und der Nymphen, im größeren Umkreis sind auch die Melusinen anzusiedeln. Sie gelten als Naturwesen, die doch auch menschlich sind und eine eigentümliche Anziehungskraft auf die Menschen ausüben. Sie sind – wie die Wassergeister überhaupt – Übergangswesen.[7] Sie gehören zwei Bereichen an, die Nixen, dem Wasser und der Erde. Das wird bildhaft dadurch ausgedrückt, dass sie gelegentlich als mit einem menschlichen Oberkörper ausgestattet beschrieben werden, der Unterleib ist dann jedoch ein Fischleib oder der Leib einer Schlange. Sie gehören zwei Bereichen an, aber wenn sie aus dem Wasser auftauchen, ist anzunehmen, dass sie versuchen, in der Welt der normalen Sterblichen Platz zu nehmen.

Es kann aber durchaus sein, dass mit dieser doppelten Zugehörigkeit auch etwas ausgesagt ist über die weibliche Natur: ihre Fähigkeit, sich sowohl im Bereich des bewussten Alltags als auch im Bereich des Unbewussten auszukennen und lebensfähig zu sein. Oder es ist einfach die große Nähe der Frau zur Natur gemeint, zur Tierseele und zur Pflanzenseele, denn auch die Wasserlilien sind mit den Nixen verbunden, können auch stellvertretend für sie stehen.[8] Und wäre die Nixe so sehr verdrängt, dass sie sich den Zugang zum alltäglichen Leben erschleichen muss, dann wäre diese Übergangsnatur der Frau ausgegrenzt und müsste im Sinne der Rückkehr des Verdrängten ins Leben integriert werden.

Nixen gelten als Naturgottheiten, die viele erotische und sexuelle Abenteuer haben. Die Nymphen, die griechische Form der Nixen, waren die Begleiterinnen der Artemis[9], der amazonischen Mondgöttin. Das Abbild der vielbrüstigen Artemis von Ephesus weist darauf hin, dass sie alle lebendigen Wesen nährte. Wenn sie jungfräulich genannt wird, dann in dem Sinne, dass sie durch keinen Mann bestimmt ist, sich auch durch keinen Mann definiert. Sie ist die große Jägerin, die auch tötet, was sie hervorbringt. Sie gilt als »Göttin der Jagd, des Bogenschießens, zugleich ist sie die Beschützerin der wilden Tiere, der Kinder und alles Schwachen.«[10]

Gimbutas[11] sieht in ihr auch die Göttin der Kindsgeburt in dem Sinne, dass sie den Uterus öffnet und nach der Geburt der Frau wieder zu Gesundheit verhilft. Gimbutas sieht in der griechischen Artemis, in der römischen Diana, in der irischen und schottischen Birgit – und da könnte man wohl auch die Freya und Frau Holle anfügen – Abkömmlinge der prähistorischen lebensspendenden Göttin, der Geburtsgöttin. Sie war eine Göttin der Berge, der Steine, des Wassers, der Wälder und der Tiere, eine Inkarnation der geheimnisvollen Naturkräfte. Als Eigentümerin von Quellen, Brunnen und heilendem Wasser war sie eine Göttin der Heilung.[12] Heilung kann aus dieser Sicht entstehen, indem etwas Neues ins Leben tritt, etwas Neues geboren wird. Die Geburtsgöttin erschien in prähistorischer Zeit auch als Vogelgöttin oder als Reh.[13]

Man könnte die Nixen also als Priesterinnen der Geburtsgöttin verstehen. Teiche werden im Volksglauben auch mit den ungeborenen Kindern in Verbindung gebracht[14], allerdings holt sich der Nix die Kinder gelegentlich wieder zurück.[15] In den gleichen Umkreis gehören die Brunnen und die Idee, dass sie eine Verbindung vom Jenseitigen zum Diesseitigen herstellen und so auch eine bildhafte Folie für die größten existentiellen Erfahrungen, Geburt und Tod, abgeben. Dazu passt, dass im Volksglauben auch die Überlieferung besteht, dass drei Jungfrauen sich am Brunnen aufhalten.[16] Diese drei Jungfrauen können leicht mit den drei Nornen oder den drei Moiren, den Schicksalsgöttinnen, in Verbindung gebracht werden, wobei eine den Lebensfaden spinnt, eine andere das Schicksal zuteilt und die dritte den Lebensfaden abschneidet. Sie zusammen überblicken das Schicksal als Ganzes. Gimbutas sieht sie als Personifikationen der alten, lebensspendenden Göttin.[17]

In diesen Bereich gehört also letztlich die Nixe – sie ist aber wohl etwas profanisiert worden, in ihrer Bedeutung entwertet, wie die meisten großen weiblichen Gestalten. Von daher scheint es mir sinnvoll und notwendig, die Nixe aus der Entwertung zu holen. In der Faszination und in der Angst vor ihr lässt sich nämlich durchaus erahnen, dass es sich bei der Nixe nicht einfach um eine gewöhnliche Frau handelt.

Wie die Nixen auch jeweils geschildert werden, sie sind immer bezaubernd schön und verstehen es, diejenigen, die sich mit ihnen in Verbindung setzen, zu faszinieren, mit einem Bann zu belegen. Sie gelten denn aus männlicher Sicht auch als die großen Verführerinnen, die die Männer allenfalls auch auf den Grund des Weihers, auf den Grund des Sees ziehen. Insofern stehen sie als Symbol für eine Faszination, die einen Menschen ganz aus dem Gewohnten herauszieht, ihn womöglich sehr verwandelt.

Den Nixen wird nachgesagt, sie hätten keine Seele, und deshalb würden sie versuchen, die Liebe eines Menschen zu erlangen, um damit auch eine Seele zu erlangen. Oder sie müssten die Umarmung eines jungen Menschen genießen, damit sie sich Jugend und Schönheit erhalten können. Die Verbindung zu den Menschen ist aber nie eine bleibende[18], immer wieder benehmen sich die Menschen so, dass die Nixe nicht bei ihnen bleiben will oder kann.

So erwähnt etwa ein Ehemann, der sie zu erringen verstand, ihren Fischschwanz, den sie an bestimmten Tagen im Geheimen hatte, obwohl ihm das von der Nixe absolut verboten war, sozusagen als Bedingung für die Verbindung gestellt wurde. Oder gegen jede Abmachung erhebt der Mann, der sie geheiratet hat, die Hand gegen sie – und dann verschwindet sie wieder ins Wasser, wo sie hergekommen ist. Was wie die Folge eines fehlerhaften Verhaltens aussieht, gehört wohl eher zum Wesen der Nixe: Man kann mit ihr eine gewisse Zeit leben, man kann sogar Kinder mit ihr haben, aber sie bleibt nicht für immer, sie ist eine Vorübergehende. Und das ist zu akzeptieren, denn das macht wohl einen Teil ihres Wesens aus.

Die Meinung, nach der die Nixe sich eine Seele erschleicht, sieht in ihr eine Schmarotzerin, die den lebenden Menschen etwas abtrotzt. Ob das allerdings so stimmig ist? Ob das nicht eher auch umgekehrt zu betrachten ist? Es wäre doch auch denkbar, dass der Umgang mit der Nixe die Seele eines Menschen zu ganz anderen Dimensionen hin öffnet, ihm also mehr Seele eröffnet. Und dies eben nicht für immer, sondern vorübergehend. Denn eigentlich sind die Nixen auch lange Zeit für sich allein zufrieden, selbstgenügsam singen sie vor sich hin, im Einklang mit dem bewegten Wasser. Vielleicht vermag gerade diese Selbstgenügsamkeit zu verführen? Dieses einem anderen Rhythmus, dem Rhythmus des Wassers angeglichen sein? Schließlich sitzen sie an Quellen und an Teichen, sie sitzen da, wo der Überfluss der Erde sich auf das Land ergießt. Von daher lässt sich auch die Verbindung zu Geburt und Tod erklären. Sie sitzen da, wo etwas quillt, wo Neues ins Leben herein will, und verbunden mit ihrer großen Schönheit und Fremdheit lösen sie heftige erotische und sexuelle Gefühle aus.

Sie sind grundsätzlich dem Element Wasser nah verbunden, diesem Element, das wir Menschen mit Zuständen unserer Seele und der Qualität unserer Emotionen in Verbindung bringen und das uns so leicht zum Träumen anregt. Viele emotionale Zustände, Gefühle und Stimmungen beschreiben wir mit Wassermetaphern: So sind wir etwa aufgewühlt, die Wellen schlagen hoch in unserem Leben, kräuseln sich heiter, oder eine undurchsichtige Situation wird plötzlich klar wie Wasser. Gelegentlich haben wir auch einfach Lust, einmal abzutauchen, unterzutauchen.

Fragt man heutige Menschen danach, welche Gefühle die Nixe in ihnen auslöst, dann erfährt man zunächst, dass es sich bei der Nixe um ein Fabelwesen handelt. Der Gedanke an sie löst Angst aus, und diese Angst wird abgewehrt, indem man sie zunächst in das Reich des Nichtexistenten verbannt. Ein Fabelwesen. Insistiert man aber und fragt danach, wie denn eine Nixe aussehen, wie sie in einem Traum, einer Fantasie auftauchen könnte, fragt man also nach dem Bild der ganz persönlichen Nixe und den Fantasien, die sich mit ihr verbinden, dann sind das Fantasien des Geheimnisvollen, das sich des eigenen Lebens bemächtigen könnte, der erotischen oder auch der spirituellen Faszination, die »das ganz Andere« im Menschenleben meinen könnte, Sehnsucht nach entgrenzenden erotischen und sexuellen Abenteuern kommt auf, Angst davor natürlich auch – und dann wird auch die Gefährlichkeit der Nixen betont.

Die Gefahr wird ganz im Sinne der Sagen gesehen: Sie könnten einen unter Wasser ziehen – also erreichen, dass man den festen Boden unter den Füßen verliert und unverhofft etwas sehr Unüberlegtes tut, was man hinterher bereut. Wagen die Menschen es – Männer und Frauen –, diese Fantasien von der Nixe zuzulassen, dann werden sie auf eine seltsam sehnsüchtige Weise belebt.

Es ist eine Sehnsucht nach Entgrenzung, nach Lebendigkeit, auch nach Unwirklichkeit, die weit weg vom alltäglichen Realitätsbewusstsein führt und von dem die meisten Menschen den Eindruck haben, es müsse eine unerfüllbare Faszination bleiben, vor allem auch deshalb, weil sie an der Sexualität festgemacht wird, der uns wohl vertrautesten Form der Entgrenzung. Meistens beginnen die Menschen dann über ihre aktuelle Liebesbeziehung zu sprechen. Unerfüllbar muss die Faszination bleiben, weil sie entweder in der gelebten Liebesbeziehung nicht zu leben ist oder weil sie eine solche Abhängigkeit von diesem erotisch-sexuellen Erleben oder von der geliebten Person bewirken könnte, dass man sich dabei verlöre oder zumindest sehr verwundbar würde. Projiziert werden diese Gefühle der Faszination durch den verbotenen Eros und die damit verbundenen Fantasien auf Frauen, die besonders verführerisch sind, die fremd wirken und etwas »seltsam Unbestimmtes« in ihrem Wesen haben, (»zärtlich und beweglich wie Wasserpflanzen, die umschlingen dich, ohne dass du es merkst«), die einen also mit dieser Unbestimmtheit in Gebiete der Seele locken, wo wir selber unbestimmt sind, wo unsere Identität ungefestigt ist, wo Neues erfahren werden kann. Gerade das ängstigt uns aber auch und lässt uns fürchten, uns in etwas zu verstricken, das uns nicht mehr loslässt – etwas, das viele Menschen mit Wasserpflanzen in Verbindung bringen, von denen ja immer wieder die Sage geht, dass sich die Schwimmer in ihnen verfangen, sich nicht mehr befreien können und in der Folge dann ertrinken. Diese Angst hat wenig mit den Wasserpflanzen als solchen zu tun, in dieser Angst wird die Angst vor der Nixe auf die Wasserpflanzen projiziert. Die Seerose etwa, die Nymphaea alba, wird mit den Nixen in Verbindung gebracht, sie gilt als Nixenblume.

Die Nixe ist für uns heutige Menschen eine Animagestalt, eine Personifikation des geheimnisvollen, fremden Weiblichen in der Seele des Menschen, hinter dem etwas sehr Numinoses, Göttliches steht, das uns mit Fantasien verbindet, die uns aus dem Gewohnten herausholen und mehr und mehr der eigenen Mitte, dem eigentlichen Sosein verbinden. Mit der Nixe sind vor allem Fantasien des Grenzüberschreitenden verbunden im Zusammenhang mit der Sehnsucht nach Erotik und einer entgrenzenden Sexualität. Die Nixe kann als eine Animagestalt gesehen werden, die aus einem Verhaftetsein an den originär positiven Mutterkomplex[19], mit dem Merkmal, dass nichts losgelassen werden darf, was man einmal hat, befreien und zu mehr eigenem Selbstsein hinführen könnte. Die Einstellung zum nixenhaften Weiblichen und im Zusammenhang damit die Einstellung zum großen Mütterlichen, das hinter der Nixe steht, muss sich ändern, das naturhafte Weibliche muss mehr ins Leben einbezogen werden, die Rhythmen der Natur, Leben – Tod – Leben, müssen respektiert und als normaler Aspekt des Lebens verstanden werden.

Was also ist das Problem des Müllers? Zwar ist die Beziehung zu seiner Frau dergestalt, dass sie miteinander ein Kind haben und dass die Frau des Müllers auch annehmen darf, dass er sich über die Geburt des Kindes freuen wird. Was aber fehlt, ist das Sich-Überlassen an Gefühle, die über das Gewohnte hinausgehen, die faszinieren und ängstigen. Damit im Zusammenhang steht das Erleben von Liebe und Tod, von Geburt und Tod, von Sich-Binden und Sich-Loslassen, nicht als Strafe, weil etwas falsch war, sondern weil das ein Lebensrhythmus ist. Zu lange hat der Müller die Nixe im Teich nicht mehr angesehen und sich damit dem Gewohnten überlassen. Sich dem Gewohnten zu überlassen mag beruhigen, aber letztlich führt es zu Armut – wie hier im Märchen, denn es ist eine Haltung wider die Hoffnung, die auf die Zukunft verweist, auf das, was immer wieder »jung« wird in unserem Leben.[20]

Dass die Nixe sich das ausbedingt, was zu Hause jung geworden ist, heißt aber auch, dass sich keine Verjüngung im Leben des Müllers, damit aber auch keine wirkliche Vitalisierung, keine Hoffnung auf Zukunft ereignen kann, bis dieses Problem gelöst ist. Oder anders ausgedrückt: Ist

125

einmal die Sehnsucht nach dem Bereich der Nixe in einem Menschen geweckt, dann muss dieses psychische Thema bearbeitet werden, muss mitleben dürfen. Wird es weiterhin verdrängt, aus Angst etwa, die dadurch ausgelösten Gefühle könnten gar zu überwältigend sein, dann werden alle neuen Lebensimpulse, alles was jung werden will, von diesem verdrängten Bereich an sich gezogen.[21]

Wir wissen, die Nixe taucht auf – und sie taucht auch wieder unter, in ihrem Rhythmus. In diesem Zusammenhang ist sie – über alles Gesagte hinaus – auch ein Symbol für ewige Wandlung. Erinnern wir uns daran, dass der Müller erwartete, dass sein Reichtum immer vorhanden sein werde, dass er keine Form des Umgangs mit den zyklischen Veränderungen im Leben entwickelte, weil er diese nicht akzeptieren will. Er kann den Zustand der Armut nicht akzeptieren. Letztlich wird also in diesem Märchen das Problem zu lösen sein, wie der Bereich der Faszination und der heftigen, sehnsüchtigen, erotischen und sexuellen Gefühle, die kommen und gehen, ins Leben integriert werden können, ohne dass die Identität gestört wird. Dass Leben und Tod, Halten und Lassen ihren Platz haben und dadurch in guten Zeiten zwar ein hinreichend gutes Lebensgefühl möglich ist, man in schlechteren Zeiten aber nicht in depressive Gefühle, in Gefühle der Sorge, der Unlebendigkeit, des Nichts-bewirken-Könnens verfallen muss. Der Müller wird sich von einem ursprünglich positiven Mutterkomplex ablösen müssen, der, weil sich zu wenig aus ihm herausentwickelt hat, lebenshemmend geworden ist.[22]

Die handelnden Menschen eines Märchens sind aber nicht einfach Individuen, obwohl ihr typisches Problem natürlich leicht auf ein individuelles Schicksal übertragen werden kann. Wer hat nicht ab und zu Sehnsucht nach einer entgrenzenden, leidenschaftlichen Begegnung, ohne großes Überlegen, was denn werden könnte, wenn … Meistens sind wir vernünftig und schelten die, die sich so unvernünftig in Liebesabenteuer stürzen und andere und sich dabei unglücklich machen. In unserer Schelte verbirgt sich in der Regel auch recht viel uneingestandener Neid. Eine Frau sagte in einem Seminar, in dem wir mit diesem Märchen gearbeitet haben, man müsse die Nixe sozusagen kontrolliert leben können, gerade so viel, dass nichts Schlimmes geschieht. Eine kontrollierte Nixe wäre aber wohl eine gefangene Nixe. Ob damit die Nixe einverstanden wäre?

Wer von uns könnte auch behaupten, dass er oder sie nach einer Reihe von guten Tagen mit den schlechten sofort zurechtkäme, freudig Strategien entwickelte, um auch aus diesen etwas zu machen? Es ist gar nicht so selten, dass wir auf jedwelchen Entzug von etwas »Gutem« mit einer depressiven Verstimmung reagieren. Wer von uns könnte behaupten, dass er gut mit dem Lebensgesetz von Geburt und Tod umginge? Wir wollen zwar das Neue, das Andere, aber es stört uns auch in unseren Gewohnheiten – und was wir haben, das halten wir dann eben fest … Allenfalls wollen wir schon das Neue – wenn möglich sogar immer mehr davon – aber wir wollen auch alles Alte behalten. Manchmal lieben wir mehr den Anschein einer Veränderung aber nicht wirklich eine Veränderung. Das Märchen spricht also durchaus allgemeinmenschliche Probleme an. Und es tat dies auch schon zur Zeit, als es aufgezeichnet wurde.

Es tut dies auch noch in einer anderen Form. Es ist unterdessen bekannt, dass das Weibliche, die Große Göttin, in ihrer Bedeutung in den letzten zwei Jahrtausenden unterschätzt und beschnitten wurde. Gerade auch die Abkehr von einem Leben, das den Rhythmen der Natur verbundener ist als es das heutige, zeigt das. Es ist auch bekannt, dass viele Aspekte der Großen Göttin in den Volksmärchen weiterleben, zum Teil auch in der »entwerteten« Form, etwa als Hexe, die nach Leben giert, oder

eben als Nixe, die Neugeborene stehlen will. Von den Märchen geht immer wieder der Impuls aus, diese Gestalten
ins Leben mit einzubeziehen, sich letztlich den Lebens-
weisheiten, die mit der Großen Göttin verbunden sind,
wieder anzuschließen.[23] Von diesem Märchen aus gesehen: Die Nixe will auch mitleben, die Nixe hat auch ein
Recht mitzuleben.

Die Familie des Müllers im Märchen zeigt modellhaft,
wie mit diesen Problemen umgegangen werden kann,
zeigt einen Weg, wie die Nixe ins Leben integriert werden
kann.

Die ersehnte und die gefürchtete
heftige Emotion

Leben soll intensiv sein – ist es das nicht, dann suchen wir Menschen alle möglichen Mittel, um die Intensität zu steigern, notfalls auch mit Rauschmitteln. Wenn das Leben aber »intensiv« ist, dann versuchen wir mit allen Mitteln, diese Intensität abzudämpfen – mit bewusster Kontrolle, mit Abwehrmechanismen, mit Medikamenten usw.

Was verstehen wir unter Intensität? Dass wir uns lebendig fühlen, kraftvoll, belebt, beschwingt – von irgendeiner inspirierenden Idee getragen. Intensität erleben wir dann, wenn wir von Emotionen ergriffen sind. Eine heftige Angst zu erleben ist eine Erfahrung von Intensität. Große Begeisterung ist auch ein Erleben von Intensität, das Erleben von Leidenschaft. In unseren Emotionen spüren wir uns selbst, sind wir auch bei uns. Unser emotionaler Kern macht sehr deutlich unser Selbstsein aus. Emotionen erfahren zu können gibt uns ein Gefühl der Lebendigkeit; bewusst erlebte Emotionen sind ein wesentlicher Aspekt unseres Selbstgefühls und damit auch unseres Selbstwertgefühls. Emotionen lösen auch eine gewisse Angst aus: Sie müssen kontrolliert werden, sonst werden wir von ihnen »überschwemmt«, reagieren nur noch »emotional« – und das ist bekanntlich immer noch ein Schimpfwort – so meint man.

Unterdessen wissen wir aber, dass man Emotionen zwar unterdrücken kann, dass sie dann aber erst Recht unsere »rationalen« Gespräche und Überlegungen bestimmen. Es wäre besser, die Emotionen einzubeziehen und sie dadurch in eine Form zu bringen, die dem menschlichen Zusammenleben dienlich ist.

Vorerst herrscht gesellschaftlich noch immer die Idealisierung des kontrollierten, kühlen Menschen (Mannes) und die direkt damit zusammenhängende Sehnsucht nach Lebendigkeit, die so oft als »Action« missverstanden wird. Es wächst der Angstpegel und damit der offene oder mehr verdeckte Ärgerpegel vieler Menschen ganz generell, der unter anderem auch damit zu tun haben kann, dass sie so viele ihrer anderen Emotionen verdrängen müssen. Weniger Angst vor Emotionen und ein anderer Umgang mit den Emotionen wären angebracht – mit allen dazugehörigen Emotionen.

Die Nixe als Symbol legt nahe, nach der Leidenschaft zu fragen. Und wenn die Leidenschaft in Verbindung mit der Nixe gebracht wird, dann ist deutlich, dass keine moderate Leidenschaft damit gemeint sein kann, sondern eine, die uns auch ein wenig unheimlich ist – faszinierend unheimlich. Jede Leidenschaft bringt es mit sich, dass wir von einem Gegenstand, für den wir uns leidenschaftlich interessieren, von einem Menschen, der unsere Leidenschaft zu wecken vermag, von einer Tätigkeit, der wir uns mit Leidenschaft verschrieben haben, ganz besetzt sind, mit Beschlag belegt, und dass sie viele unserer Kräfte und Energien beanspruchen. Im Gegenzug werden wir dadurch belebt, bekommt unser Leben Bedeutung und Schwung; was unser Interesse so sehr weckt, macht uns interessant und macht das Leben interessant, und damit haben wir ein fraglos gutes Selbstwertgefühl, zumindest solange, wie die Leidenschaft uns zu fesseln vermag und wir genug Energien haben, sie uns zu gestatten. Das Leben mag einseitig werden, wir mögen einiges versäumen, was wir vielleicht nicht versäumen zu sollen meinen, es kommt möglicherweise recht vieles, was auch zum Leben gehört, durcheinander. Aber nicht zuletzt verändern wir uns selbst dabei, lernen Seiten an uns kennen, von denen wir keine Ahnung hatten. Das Gewohnte verliert an Bedeutung, das Leben wird unruhig, aber es ist intensiv, es holt unsere Begabung zur Intensität aus uns heraus. Falls das Leben chaotisch geworden sein sollte, dann im Sinne eines Übergangs: Wir können nicht in großen Lebensübergängen stehen und dieselben bleiben. Das allenfalls erlebte Chaos aber zeigt den Übergang in eine neue Ordnung an. Wie jede Emotion überrascht die Leidenschaft nicht nur durch die Tiefe und Dringlichkeit des Gefühls, sondern auch durch ihre Zielrichtung, die gerade durch das drängende Gefühl auch wirklich eingehalten wird. Und bedenken wir: Nur wenn wir uns von den Emotionen wirklich betreffen lassen, haben wir genug Energie zum Handeln.

Und es ist alles wieder wie zuvor

Indessen kehrte das Glück in das Haus des Müllers wieder ein. Was er unternahm, gelang, es war, als ob Kisten und Kasten von selbst sich füllten und das Geld im Schrank über Nacht sich mehrte. Es dauerte nicht lange, so war sein Reichtum größer als je zuvor. Aber er konnte sich nicht ungestört darüber freuen: die Zusage, die er der Nixe getan hatte, quälte sein Herz. Sooft er an dem Teich vorbeikam, fürchtete er, sie möchte auftauchen und ihn an seine Schuld mahnen. Den Knaben selbst ließ er nicht in die Nähe des Wassers: »Hüte dich«, *sagte er zu ihm,* »wenn du das Wasser berührst, so kommt eine Hand heraus, hascht dich und zieht dich hinab.« *Doch als Jahr auf Jahr verging und die Nixe sich nicht wieder zeigte, so fing der Müller an, sich zu beruhigen.*

Der Knabe wuchs zum Jüngling heran und kam bei einem Jäger in die Lehre. Als er ausgelernt hatte und ein tüchtiger Jäger geworden war, nahm ihn der Herr des Dorfes in seine Dienste. In dem Dorf war ein schönes und treues Mädchen, das gefiel dem Jäger, und als sein Herr das bemerkte, schenkte er ihm ein kleines Haus; die beiden hielten Hochzeit, lebten ruhig und glücklich und liebten sich von Herzen.

Das Glück kehrt wieder in das Haus des Müllers ein. Glück wird hier dadurch definiert, dass alles, was der Müller unternimmt, auch gelingt und sich auch gleich auszahlt. Es ist alles wie zuvor, sogar noch etwas besser. Der Mühlteich allerdings erinnert den Müller an seine Schuld, quält sein Herz, die Schuld aber wird nicht eingefordert, und der Müller beruhigt sich. Allerdings wird der Knabe über sein problematisches Schicksal informiert, und es werden auch Vorkehrungen zu seinem Schutz unternommen. Er soll die Nähe des Wassers meiden, sonst werde eine Hand ihn hinabziehen. Vermittelt wird hier das gängige Bild der Nixe als einer Todesdämonin. Die Angst vor dem Nixenhaften ist also sehr groß.

Der Müller lebt sein Leben wie zuvor – er hat einmal eine große Krise gehabt, die er zum Glück überwunden hat. Eine Ahnung für die Lösung des Problems, ihr erstes Sichtbarwerden, hat genügt, ihn wieder an den Lebensstrom anzuschließen, er ist wieder zufrieden, alles gelingt wieder. Er ist fast unverändert aus der Krise hervorgegangen, er führt sein Leben, wie er es immer geführt hat, ist glücklich und kommt sich wohl erfolgreich vor. Im Zusammenhang mit dem Sohn wird er noch ab und zu an die Nixe denken – vielleicht.

Der Müller gleicht jenen Menschen, die einmal in einer Krise sehr wohl spüren, was sie vom Leben ausgeschlossen haben – dieses Wissen aber belebt und beruhigt sie so sehr, dass sie keine Anstalten machen, das Gewusste auch ins Leben zu integrieren, ihr Leben aktiv zu verändern, sie hängen zu sehr an der Gewohnheit. Auch sie haben dann zwar gelegentlich Schuldgefühle wie der Müller – sie wissen genau, dass sie dem Leben etwas schuldig bleiben –, auch sie werden gelegentlich an den Teich erinnert, in dem, etwas zugedeckt meistens, das zu Integrierende wartet, aber es scheint für diese Menschen zu genügen, dass sie das Problem zur Kenntnis genommen haben. »Der Sohn« – oder irgendjemand – ist dann dazu ausersehen, dieses Problem wirklich zu lösen.

Das Problem kann im Märchen aber nur durch den Sohn zusammen mit seiner Frau gelöst werden. Der Sohn allein wäre dem Problem letztlich hilflos ausgeliefert. Es ist also eine Problematik, zu deren Lösung Mann und Frau gemeinsam etwas beitragen müssen.

Man kann den Sohn und seine Frau als Vertreter einer nächsten Generation verstehen, die ein ungelöstes Problem ihrer Elterngeneration aufarbeiten. Das kann wiederum gesehen werden als ein normaler Ablauf in der Generationenfolge. In jeder Generation werden gewisse Probleme verdrängt. Das ist in einzelnen Familien so, das gilt aber auch für das Kollektiv. Menschen leben immer in Zeitströmungen, die unter anderem auch dadurch entstehen, dass eine ganze Gesellschaft gewisse Haltungen und Werte favorisiert und andere dadurch gemeinsam verdrängt. Das fällt nicht auf, denn wenn es alle oder fast alle tun, dann ist es normal, und die, die das Verdrängte sehen und ansprechen, gelten als Störenfriede. Eine ganze Gesellschaft verdrängt also gemeinsam gewisse Probleme, die dann von der nächsten oder übernächsten Generation im Sinne der Rückkehr des Verdrängten aufgearbeitet werden müssen. Dabei werden dann wieder andere Aspekte verdrängt, die wiederum ... In diesem Sinne kann unser Märchen verstanden werden. Träger und Trägerin der Handlung sind dann Modelle für den notwendigen kollektiven Entwicklungsprozess, an ihnen könnte man lernen, was zu geschehen hätte. Natürlich ist es auch möglich – mehr persönlich gedacht –, dass in einer bestimmten Familie gewisse Probleme nicht aufgearbeitet werden, bis sie dann in einer folgenden Generation nicht mehr verdrängt werden können, sondern aufgearbeitet werden müssen.

Wollte man es bei der Interpretation dieses Märchens vermeiden, die Entwicklung auf zwei Generationen zu verteilen, könnte man es auch so deuten, dass der Knabe eine Seite im Müller darstellt, die aus der Erfahrung der Armut heraus »geboren« worden und fähig ist, das Problem, das hinter der Depression steckt, zu lösen. Diese Art der subjektstufigen Deutung werde ich hier nicht anwenden, da der Müller in der Folge keine Rolle mehr spielt. Auch kommt es mir psychisch sehr stimmig vor, dass die Kinder immer wieder die Probleme ihrer Eltern oder der Elterngeneration aufarbeiten müssen, und es kommt mir auch stimmig vor, dass anstehende Entwicklungen von Menschen zwar im Ansatz gesehen, aber nicht wirklich aufgenommen werden. Die Macht der Gewohnheit ist eine ungeheure Macht.

Ich betrachte das Märchen jetzt also als ein Zweigenerationenmärchen und gehe deshalb in der Interpretation zur nächsten Generation über.

Zunächst soll der Knabe das große Problem meiden. Das Wissen um die Bedrohung, dass er, käme er in die Nähe der nixenhaften Emotionen, ganz und gar der Nixe verfallen würde, bewirkt zunächst, dass er einen großen Bogen um den besagten Teich macht. Die Nixe interessiert sich offenbar auch nicht für den Knaben, sie wartet, bis er ein Mann ist. Das Problem ist kein Problem, das ihn in seiner frühen Kindheit betrifft, es wird ihn in seinem Mannesalter treffen. Dennoch wird er auf die Lösung des Problems vorbereitet: Er geht bei einem Jäger in die Lehre. Er lernt, mit einem Aspekt der Natur umzugehen, und meidet dabei doch das Wasser.

Er lernt, die Natur in ihrem Wachsen und Vergehen zu beobachten, er wird vertraut mit den Lebensgewohnheiten der Tiere, er lernt, zu schießen und zu töten. Er lernt, sich gezielt aggressiv zu verhalten, um sich seinen Lebensunterhalt zu verdienen. Er bleibt im Bereich der Artemis, der großen Jägerin, entwickelt dort Strategien und Kenntnisse und ist zunächst noch nicht bedroht von der Nixe. Mit dieser bewussten Vermeidungsstrategie lässt es sich gut leben. Zunächst.

Was hier im Umgang mit diesem »Nixenkomplex«[24] geschildert wird, kann man verallgemeinert auch auf den Umgang mit allen komplexhaften Aspekten in unserer

Seele anwenden, mit allen großen Konflikten, die sehr bedrohlich sind und nicht in direkter Konfrontation angegangen werden können. Man muss dieses Problem kennen und es erst mal umrissartig benennen, um es weiter zu meiden, bis man ich-stark genug ist, um es anzugehen. Diese Ich-Stärke gewinnt man, indem man Seiten an sich entwickelt, die nah am Problem sind, aber dennoch nicht das Problem selber betreffen. Der junge Mann lernt, sich mit der Undurchdringlichkeit des Waldes auseinanderzusetzen. Auch im Wald könnte man sich verlaufen und nicht mehr herausfinden – auch das ist ein Märchenthema. Auch in diesem Zusammenhang würde man etwas unpräzise davon sprechen, dass ein Mensch vom Unbewussten überwältigt ist – ähnlich, wie wenn er von der Nixe in den Teich gezogen würde. Dennoch ist da ein Unterschied. Auch wenn man im Wald keinen Weg mehr findet, durchaus verloren ist ohne Hilfe – wobei man auch selber rettende Einfälle haben kann[25] –, wird man doch noch auf den eigenen Beinen stehen können. Die Unfreiheit, die Hilflosigkeit ist weniger groß, als befände man sich unter Wasser in den Armen einer Nixe. Dafür hat man allerdings im Wald auch nicht die Gesellschaft einer Nixe. Da geht es in der Regel ruhiger zu und her. Entwickelt man Formen des Umgangs mit einem Aspekt der Natur, der innerhalb des Problems mit ihr gerade nicht das Hauptproblem ist, so entwickelt man dabei Seiten, die einen in der Ich-Aktivität stützen und das Gefühl von Kompetenz vermitteln, also auch wieder den Selbstwert stärken. Zudem arbeitet man schon am Rande, aber nicht im Zentrum des Problembereichs. Mit einem sicheren Selbstwert können dann auch sehr bedrohliche Probleme angegangen werden.

In dieser kreativen Vermeidungsstrategie ist der junge Mann sehr erfolgreich, er ist ein tüchtiger Jäger, findet ein Mädchen, das er liebt und das ihn auch liebt, sie erhalten sogar eine Behausung für diese Liebe, und alles scheint bestens zu sein. Sie scheinen zwar keine Kinder zu haben, aber er hat eine liebende Frau und ein Haus – er hat, was man zu haben hat, was Ausdruck eines gelungenen Lebens zu sein scheint. Er ist in sich ein glücklicher Mensch, findet, was er braucht und bekommt sein Haus geschenkt – von seinem Jägermeister, dem Herrn des Dorfes, der den persönlichen Vater abgelöst hat. Was er von seinem Vater nicht lernen konnte, das entschlossene Jagen, einem Tier zu folgen, es beharrlich im Auge zu behalten, dieses aktive Mit-dem-Leben-Umgehen, das hat er von einem Ersatzvater gelernt. Was von den Vätern zu lernen war, das ist gelernt. Aber jetzt, da die Liebe eine Rolle spielt in seinem Leben, jetzt dürfte sich auch das Problem der Nixe wieder zeigen. Während beim Müller also alles wieder beim Alten ist und auch alles beim Alten bleibt, hat er immerhin seinen Sohn angehalten, sich so zu entwickeln, dass er das anstehende Problem lösen kann.

Die Stunde der Nixe

Einstmals verfolgte der Jäger ein Reh. Als das Tier aus dem Walde in das freie Feld ausbog, setzte er ihm nach und streckte es endlich mit einem Schuss nieder. Er bemerkte nicht, dass er sich in der Nähe des gefährlichen Weihers befand, und ging, nachdem er das Tier ausgeweidet hatte, zu dem Wasser, um seine mit Blut befleckten Hände zu waschen. Kaum aber hatte er sie hineingetaucht, als die Nixe emporstieg, lachend mit ihren nassen Armen ihn umschlang und so schnell hinabzog, dass die Wellen über ihm zusammenschlugen.

Eines Tages verfolgt der Jäger ein Reh. Er hat sich also von zu Hause entfernt, um zu jagen. Damit ist er aber auch neuen Einflüssen zugänglich. Hirsche und Rehe locken in den Märchen die Helden jeweils in eine jenseitige Sphäre, an einen Ort, wo sie sich ganz entscheidend bewähren müssen oder untergehen. Sie werden verführt, zum Zentrum ihres Problems vorzustoßen. Das Reh ist das heilige Tier der Geburtsgöttin.[26] Ein flüchtendes Reh kann eine Sehnsucht ausdrücken, die man selber möglicherweise noch gar nicht benennen kann, ein Gezogensein zu etwas Unbekanntem hin. Dahinter kann durchaus der Einfluss der Geburtsgöttin Artemis stehen, denn etwas soll sich ja grundlegend verwandeln. Dieses flüchtende Reh löst den Impuls aus, es zu erlegen, es zu haben. Dieser Impuls ist so beherrschend, der Jäger verfolgt das Reh offenbar so besessen, dass er gar nicht merkt, dass er sich in der Nähe des gefährlichen Weihers befindet. Ihn hat die

Jagdleidenschaft so richtig erfasst, er muss das Reh zur Strecke bringen, koste es, was es wolle. Zwar sieht es aus, als würde diese Sehnsucht getötet, indem das Reh getötet wird – und dennoch führt es ihn zum Grunde seiner Sehnsucht, zur Nixe. Er »hat« ja jetzt sein Reh, hat es sich mit aller Leidenschaft erjagt, und das ist ein gängiges erotisch-sexuelles Bild, das recht viel aussagt über das Verhältnis der Geschlechter – und so meint er wohl auch, er hätte die Nixe, er hätte das, was die Nixe verkörpert, in sein Leben hereingeholt. Dass dem nicht so ist und stattdessen die Nixe ihn »hat« und er von einer psychischen Wirklichkeit eingeholt worden ist, die ihn extrem verletzbar macht, daran denkt er nicht. Während er seine blutigen Hände im Weiher wäscht, steigt die Nixe aus dem Teich empor, umschlingt ihn lachend mit nassen Armen und zieht ihn hinab. Keine dämonische Nixe wartet auf ihn, eine begeisterte, lachende, vielleicht etwas triumphierende Nixe. Jetzt hat ihr der Jäger offenbar nichts mehr entgegenzusetzen.

Nachdem ihn einmal die Leidenschaft so richtig gepackt hat, verfällt er ihr ganz und gar. Das Märchen braucht dafür den Ausdruck, dass er sich in den Armen der Nixe am Grunde des Teiches wohl befindet.

Die blutige Tat ist für einen Jäger lebensnotwendig. Bei den Jägervölkern, die ethnologisch beobachtet werden konnten, traten nach Burkert[27] Schuldgefühle dem Tier gegenüber auf und damit verbunden waren die Rituale der Wiedergutmachung. Burkert deutet dies in dem Sinne, dass das Erlebnis des gewaltsamen Todes im Mittelpunkt steht, »die blutige ›Tat‹ war lebensnotwendig, doch nicht minder notwendig ist, dass neues Leben entsteht«[28]. Aggression und Sexualität spielten beim Jagdverhalten zusammen: Aggression zwischen den Männern wird auf das Tier gerichtet. Während der Jäger unterwegs ist, muss er auf seine sexuelle Befriedigung verzichten, denn bei der Jagd mussten alle Kräfte eingesetzt werden.

Burkert erwähnt die Tatsache, dass, weil der Tötungsakt sexuell aufgeladen sei, zur Vorbereitung der Jagd nicht selten sexuelle Abstinenz gehöre. Er erinnert an Hippolytos, der im Dienste der Artemis stand und dem Keuschheit zur »unverzichtbaren Lebensform geworden ist; doch in seinem Untergang triumphiert Aphrodite: zu seinem Grab und Heiligtum gehört der Tempel der Aphrodite.«[29]

Im Sterben des Beutetieres wurde die Menschenähnlichkeit des Tieres am ehesten erkannt, im Fließen des Blutes ganz besonders.[30] Schuldgefühle bewirken, dass die Bereitschaft zur Wiedergutmachung wächst, dass der Mensch anerkennt, dass er eine Grenze überschritten hat – im Opfermahl wird diese Wiedergutmachung zelebriert. Tötung und Todesgefahr entsprechen sich; indem der Tod herbeigeführt wird, ist er machbar geworden, wiederholbar – und auch zu überwinden durch das feierliche Essen.[31]

Aber gerade dieses Ritual findet nicht statt in unserem Märchen, der Tod ist letztlich doch nicht in die Hand des Jägers gegeben. Das ist es wohl, was er lernen muss. Falls er gemeint haben sollte, dass er kann, was er will – dann stimmt das jetzt nicht mehr. Und hier triumphiert die Nixe. War der Jäger sexuell enthaltsam und auf den Tötungsakt konzentriert, kam er sich dabei vielleicht so ganz und gar als Mann vor, sogar als einer, der über den Tod und die damit notwendige Veränderung triumphiert – jetzt ist er in den Händen der Nixe. Er muss etwas anderes lernen. Die Geburtsgöttin lehrt, dass das Leben seine Kontinuität durch Geburten bekommt – trotz Tod – und nicht durch die Identifikation mit dem Tod als dem unzerstörbaren Zerstörer.[32]

Das Thema von Liebe und Tod wird immer deutlicher. Jetzt, wo er die Leidenschaft erlebt hat, und die ist wohl am deutlichsten ausgedrückt im unbeirrbaren Verfolgen des Rehs, aber auch in den blutigen Händen, an denen das Geschäft des Tötens so sichtbar wird, wo er bewusst mit der Vitalität und dem Verlust der Vitalität konfrontiert ist, jetzt ist er verwundbar geworden, jetzt ist Tod ein Thema – und er kann die Angst vor dem Tod, die Angst vor dem Auslöschen all dessen, was er liebt, nicht einfach dadurch überwinden, dass er tötet. Er muss durch die schmerzhafte Entwicklung hindurch, die dieses Bestimmtsein durch das Thema der Nixe bedeutet.

In den Armen der Nixe
am Grunde des Teiches

Was immer man sich darunter auch vorstellen mag, die Verbindung zu seiner Frau ist dadurch unterbrochen, die beiden sind getrennt, und die Frau erlebt das als verzweiflungsvollen Verlust, der auch die Fortsetzung der Geschichte bestimmt. Wie er es erlebt, wissen wir nicht. Man kann sich vorstellen, dass dieser Jäger nun so sehr einer Leidenschaft verfallen ist, dass er das normale Leben darüber vergisst. Es könnte auch sein, dass er in eine tiefe Depression verfällt, gerade weil er spürt, dass er diese Leidenschaft in der Ehe mit seiner Frau nicht leben kann und dass diese nicht einfach herstellbar ist. Man kann sich auch vorstellen, dass die Nixe auf eine reale Frau projiziert wird, die möglicherweise »blutvoller« ist als seine eigene Frau. Auf jeden Fall hat sich nun das Versprechen, das der Müller gegeben hat, erfüllt. Die Nixe hat, was sie gefordert hatte.

Ein Mann mit einer Nixenfaszination, die er von seinem Vater geerbt hat, kann die Gefahr und das Faszinosum, die von einem psychischen Bereich nicht gelebter Emotionalität, umfassender Sinnenhaftigkeit und Liebe ausgehen, über lange Zeit kontrollieren, indem er verschiedene Vermeidungsstrategien aufbaut, unter anderem auch ein Bild von sich als Mann, der kann, was er will. Aber irgendwann versagt alle Kompensation, muss der Gegenstand der Angst doch angegangen werden. Unsere Sehnsüchte führen uns oft zu dem uns Ängstigenden hin. Das uns Ängstigende ist aber oft auch das uns Faszinierende, das uns, wenn wir Mut zur Angst entwickeln, in neue Lebenserfahrungen verstrickt, ein Mehr an Leben verspricht.

Zeit der Trauer

Als es Abend war und der Jäger nicht nach Haus kam, so geriet seine Frau in Angst. Sie ging aus, ihn zu suchen, und da er ihr oft erzählt hatte, dass er sich vor den Nachstellungen der Nixe in Acht nehmen müsste und nicht in die Nähe des Weihers sich wagen dürfte, so ahnte sie schon, was geschehen war. Sie eilte zu dem Wasser, und als sie am Ufer seine Jägertasche liegen fand, da konnte sie nicht länger an dem Unglück zweifeln. Wehklagend und händeringend rief sie ihren Liebsten mit Namen, aber vergeblich. Sie eilte hinüber auf die andere Seite des Weihers und rief ihn aufs Neue, sie schalt die Nixe mit harten Worten, aber keine Antwort erfolgte. Der Spiegel des Wassers blieb ruhig, nur das halbe Gesicht des Mondes blickte unbeweglich zu ihr herauf.

Die arme Frau verließ den Teich nicht. Mit schnellen Schritten, ohne Rast und Ruhe, umkreiste sie ihn immer von neuem, manchmal still, manchmal einen heftigen Schrei ausstoßend, manchmal in leisem Wimmern. Endlich waren ihre Kräfte zu Ende; sie sank zur Erde nieder und verfiel in einen tiefen Schlaf.

Der Fortgang des Märchens ist nun wesentlich von der Frau des Jägers getragen. Ich schwenke deshalb auch in der Interpretation zu ihr hinüber, betrachte ihre Schritte zur Erlösung des Jägers als Schritte einer Frau, die in einer vergleichbaren Lebenssituation versucht, die Beziehung zu ihrem geliebten Mann wieder herzustellen. Solange ihr Mann ein Jäger war, hatte sie kaum eine Funktion, jetzt wird sie Trägerin der Handlung.

Als der Jäger nicht nach Hause kommt, gerät die Frau in Angst. Sie weiß um die Bedrohung, und sie ahnt, was geschehen ist. Als sie seine Jägertasche am Ufer des Weihers liegen sieht, ist ihr klar, was geschehen ist. Sie drückt ihre Gefühle über den Verlust aus. Wehklagend ruft sie den Namen des Geliebten, sie will ihn zurückhaben, sie beschimpft die Nixe – es nützt alles nichts. »Der Spiegel des Wassers blieb ruhig, nur das halbe Gesicht des Mondes blickt unbeweglich zu ihr herauf.« Nichts bewegt sich, sie sieht den Mond nicht am Himmel, sondern nimmt ihn aus der Spiegelung im Wasser wahr. Statt den Mann wieder herzugeben, wirft das Wasser ihr das Bild des halben Mondes zurück. Er ist halb – ein Zeichen dafür, dass sie sich jetzt in dieser Verlustsituation halb fühlt? Oder eher ein Symbol dafür, dass sie in der Entwicklung zu ihrer Weiblichkeit erst die halbe Fülle erreicht hat? Wir wissen nämlich nicht, ob der Mond halb leer oder halb voll ist.

Der Mond wird hier eingeführt mit seinen Phasen. Dadurch, dass er sich ständig verändert, ist er ein Symbol für die ständige Veränderung geworden, wobei die zyklische lunare Zeit mit Geburt – Neumond zu Vollmond – und Tod – Vollmond zu Leermond, und da Wiedergeburt – verbunden wird. Die drei Phasen des Mondes – neu, wachsend (voll), alt (Neu- oder Schwarzmond) – werden auch in Verbindung gebracht mit der dreifaltigen Göttin, der Göttin als Mädchen, der Göttin als reife Frau, der Göttin als alte Weise, verbunden mit den Geheimnissen des Todes. Der Mond mit seinen Einflüssen auf die Erde, das Meer und den weiblichen Organismus wird oft in Verbindung gebracht mit dem weiblichen Zyklus und der Fruchtbarkeit und von daher auch mit dem Wesen der Frau als Ganzem. Der Halbmond ist eine häufige Form, in der der Mond symbolisch dargestellt wird. Als Sichelmond ist er das Attribut der jungfräulichen Göttinnen, z. B. der Artemis. Als Vollmond steht er dann dem Thema von Schwangerschaft und Gebären nahe. Jetzt muss also die Frau einen Entwicklungspart übernehmen – und sie wird sich dabei zur reifen Frau entwickeln, die allenfalls auch Kinder gebären kann. Für sie ist es offenbar einfacher, sich mit dem Problem der Nixe auseinanderzusetzen, wenn auch nicht einfach. Es ist eine notwendige Reaktion aus der Verzweiflung und aus der Bezogenheit heraus.

Obwohl keine Aussicht auf Erfolg da ist, umkreist die Frau den Weiher, bald wehklagend, händeringend, bald still, wimmernd. Sie trauert. Das ist eine neue Emotion und ein neues Verhalten in diesem Märchen. Der Müller wurde bei seinem Verlust depressiv – getrauert hat bis jetzt niemand. Das Trauern ist aber die Emotion, durch die wir ausdrücken, dass wir etwas verloren haben, was für uns sehr wertvoll war. Die Trauer ist aber auch die Emotion, die, können wir uns ihr überlassen, wie die Frau des Jägers es exemplarisch zu tun vermag, uns hilft, den Verlust zu verarbeiten, so dass wir fähig sind, trotz des Verlustes uns neu auf das Leben einzulassen. Zunächst will die Frau des Jägers nicht wahrhaben, was sie doch ganz deutlich weiß: dass sie ihren Mann an die Nixe verloren hat. Als sie diese Verleugnung, die wir immer dann aufbauen, wenn uns ein Verlust zu sehr schockiert, nicht mehr aufrechterhalten kann – sie sieht ja die Jägertasche –, beginnt sie zu wehklagen, die Nixe zu beschimpfen, will ihren Geliebten zurück. So trauern auch Menschen, die einen geliebten Menschen verloren haben, sie wehklagen, sie beschimpfen das Schicksal, das hier in Gestalt der Nixe ins Leben der beiden eingegriffen hat. Der Mond auf dem stillen Wasser würde eine Hoffnung anbieten – der halbe Mond wird immer einmal voll, auch wenn er zunächst sogar noch einmal leer würde –, aber dieses Zeichen der Hoffnung kann die Frau nicht aufnehmen, kann es nicht wahrnehmen. Sie umkreist den Teich – sie umkreist das Problem ihres Verlusts, sieht es dabei aus allen möglichen Perspektiven –, bis sie nicht mehr kann. In einem Trauerprozess würde man davon sprechen, dass sie nach einer Phase des Nichtwahrhaben-wollens des Verlustes sich der Phase der »aufbrechenden chaotischen Emotionen« überlassen hat.[33]

Als die Kräfte sie verlassen – dieses Ausdrücken der Emotionen kostet viel Kraft –, sinkt sie zur Erde nieder und fällt in Schlaf. Sie übergibt sich dem, was sie trägt, der Erde und dem Schlaf. Da ist sie umfangen von etwas, das sie einhüllt, ihr wenigstens für eine kurze Zeit ihren Schmerz wegnimmt. Von ihrem Bewusstsein aus hat sie alles getan, was sie tun kann, sie hat keine Kräfte mehr zum Klagen – sie hat vital, fast könnte man sagen aggressiv, geklagt –, jetzt überlässt sie sich ihrer leiblichen Existenz und dem Unbewussten. In dieser Situation hat sie einen Traum.

Dadurch, dass sie in ihrer Lebenskrise, in ihrer Ver-zweiflung, so offen ihre Gefühle zum Ausdruck gebracht hat, aber natürlich auch so bestimmt ist von ihren Ge-fühlen – sie hat keine Abwehrmechanismen mehr, um diese Gefühle zu verdrängen oder zu kontrollieren –, ist sie ganz nahe dem Unbewussten, das sich in solchen Situa-tionen oft in einem bedeutsamen Traum äußert. In Krisen-situationen – und das Erleben eines Verlustes ist natürlich eine Krisensituation – pflegen Träume, gerade wegen der fast fehlenden Abwehrmechanismen, sich sehr genau auf das Problem zu beziehen, das den Menschen in die Krise gebracht hat. Der Frau des Jägers geschieht, was vielen Menschen in Krisensituationen geschieht: Hilfe kommt aus einem Traum.[34]

Der Traum

Bald überkam sie ein Traum. Sie stieg zwischen großen
Felsblöcken angstvoll aufwärts; Dornen und Ranken hakten sich an ihre Füße, der Regen schlug ihr ins Gesicht, und
der Wind zauste ihr langes Haar. Als sie die Anhöhe
erreicht hatte, bot sich ein ganz anderer Anblick dar. Der
Himmel war blau, die Luft mild, der Boden senkte sich
sanft hinab, und auf einer grünen, bunt beblümten Wiese
stand eine reinliche Hütte. Sie ging darauf zu und öffnete
die Türe; da saß eine Alte mit weißen Haaren, die ihr
freundlich winkte. In dem Augenblick erwachte die arme
Frau. Der Tag war schon angebrochen, und sie entschloss
sich, gleich dem Traum Folge zu leisten. Sie stieg mühsam
den Berg hinauf, und es war alles so, wie sie es in der Nacht
gesehen hatte. Die Alte empfing sie freundlich und zeigte
ihr einen Stuhl, auf den sie sich setzen sollte. »Du musst ein
Unglück erlebt haben«, sagte sie, »weil du meine einsame
Hütte aufsuchst.« Die Frau erzählte ihr unter Tränen, was
ihr begegnet war. »Tröste dich«, sagte die Alte, »ich will dir
helfen: da hast du einen goldenen Kamm. Harre, bis der
Vollmond aufgestiegen ist, dann geh zu dem Weiher, setze
dich am Rand nieder und strähle dein langes schwarzes
Haar mit diesem Kamm. Wenn du aber fertig bist, so lege
ihn am Ufer nieder, und du wirst sehen, was geschieht.«
    Die Frau kehrte zurück, aber die Zeit bis zum Vollmond
verstrich ihr langsam. Endlich erschien die leuchtende
Scheibe am Himmel; da ging sie hinaus an den Weiher,
setzte sich nieder und kämmte ihre langen schwarzen
Haare mit dem goldenen Kamm, und als sie fertig war,
legte sie ihn an den Rand des Wassers nieder. Nicht lange,

so brauste es aus der Tiefe, eine Welle erhob sich, rollte an
das Ufer und führte den Kamm mit sich fort. Es dauerte
nicht länger, als der Kamm nötig hatte, auf den Grund zu
sinken, so teilte sich der Wasserspiegel, und der Kopf des
Jägers stieg in die Höhe. Er sprach nicht, schaute aber seine
Frau mit traurigen Blicken an. In demselben Augenblick
kam eine zweite Welle herangerauscht und bedeckte das
Haupt des Mannes. Alles war verschwunden, der Weiher
lag so ruhig wie zuvor, und nur das Gesicht des Vollmon-
des glänzte darauf.

Trostlos kehrte die Frau zurück, doch der Traum zeigte
ihr die Hütte der Alten. Abermals machte sie sich am
nächsten Morgen auf den Weg und klagte der weisen Frau
ihr Leid. Die Alte gab ihr eine goldene Flöte und sprach:
»Harre, bis der Vollmond wieder kommt, dann nimm diese
Flöte, setze dich ans Ufer, blas ein schönes Lied darauf, und
wenn du damit fertig bist, so lege sie auf den Sand; du wirst
sehen, was geschieht.«

Die Frau tat, wie die Alte gesagt hatte. Kaum lag die Flöte
auf dem Sand, so brauste es aus der Tiefe: eine Welle erhob
sich, zog heran und führte die Flöte mit sich fort. Bald dar-
auf teilte sich das Wasser, und nicht bloß der Kopf, auch der
Mann bis zur Hälfte des Leibes stieg hervor. Er breitete
voll Verlangen seine Arme nach ihr aus, aber eine zweite
Welle rauschte heran, bedeckte ihn und zog ihn wieder
hinab.

Angstvoll steigt die Frau aufwärts – die Angst ist betont, aber auch, dass es wieder aufwärts geht –, allerdings sind da einige »Brocken« am Wege, die sie umgehen muss. Der Weg, den sie offenbar gehen muss, ist dornig, alles Mögliche rankt sich ihr um die Füße, könnte sie leicht zu Fall bringen. Aber nicht nur der Weg, auf dem sie geht, ist dornig, Symbol für ihren jetzt einzuschlagenden Lebensweg; zu allem Übel regnet es auch noch, und der Wind bläst ihr ins Gesicht. Sie hat im wahrsten Sinn des Wortes Gegenwind, und der Wind zaust ihr langes Haar. Das ganze Bild ist ein Ausdruck des Widerständigen, dem sie sich stellen muss, um auf die Anhöhe zu kommen. Sich diesen Widrigkeiten zu stellen, ist gleichzeitig ein Aufstieg zu einer Anhöhe, die nun ganz andere Bereiche des Lebens sichtbar macht: Oben hat sich das Wetter beruhigt, es ist ausgesprochen schön. Auf einer grünen Wiese mit Blumen steht eine reinliche Hütte. Alles ist nun sehr ordentlich, vertrauenerweckend. Die Farbe Grün scheint zu dominieren, eine Farbe, die auf Wachsen und Werden hindeutet – und in diesem Zusammenhang auch Hoffnung. Die junge Frau öffnet die Türe – und da sitzt nun eine Alte mit weißen Haaren, die ihr freundlich zuwinkt, es also freundlich begrüßt, dass die Frau des Jägers die Türe zu ihrer Hütte öffnet. Der Traum endet mit der Hoffnung, dass der Weg zu dieser alten weisen Frau führen wird[35] und dass die wohl einen Rat für die junge Frau haben könnte.

Und an dieser Stelle – mit der Hoffnung offenbar – erwacht die junge Frau, und sie entschließt sich, in die Tat umzusetzen, was der Traum ihr vorgeschlagen hat. Sie hat ja auch im Traum die Türe zu der alten Frau geöffnet, sie hat es gewagt, eine Schwelle zu überschreiten. Sei es aus Verzweiflung, sei es aus Hoffnung, sei es aus dem Rest von Lebensmut, der ihr geblieben ist, sie folgt ihrem Traum. Und das ist mühsam, genau so, wie es im Traum angekündigt war, aber sie findet die Alte mit den weißen Haaren – auch wie angekündigt –, die ihr einen Stuhl anbietet, sie also dazu einlädt, zumindest einige Zeit bei ihr zu verweilen, und damit auch zu erkennen gibt, dass sie um die Mühsal weiß, die die junge Frau durchgemacht hat.

Die alte Frau nähert sich nun ihr ganz ähnlich, wie die Nixe sich dem Müller genähert hat: Sie spricht sie auf ihr Unglück an und bringt sie dazu, zu erzählen, was ihr widerfahren ist. Immer wieder wird uns in den Märchen nahegebracht, wie wichtig es ist, einem Menschen die Ursache, die Geschichte des Kummers erzählen zu können.

Die alte weise Frau könnte eine Frau sein, die die junge Frau aufgesucht hat, nachdem sie sich zunächst für sich allein durch das gröbste Gestrüpp von Emotionen und Gedanken gearbeitet hat, aber immer mit einer Hoffnung vor Augen, der Hoffnung auf eine bessere Situation, auf Hilfe. Die weise alte Frau kann auch als Instanz in ihrer Psyche gesehen werden, die dann erlebbar ist, wenn wir bewusst nicht mehr weiter wissen, wenn wir uns eigentlich schon aufgegeben haben. Wir erleben dann, dass eine andere Stimme in uns doch noch einen Vorschlag hat, eine Hoffnung wider besseres Wissen uns erfüllt, wir in Kontakt sind mit etwas Weisem in uns, das zwar aus uns spricht, uns aber auch übersteigt, das auch viel älter zu sein scheint, als wir selbst es sind. Ausdruck dieser seelischen Weisheit war bereits der Traum. Dass die junge Frau aber bereit ist, dem Traum gleich Folge zu leisten, heißt, dass sie mit dieser weisen Frau in sich zumindest etwas vertraut ist, dass sie ihr traut.

Die weise Frau[36]

Die alte Weise, die weise Frau, ist eine Gestalt, die recht oft in den Märchen auftritt. Nicht immer wird sie »weise Frau« oder »alte Weise« genannt. Sie kann als alte Frau auftreten, die der Heldin oder dem Helden begegnet, wenn er oder sie aufbricht, um die ihnen gestellte Aufgabe zu lösen.[37] Diese alten Frauen wollen höflich behandelt werden, wollen bei einem Mahl mithalten dürfen, sie wollen also auch genährt werden, und sie fragen so ganz nebenbei nach dem Woher und Wohin und geben auch Ratschläge, allenfalls auch einen magischen Gegenstand, der hilft, wenn die Situation brenzlig wird. Dann verschwinden sie wieder. Sie setzen den Helden oder die Heldin auf den Weg, sie stellen die wichtigsten Fragen zur Orientierung und konzentrieren damit auch den Helden oder die Heldin auf ihre Aufgabe, verbinden den gegenwärtigen Augenblick mit der Vergangenheit und der Frage, warum sie überhaupt eine Aufgabe zu lösen haben, und mit der Zukunft, dem, was ihrer warten könnte – und sie geben einen Rat, der immer nur in etwa befolgt werden muss. Der Held oder die Heldin muss selber so weise sein, dass er in diesen oft doch recht abgerissenen Gestalten am Wege alte weise Frauen oder auch alte weise Männer erkennen kann, denen zuzuhören sich lohnt.

Als Ratgeberin tritt die alte Weise auch dann auf, wenn ein Held oder eine Heldin sich mit einer dämonischen Gestalt auseinandersetzen muss, wie wir es etwa von dem Märchen »Der Teufel mit den drei goldenen Haaren« kennen.[38] Da zeigt sich des Teufels Großmutter ausgesprochen freundlich gegenüber dem Helden, und sie überlistet für ihn den Teufel. Dennoch meine ich, ist sie nicht einfach eine listige Großmutter, das ist sie auch; sie ist weise, denn sie weiß um die großen Zusammenhänge und versteht es, den Helden in seinen eigenen großen Lebenszusammenhang hineinzusetzen und ihm damit zu helfen, dass er sein Leben retten kann, ohne übrigens für sich etwas von ihm haben zu wollen. Auch sonst wird die alte weise Frau gelegentlich »Großmütterchen« genannt. Als Großmütterchen Immergrün[39] prüft sie die Kinder einer kranken Mutter, ob sie ein gutes Herz haben – und nur mit einem guten Herzen erhalten sie das Heilmittel, das ihre Mutter dringend braucht.

Relativ häufig tritt die alte Weise als Kräuterweib auf. Auch in diesen Märchen wird sie nicht etwa weise genannt, eher despektierlich z. B. als Bettlerin im norwegischen Märchen »Zottelhaube«.[40] Was sie aber dann vorschlägt, ist durchaus weise. Sie kennt sich mit den Wirkungen der Heilpflanzen aus, vor allem aber weiß sie, was notwendig ist, damit der König und die Königin, die so lange unfruchtbar waren, ein Kind bekommen. Das Kräuterweib ist in den Märchen vor allem an Fragen der Geburt interessiert, allenfalls auch noch an der Auferweckung von Toten.

Auch als Initiationsmeisterin tritt die alte weise Frau oft auf, etwa in »Frau Holle«, in »Die Gänsehirtin am Brunnen«[41], und in »Bei der schwarzen Frau«[42]. Die weise Frau initiiert das Mädchen in das Leben als Frau und hin zur Möglichkeit des Gebärens. Nicht selten zeigen diese weisen Frauen auch, dass sie durchaus auch eine »schwarze« Seite haben, eine unerlöste Seite, die sie recht ruchlos werden lässt.

In unserem Märchen wird die Frau alt und weise genannt, sie hilft der jungen Frau, ihre erotische Beziehung herzustellen oder wiederherzustellen, sie initiiert sie in das erotisch-sexuelle Leben. Wie alle weisen Frauen in den Märchen nimmt sie sich ihrer an, weil sie in Not ist, weil sie von den Stürmen des Lebens heimgesucht wird. Wie es zu diesen alten weisen Frauen gehört, gibt sie einen Rat, schickt aber die junge Frau selber auf den Weg. Das ist vielleicht das Typische an all den weisen Frauen: Sie geben einen Rat, aber sie gehen nicht mit der Heldin. In unserem Märchen aber wartet sie offenbar verlässlich immer an derselben Stelle.

Grundsätzlich sind diese weisen Frauen mit Quellen, Pflanzen und Tieren verbunden, sie spinnen und hüten das Feuer, sie kochen, als Kräuterfrauen heilen sie und sind auch mit der Herstellung von Rauschgetränken – also letztlich mit Fragen von Inspiration – verbunden. Unschwer kann man in ihnen auch einen Aspekt der Großen Göttin sehen, die hier Ratschläge gibt, die eine Lebenssituation wieder fruchtbar machen. Wie die Nixe ist auch die alte Weise, die ja dann in der Folge so viel von der Nixe weiß, so dass anzunehmen ist, dass sie eben die altgewordene Form der Nixe verkörpert, nicht einfach eine Göttin. Sie ist eine der Gestalten, die durchaus in unseren Träumen vorkommen können, ohne dass wir den Eindruck haben, im Traum von einer Göttin besucht worden zu sein. Es sind Gestalten, auf die wir uns beziehen, die wir seelisch erfahren können, die uns in unseren Fantasien hilfreich begleiten, und dennoch steht die Große Göttin hinter ihnen.

Wenn die alte weise Frau in Träumen oder in Imaginationen auftaucht, dann fühlen sich die Frauen getröstet, neue Hoffnung ergreift sie, sie spüren, dass sie Kraft genug haben, um sich wieder auf den Weg zu machen. Vor allem aber erleben sie, dass ihr Leben wieder einen Zusammenhalt erkennen lässt, dass es einen Sinn hat. Sie erkennen auch, dass es in ihrer Seele Kräfte gibt – die, ist man auf sie ernsthaft bezogen – den Weg freigeben zu einem sinnhafteren Leben. Das Angebot kommt – in einer verzweiflungsvollen Lebenssituation, in der keine wirkliche Wahlmöglichkeit besteht, in der einfach zu tun ist, was getan werden muss – sozusagen von der weisen alten Frau. Die Erfahrung, dass wir in äußerst schwierigen Lebensumständen plötzlich noch über Kräfte, über Ideen verfügen, die wir nicht zu haben meinten, ist eine allgemein menschliche Erfahrung. Dazu gehört aber, dass der betreffende Mensch sich darauf einlässt. Hier in unserem Märchen öffnet die junge Frau die Türe zu der alten Frau, sie tritt ein, lässt sich auf das ein, was die alte Frau zu sagen hat, sie tritt in den Lebensraum, der von dieser alten weisen Frau bestimmt ist.

Die weise alte Frau in der Krise einer modernen Frau

Eine 38-jährige Frau hat ihren Partner verloren, mit dem sie die letzten 18 Jahre ihres Lebens verbracht hatte. Der Tod ihres Partners bei einem Autounfall stürzte sie in tiefe Trauer. Eigentlich wäre sie ihm gerne nachgestorben, aber da waren ihre gemeinsamen Kinder, für die sie sich absolut verantwortlich fühlte. So verlangte sie von sich, dass sie weiterlebte, fühlte sich aber »wie gefroren«. Sie war überzeugt davon, nie mehr das Leben genießen zu können.

Erschwerend kam dazu, dass sie ihren Vater ebenfalls bei einem Autounfall verloren hatte, als sie acht Jahre alt war. Sie war sich wenig bewusst, was der Tod ihres Vaters damals für sie bedeutet hatte, wusste aber, dass sie ihn sehr geliebt hatte und ihn sehr lange vermisste. Der aktuelle Verlust schien sie nun in eine doppelte Trauer zu stürzen: Zusammen mit den Erinnerungen an ihren Partner kamen auch viele Erinnerungen an ihren Vater zurück, sie kam sich doppelt beraubt vor. Weil die Frau den Eindruck hatte, in ihrem Lebensüberdruss ihren Kindern zu schaden, beschloss sie, therapeutische Hilfe zu suchen.

Drei Monate nach Beginn der Therapie hatte sie einen Traum, der sie tief bewegte:

»Ich bin an einem unzugänglichen, felsigen Platz. Plötzlich sehe ich meinen Partner aus einem Weiher auftauchen, ich sehe seine flehenden Augen. Dann verschwindet er wieder im Wasser, er lässt mich allein. Ich wache tränenüberströmt auf.«

Als erste Reaktion auf den Traum erzählte die Träumerin, wie sehr sie sich geärgert habe über den Traum: Der

155

Traum sage ihr nur, was sie ohnehin wisse, dass nämlich ihr Mann aus ihrem Leben verschwunden sei – und zudem habe er sie erneut in große Verzweiflung gestürzt. Und doch, obwohl sie jetzt wieder trauriger sei als zuvor, habe sie sich doch gefreut, ihren Partner zu sehen. »Es war, wie wenn er für einen Moment ins Leben zurückgekommen wäre, für einen Moment war alles wie vorher.«

Sie sprach dann längere Zeit über die bittenden, flehenden Augen ihres Partners. Weil die Träumerin es genoss, ihren Mann wiedergesehen zu haben, und weil diese bittenden Augen so sehr im Zentrum waren, hatte ich den Eindruck, dass von diesem Traum ein Impuls ausging, etwas zu sehen, was die trauernde Frau oder was wir beide noch nicht gesehen hatten. Ich entschloss mich, mit der Methode der Imagination[43] an dem Traum zu arbeiten. Die Träumerin hatte schon zuvor gelegentlich mit dieser Methode gearbeitet, sie war auf eine natürliche Weise begabt, ihre Fantasien sowohl wahrzunehmen als auch sie sich verändern zu lassen. Nach einigen Entspannungsübungen bat ich sie, ihren Traum noch einmal sehr genau vor ihrem inneren Auge erstehen zu lassen, ihn mir genau zu beschreiben und mir auch mitzuteilen, welche Gefühle mit den entsprechenden Bildern verbunden seien.

Ihre Imagination:

»Ich bin in dieser abgesperrten, unzugänglichen Landschaft. Es ist grau und neblig. Überall sind Felsen und Gebüsch. Ich fühle mich sehr allein und verletzbar in dieser rauen Umgebung. Ich sehe keinen Weg, der von diesem Ort wegführen würde, es gibt keine Öffnung, es ist, als wäre ich eingeschlossen. Die einzige Möglichkeit wäre, auszufliegen. Aber wie würde ein Flugzeug den Weg zu diesem Platz finden?«

Ich bat sie, sich noch einmal auf den Weiher zu konzentrieren.

»Ich bin nicht sicher, ob es ein Weiher ist oder nur ein Loch in der Erde – ein Bombenkrater vielleicht. Mein Partner taucht wieder auf – Wasser ist es also auf jeden Fall. Eigentlich ist es erstaunlich, dass es in dieser Gegend überhaupt Wasser gibt – es gibt also doch eine Öffnung, eine Öffnung in die Tiefe.«

Als sie das gesagt hatte, seufzte sie auf und entspannte sich sichtbar. Sie schien sich deutlich besser zu fühlen, nachdem ihr klar geworden war, dass es irgendeinen Ausweg aus ihrer gegenwärtigen psychischen Situation gab, sogar dann, wenn der Weg einer »nach unten« war. Offenbar sah sie nicht den offenen Himmel. Nach einer Zeit, in der sie still vor sich hinweinte, wandte sie sich wieder ihren inneren Bildern zu. Sie sagte:

»Ich sehe jetzt, wie mein Partner aus dem Wasser aufsteigt. Sein Gesicht ist sehr verzweifelt, und er schaut mich wieder mit diesen flehenden Augen an. Ich kann seine Augen sehr deutlich sehen, und ich habe das Gefühl, als hätte ich wirklich Kontakt mit ihm. Es ist fast wie ein ganz reales Treffen. (Ihr Atem beschleunigt sich sichtbar.) Er möchte, dass ich ihm verzeihe, dass er gestorben ist. Oder sollte ich ihm überhaupt vergeben? Aber vergeben wofür?«

Dann überschwemmte sie der Ärger auf ihren Mann, den sie bisher nicht auszudrücken gewagt hatte, Ärger, dass ihr Mann sie verlassen hatte, ausgerechnet jetzt, da sie ihn dringend brauchte, Ärger auch auf ihren Vater. Sie drückte diese Emotionen aus – und als sie sich in der Folge etwas beruhigt hatte, entschloss sie sich, ihrem Partner noch einmal in die Augen zu schauen.

»Er schaut mich immer noch an, nicht vorwurfsvoll, aber so, als wolle er etwas von mir. Ich glaube, ich kann ihm vergeben – zumindest für heute. Ich habe ein gutes Gefühl, es hat gutgetan, den Ärger zu erleben und auszudrücken. Ich

glaube, dieser Ärger hat gar nicht viel mit ihm zu tun. Aber wenn ich ihn ansehe, wird sein Gesicht friedlicher, vielleicht kann ich ihn jetzt besser gehen lassen.«

Dann fügte sie – deutlich überrascht – hinzu:

»Nun sehe ich mich selbst an diesem Weiher. Mein Partner ist nicht mehr zu sehen. Ich bin traurig und verwirrt. Er fehlt mir. Warum ist er nicht mehr da? Ich rufe ihn. Ich will ihn zurück. Aber der Tod hat kein Gehör! Zumindest will ich ihn zurück in meiner Vorstellung, in meiner Fantasie, wie gerade eben. Aber es geht nicht mehr. Das ist ja verrückt, es geht einfach nicht mehr. Ich bin unheimlich enttäuscht, jetzt bin ich tief traurig – ich will nur noch schlafen. Ich bin so sehr erschöpft!«

In dieser Situation saß die Frau zusammengekrümmt in ihrem Stuhl, sie wirkte sehr erschöpft, wiederholte aber – wie um zu memorieren – mit leiser Stimme die für sie wichtigen Erfahrungen in dieser Imagination. Es gab einen Weg aus der Schwierigkeit. Etwas öffnete sich, als sie ihren Ärger zuließ und ausdrückte. Die Erfahrung, ihn nicht einmal mehr in der Imagination zurückrufen zu können, erfüllte sie mit größter Verzweiflung. Dann sagte sie, gleichsam in einem Selbstgespräch: »Ich kann und will nicht den Rest meines Lebens meinem toten Partner in die Augen sehen.«

Der Traum signalisierte den Übergang von der Trauerphase, die ich die Phase der aufbrechenden, chaotischen Emotionen nenne, zu der dritten Trauerphase, der des Suchens, Findens und Sichtrennens, der Phase der eigentlichen Trauerarbeit. Um in diese Phase zu gelangen, ist es wichtig, dass die mit dem Verlust verbundene Wut ausgedrückt wird. Bis zu diesem Zeitpunkt hatte die Analysandin keine Wut geäußert. Auch musste es ihr bewusst werden, dass sie ganz und gar auf ihren verstorbenen Partner fixiert war, nur mit ihm sich beschäftigte. Dieser Traum war der Beginn der Auseinandersetzung mit der durch den Tod beendeten Beziehung. Diese Auseinandersetzung beginnt gewöhnlich damit, dass die Trauernden sagen, sie könnten an nichts anderes denken als an den Verstorbenen oder die Verstorbene. Sie wollen dann, dass man endlich eine Intervention macht, die diesen Zustand beenden soll. Dies brächte aber keine Lösung, der/die Trauernde muss an den Verstorbenen oder an die Verstorbene denken, Fantasien über das gemeinsame Leben hochkommen lassen, erst dann kann man sich lösen. Meine Analysandin versuchte aktiv, ihren Partner zu vergessen, damit sie wieder an andere Dinge denken konnte. Je mehr sie versuchte, ihn zu vergessen, um so mehr besetzte er unbewusst ihre Gedanken. Dadurch wirkte sie wie versteinert, sehr eingeengt, und der Traum und die Imagination zeigten deutlich, dass der einzige Weg aus dieser eingeengten Situation heraus der der Konfrontation mit ihrem Partner war. Am Ende der therapeutischen Sitzung sah meine Analysandin erschöpft und mutlos aus. Ich ließ die Bilder, die sie beschrieben hatte, noch einmal an mir vorbeiziehen. Plötzlich erinnerte ich mich an das Märchen »Die Nixe im Teich«. Mir schien, als könnte dieses Märchen etwas zum Verständnis von Traum und Imagination beitragen oder diese zumindest in einen größeren Sinnzusammenhang einbetten.

Ich erzählte ihr von diesem Märchen, erzählte ihr aber nur den Teil, der ihrem Traum und ihrer Imagination glich. Ich erzählte, wie die verzweifelte Frau um den Weiher rannte, die Nixe beschimpfte und wie sie dann total verzweifelt und erschöpft in Schlaf fiel. Ich erzählte vom Traum, vom Aufstieg zur alten Frau und von den Geschenken der alten Frau, die die Nixe offenbar dazu brachten, den Jäger schrittweise freizugeben. Ich sprach davon, wie er jeweils aus dem Wasser aufstieg – und wieder versank.

Therapeutisch gesehen ist das Einbringen von Bildern aus einem Märchen eine Form der Gegenübertragung[44], es sind Bilder, die in der Therapeutin aufsteigen, die aus der Beziehung der Analytikerin zum Unbewussten der Analysandin, eventuell auch aus der Beziehung des Unbewussten beider[45] stammen. Diese Form der Gegenübertragung ist ein schöpferischer Impuls, und er ermöglicht, das persönliche Material mit vergleichbaren Symbolen, die für viele Menschen eine Aussagekraft haben, anzureichern und sie dadurch in einen größeren Zusammenhang zu stellen. Wenn diese Amplifikation für meine Analysandin zum richtigen Zeitpunkt erfolgte, wenn sie also Gebrauch davon machen konnte, dann stellte das Märchen ihre Bilder in einen Entwicklungsprozess hinein, sagte ihr also, welche Wege möglicherweise zu einer Lösung der Situation führen könnten. Denn das ist der Vorteil der Märchen: Sie stellen Symbole und symbolische Konfigurationen, wie wir sie aus Träumen und Imaginationen kennen, in einen seelischen Prozess hinein, sie geben implizit Hoffnung, dass das im Traum angesprochene Problem gelöst werden kann. Sie geben Lösungsvorschläge, die aber nicht wörtlich übernommen werden müssen, denn wesentlich sind nicht die Vorschläge als solche, sondern die Überzeugung, dass eine Lösung überhaupt möglich ist. Die Hoffnung, die dadurch ausgelöst wird, ist von einem Energieschub begleitet. Der Traum, die Fantasie wird also angereichert durch Fantasien, die die Menschen schon immer einmal bewegt haben und die deshalb auch in Geschichten immer wieder erzählt werden.

Meine Analysandin hörte mir sehr aufmerksam zu, als ich ihr den vorne beschriebenen Teil des Märchens erzählte. Dann bat sie mich, ihr die ganze Geschichte zu erzählen. Ich gab ihr eine kurze Zusammenfassung, sagte ihr aber auch, dass ich nicht den Eindruck hätte, dass das Märchen als Ganzes auf ihre Situation zu übertragen sei, dass mich aber die Ähnlichkeit der »Weiherbilder« erstaunt hätte. Ich erwähnte dann noch einmal ausführlicher die Bilder der Verzweiflung und die Bilder der Hoffnung im Märchen.

In der nachfolgenden Stunde entschloss sie sich, die Bilder des Märchens »nachzuimaginieren«. Sie wollte herausfinden, ob diese Bilder in ihrer Vorstellungskraft nachvollziehbar waren. Sie waren es. In einer ersten Phase fühlte sie sich der Frau des Jägers sehr nahe, sie sah die Bilder des Märchens aus ihrer Sicht. Mit ihr war sie verzweifelt, mit ihr schöpfte sie neue Hoffnung.

»Ich erlebe diese Bilder, wie wenn es meine Bilder wären, das macht mich froh. Mir wird plötzlich klar, dass ich auch einen starken Wunsch habe zu überleben. In meiner Imagination habe ich festgestellt, mit welchen Kräften ich gegen die Widrigkeiten kämpfe, gegen Gestrüpp, gegen Steine, gegen den Regen. Ich habe richtig meine Vitalität wiederum gespürt. Vielleicht kann ich mich zu Hause auf diese Bilder besinnen, wenn ich wieder in meine schreckliche Apathie verfalle.«

In einer zweiten Phase der Imagination habe ich auf Bitten der Analysandin den Märchentext noch einmal gelesen, vom Beginn des Auftretens der Frau des Jägers bis hin zur Stelle: »Du musst ein Unglück erlebt haben, weil du meine einsame Hütte aufsuchst.« Ich schwieg dann, und die Analysandin erzählte nach einer kurzen Pause das Märchen weiter. Es war aber nicht mehr das Märchen, wie es aufgezeichnet ist, es war viel eher ihre eigene Geschichte. Sie beschrieb höchst lebhaft, in der Projektion auf die Frau des Jägers, das Erlebnis der Einsamkeit, der Verzweiflung, das ungestillte Bedürfnis nach erotischen und sexuellen Begegnungen. Unerwartet erzählte sie der alten Frau Geschichten aus dem gemeinsamen Leben mit ihrem Partner, das so abrupt abgebrochen wurde, von gemeinsamen Freuden, von Ärgernissen und Kummer und von ihren Ängsten. Im Gespräch mit der alten weisen Frau, die sie als uralt sah, weißhaarig, und die in ihrer Imagination nach getrockneten Tannenzapfen roch, wie sie es von ihrer Urgroßmutter her erinnerte, die sie als kleines Mädchen noch erlebt hatte, erledigte sie einen großen Teil ihrer Trauerarbeit. Sie kämpfte um die Bedeutung der Beziehung zu ihrem Partner, versuchte herauszufinden, was er in ihr geweckt, in ihr belebt hatte und was sie nun aus diesem gemeinsamen Leben heraus in ihr eigenes Leben mit hineintragen konnte.

Dieses Gespräch mit der alten Frau entlastete die Analysandin und gab ihr die Überzeugung, dass sie nicht mehr weiter in dieser grauen, abgeschlossenen, steinigen Gegend weiterleben musste, was sie sehr leicht als Bild für ihre Lebenssituation und der damit verbundenen Stimmung verstehen konnte. Diesem »Gespräch« folgten weitere: In der Imagination suchte sie immer wieder die Hütte der alten Frau auf, der Aufstieg wurde jedes Mal etwas leichter – an gewissen Tagen, wenn es ihr weniger gut ging, auch wieder schwerer –, und dann sprach sie mit der alten Frau, wobei die Analysandin sprach und die alte Frau zuhörte, und ich als Therapeutin hatte die Aufgabe, beiden zuzuhören. Mich brauchte die Analysandin, um ihr nach den Imaginationen, wenn sie jeweils für sich noch einmal die wichtigsten Punkte vergegenwärtigte, zu bestätigen, was sie gesagt hatte, besonders dann, wenn ihr »unerhörte« Dinge entschlüpft waren.

Die imaginative Arbeit mit dem Märchen beeinflusste ihre Stimmung, sie wurde etwas weniger gedrückt, sie wurde auch wieder aktiver, sie beeinflusste aber auch ihre Träume. Als Beispiel füge ich den folgenden Traum an:

»Ich wasche meinen Körper und löse dabei von meiner Haut ein Material, das sich wie getrockneter Lehm anfühlt.

*Ich kann ganze Fladen (große Stücke) wegnehmen, und bei
jedem Stück fühle ich mich noch mehr befreit. Es ist wie ein
großes Aufatmen.«*

Das Motiv der Befreiung spricht in diesem Traum für sich
selbst. Im Gespräch mit der alten Frau sprach sie davon,
wie herrlich dieses Gefühl sei, es sei, als wäre sie aus ihrer
alten Haut herausgeschlüpft. Man kann diese Häutung auch
dahingehend verstehen, dass die Frau – durch die Trauer
regrediert, von einer Lehmhaut umgeben wie von einer archetypischen Plazenta – jetzt, durch die Trauerarbeit neu
geboren wird.

Die Analysandin erkannte vor allem einen Aspekt dieses
Märchens und machte ihn auch zu ihrer eigenen Wahrheit:
Eine Frau, die einen Verlust erlitten hat, muss alle ihre
Kräfte aufbieten, um mit der alten weisen Frau in ihrer eigenen Psyche in Verbindung zu kommen, um im Kontakt mit
ihr Sicherheit und ein Gefühl der Geborgenheit zu gewinnen. Das gelang ihr, weil sie die Traummotive in ein be-
kanntes Märchen hineinstellen konnte. Damit aber wurde
der Analysandin auch deutlich, dass Verlust, dass Tod ein
ewiges Problem ist, auf das die Menschen schon immer
Antworten gesucht haben, denn sie mussten schon immer
versuchen, mit Verlusten zurechtzukommen, trotz des Todes weiterzuleben. Die Bilder des Märchens belebten hilfreiche Bilder in der Psyche der Frau, sie konnte sich an den
kollektiven Bildern und den kollektiven Bildprozessen orientieren und Mut schöpfen.[46]

Der Rat der weisen Frau im Märchen

Sie schenkt der jungen Frau einen goldenen Kamm, damit soll sie sich bei Vollmond am Rande des Weihers kämmen. Wenn sie fertig ist, soll sie den Kamm am Rande des Weihers niederlegen – und sie sagt ihr wiederholt: »Und du wirst sehen, was geschieht.«

Langes Haar hat auch die Nixe. Und von den Nixen sagt man, dass sie unter anderem ihr Haar kämmen und damit auch die Männer anlocken. Das Kämmen der langen Haare ist eine Form der erotischen Selbstdarstellung. Es zeigt aber auch, dass sie ein stolzes Bewusstsein davon haben, über eine erotische Kraft zur Verführung zu verfügen, dass sie fähig sind, Leidenschaft und Begehren zu wecken.[47]

Die junge Frau soll also tun, was an sich die Nixen tun, sie soll sich ein wenig bewusster der Nixe angleichen – sich kämmen mit einem goldenen Kamm.

Ganz nebenbei wird auch deutlich, dass die alte Frau noch einen Nixenkamm in ihrem Besitz hat – und da er golden ist, wird er auch unzerstörbar sein. Ein Hinweis darauf, dass die alte Frau auch einmal die Nixe war! Was macht das aber für einen Sinn, dass die junge Frau ein wenig wie die Nixe wird?

Gehen wir bei der Interpretation dieses Märchens von paardynamischen Gesichtspunkten aus, dann ist anzunehmen, dass beide, der Jäger und die junge Frau, unter einem Nixenproblem leiden. Das könnte so aussehen, dass die junge Frau zwar durchaus auch etwas von einer verführerischen Nixe hätte, dass sie diese Seiten aber gründlich verdrängt, sie gerade ganz und gar nicht lebt – denn davor hätte ihr Mann ja Angst – und daher vermutlich versucht, eine wahre Antinixe zu sein. Das ließe den Mann sich bei ihr zwar sicher fühlen – sie würde ihn nie zu Gefühlsstürmen hinreißen, bei denen er nicht mehr weiß, wer er ist –, aber die Erfüllung der Sehnsucht muss dann anderweitig gesucht werden. Wenn die Frau so viel Nixenhaftes hat, das sie verdrängt, und wenn es zudem ein kollektives Problem ist, dass die Nixe, also letztlich die große Göttin, zu wenig mitleben darf, dann ist jede Frau von diesem Nixenproblem mitbetroffen, dann geht es grundsätzlich darum, dass dieses Verdrängte zurückgeholt wird ins Leben. Zumindest ist das der Rat der alten weisen Frau. Dieses Kämmen soll zur Zeit des Vollmondes stattfinden. Bedenken wir, dass sie ihren Mann zur Zeit des halben Mondes verloren hat. Der Vollmond wäre die Zeit der weiblichen Fülle, wäre die Zeit, wo auch in der Frau etwas zur Vollendung kommt, eine Zeit, in der sie wohl auch besonders verführerisch sein könnte. Damit wäre auch eine momentane Reifung zum vollen Frausein angedeutet.

Als endlich Vollmond ist, tut die junge Frau, wie ihr die Alte geraten hat. Als sie den Kamm niederlegt, holt eine Welle ihn weg und – sozusagen im Tausch gegen den Kamm – teilt sich der Wasserspiegel, und der Kopf des Jägers wird sichtbar. Es ist eine eigentümliche Situation: Er spricht nicht, schaut seine Frau mit traurigen Blicken an – und sie steht am Ufer, kann ihn zwar sehen, aber nicht erreichen oder berühren. Das dauert nur einen Moment, dann holt eine zweite Welle das Bild weg, und stattdessen liegt der Weiher wieder ruhig da: »Das Gesicht des Vollmondes glänzte darauf.« Die Schönheit dieses Bildes steht in einem seltsamen Kontrast zur verzweiflungsvollen Situation des Sich-Sehnens, sich aber doch nicht Erreichen-Könnens und der daraus folgenden Trauer in der Frau und im Jäger.

Was hier geschildert wird, ist ein durchaus stimmiger Ausdruck der dritten Phase der Trauerarbeit im eigentlichen Sinne. In dieser Phase wird versucht, durch Erinnern, durch Rücknahme der Projektionen, der Delegationen, durch Bewusstmachen der tieferen Schichten in der Seele, die durch die Beziehung belebt wurden und die in uns weiterwirken, die man nicht verloren geben muss, wenn man den geliebten Menschen verloren hat, den verlorenen Menschen so lebendig wie möglich in der eigenen Psyche wiederauferstehen zu lassen. Und gleichzeitig – und das ist so extrem schwierig – versucht man, diesen Menschen auch gehen zu lassen, denn er ist ja gestorben.

Manche Menschen mögen diese Arbeit – und eine Arbeit ist es durchaus – nicht verrichten, weil sie sich sagen: Was soll ich meinen geliebten Menschen in der Fantasie auferstehen lassen, wenn ich ihn dann doch wieder loslassen soll? Sie setzen auf gründliches Vergessen, ohne zu erinnern. Das bewirkt aber, dass keine wirkliche Ablösung stattfindet. Die schwierige Gefühlskombination, die mit dieser Trauerarbeit verbunden ist, zeigt das Märchen sehr deutlich: Hoffnung auf Begegnung, vielleicht sogar Faszination, das Gefühl, es könnte alles wieder werden wie zuvor, und die gleich anschließende abgrundtiefe Enttäuschung, der Umschlag von der Hoffnung zur Hoffnungslosigkeit, das erneute Erlebnis des Verlustes. Nun haben wir es hier mit einer speziellen Form der Trauer zu tun – wir wissen, dass letztendlich die junge Frau ihren Mann zurückgewinnen wird. Es geht also um eine Trauersituation, in der eine Trennung stattgefunden hat, die auch wieder rückgängig zu machen ist. Das wird auch daran deutlich, dass die Frau in dieser Trauerphase nicht nur die Gefühle der Trauer aushält, sondern sich dabei auch in Richtung der Nixe entwickelt. Die meisten Menschen entwickeln sich in einem Trauerprozess; geht es aber um einen Trauerprozess, der mit einer Entfremdung von Sich-Liebenden zu tun hat, dann werden die psychischen Entwicklungsnotwendigkeiten, die das Grundproblem der

Beziehung darstellten und die letztlich zur Entfremdung geführt haben, von der Partnerin oder dem Partner bearbeitet, die oder der weniger unter dem Problem leidet.[48]

Dass die Frau ihren Mann zurückerhalten wird, das wissen nur wir, und das weiß die alte weise Frau, sonst hätte sie ihr andere Ratschläge geben müssen. Für die junge Frau in ihrem Trauerprozess sieht es aus, als wäre alle Anstrengung vergeblich.

Wie es im Mann aussieht, das wissen wir noch viel weniger, ein Zeichen dafür, dass er im Wesentlichen nur noch der Annäherung über die Fantasie zugänglich ist. In der Situation des Kämmens sagt das Märchen von ihm: »Er sprach nicht, schaute aber seine Frau mit traurigen Blicken an« – und beim zweiten Mal, das sei hier vorweggenommen –: »Er breitete voll Verlangen seine Arme nach ihr aus, aber eine Welle rauschte heran, bedeckte ihn und zog ihn wieder hinab.« Er ist der sprachlichen Verbindung nicht mehr mächtig. Sein Ausdruck zeigt, dass auch er sehnsüchtig ist, dass auch er die Verbindung wiederhaben möchte – über seine Enttäuschung wissen wir nichts. Sie müsste abgrundtief sein.

Trostlos nennt das Märchen die junge Frau. Trost gewinnt sie durch ihren Traum, der ihr wiederum die Hütte der Alten zeigt. Und am nächsten Tag steigt sie erneut zu ihr auf. Dieses Mal bekommt sie eine goldene Flöte geschenkt, die sie bei Vollmond spielen soll.

Die Musik, der Gesang vor allem, gehört zum Bereich der Nixen. Mit sanften, klagenden Tönen öffnen sie die Sehnsucht nach Gefühlen, nach emotionalen Räumen, die über das Bekannte hinausweisen, sie zeigen damit ihre eigene Sehnsucht, drücken ihre Gefühle aus, sie wecken aber auch die Sehnsucht nach diesen Gefühlen in denen, die ihnen zuhören. In den Flötentönen schwingt vergleichbar zum Gesang der Nixen etwas Jenseitiges mit, sie wecken die Sehnsucht nach einer Verbindung des Diesseitigen zu etwas Jenseitigem, Ewigen. Wenn die junge Frau ihr Lied spielt, dann zeigt sie in diesem Spiel auch ihre ureigenste Melodie, die Tonfolge, die ihr seelisches Sosein ausmacht, ihre tiefste, feinste Emotionalität, die wohl mit Sehnsucht, Liebe, Trauer und der ihr möglichen Entgrenzung zum Jenseitigen hin zu tun hat und die es wohl auch ist, mit der sie auf die Liebe eines anderen Menschen antworten kann. Indem die Frau ihr Lied spielt, verführt sie den Jäger sozusagen zurück aus dem Reich der Nixe. Sie kultiviert auch ihren Gefühlsausdruck, gleicht sich auch damit der Nixe an, drückt aber diese Gefühle mit einer Flöte aus, die auch schon etwas von Menschen Gebautes ist. Der Jäger wird denn auch sichtbar bis zur Mitte des Leibes. War bei der ersten Verführung nur der Kopf zu sehen und die Augen das Ausdrucksstarke daran, so dass man schließen könnte, dass er auf eine neue Art fähig wird, die Frau zu sehen, dann könnte man jetzt sich vorstellen, dass der Jäger nicht nur die Frau sieht, sondern dass auch der Bereich des Herzens mitbeteiligt ist und er jetzt auch auf einer mehr herzlicheren Gefühlsebene antworten kann als zuvor. Dies als Antwort darauf, dass auch sie ihn auf einer sehr herzlichen, gefühlvollen Ebene anspricht. Aber auch jetzt sieht sie nur einen Teil ihres Mannes, auch jetzt bleibt er Gefangener der Nixe – aber er ist für sie schon sehr viel erkennbarer geworden.

Das ist aber nicht das, was sie will, sie möchte ja mit ihm zusammenkommen, ihn wiederum ganz haben. Die Erfahrung, ihn zu sehen und gleich wieder zu verlieren, erfüllt sie mit Gram. Sie reagiert vergleichbar den Menschen, die während ihrer Trauerarbeit den Menschen, den sie verloren haben, immer mehr »sehen«, ihn in ihrer Fantasie in die Gegenwart holen können und doch wissen, dass sie ihn loslassen müssen.

Auseinandersetzung mit der Nixe

»Ach, was hilft es mir«, sagte die Unglückliche, »dass ich meinen Liebsten nur erblicke, um ihn wieder zu verlieren.« Der Gram erfüllte aufs Neue ihr Herz, aber der Traum führte sie zum drittenmal in das Haus der Alten. Sie machte sich auf den Weg, und die weise Frau gab ihr ein goldenes Spinnrad, tröstete sie und sprach: »Es ist noch nicht alles vollbracht, harre, bis der Vollmond kommt, dann nimm das Spinnrad, setze dich ans Ufer und spinn die Spule voll, und wenn du fertig bist, so stelle das Spinnrad nahe an das Wasser, und du wirst sehen, was geschieht.« Die Frau befolgte alles genau. Sobald der Vollmond sich zeigte, trug sie das goldene Spinnrad an das Ufer und spann emsig, bis der Flachs zu Ende und die Spule mit dem Faden ganz angefüllt war. Kaum aber stand das Rad am Ufer, so brauste es noch heftiger als sonst in der Tiefe des Wassers, eine mächtige Welle eilte herbei und trug das Rad mit sich fort. Alsbald stieg mit einem Wasserstrahl der Kopf und der ganze Leib des Mannes in die Höhe. Schnell sprang er ans Ufer, fasste seine Frau an der Hand und entfloh. Aber kaum hatten sie sich eine kleine Strecke entfernt, so erhob sich mit entsetzlichem Brausen der ganze Weiher und strömte mit reißender Gewalt in das weite Feld hinein. Schon sahen die Fliehenden ihren Tod vor Augen; da rief die Frau in ihrer Angst die Hilfe der Alten an, und in dem Augenblick waren sie verwandelt, sie in eine Kröte, er in einen Frosch. Die Flut, die sie erreicht hatte, konnte sie nicht töten, aber sie riss sie beide voneinander und führte sie weit weg.

Und aufs Neue zeigt ein Traum die alte weise Frau, die wieder Rat weiß. Wenn die Verzweiflung überhandnimmt, dann tritt sie auf, das heißt, die junge Frau ahnt wohl, welche Entwicklung sie nun weiter anstreben muss, um wieder mit ihrem Mann zusammenkommen zu können. Beim nächsten Vollmond soll sie sich mit einem goldenen Spinnrad an den Weiher begeben und eine ganze Spule vollspinnen.

Athena erfand das Spinnen, das Weben, das Töpfern, aber auch die Flöte, die Trompete, den Pferdewagen – und alle Künste.[49] Das Geschäft des Spinnens wird denn auch von mehreren der großen Göttinnen betrieben. Unter anderen heißt eine der griechischen Schicksalsgöttinnen Klotho, die Spinnerin. Sie spinnt den Lebensfaden. Das Spinnen ist eine sehr gleichmäßige Tätigkeit, die Spindel dreht und dreht sich, insofern erinnert es auch an die ewige Wiederkehr des Gleichen. Bringt man das Spinnen mit dem Spinnen des Schicksalsfadens in Verbindung, dann meint die Alte wohl, dass die junge Frau versuchen muss, in ihrem Schicksal einen Sinn zu sehen, auch mit dem Problem der Nixe und dem daraus folgenden Verlust, den sie erlitten hat.

Das Spinnen gehört nicht zu den Tätigkeiten, die normalerweise den Nixen zugeschrieben werden. Bei ihnen geht es eher chaotisch zu. Nehmen wir aber ernst, dass die Nixen letztlich zur Artemis gehören, dann würde die junge Frau auch in dem Akt des Spinnens versuchen, sich einem Aspekt der Nixe anzugleichen und möglicherweise die Nixe daran erinnern, wer sie letztlich ist – nämlich auch eine der großen Spinnerinnen. Aber es ist ohnehin sehr wahrscheinlich, dass die Menschen aus Angst vor der Nixe ihr einige ihrer Fähigkeiten abgesprochen haben.

Spinnen würde aber heißen, aus dem Chaos Ordnung zu machen, einen Faden herzustellen, dem man dann auch folgen kann. Und das könnte durchaus der Sinn einer Erfahrung mit der Nixe sein: Sie bringt auch emotional ein Durcheinander ins Leben, das dann aber zu einer neuen Ordnung führt und sich dem Lebensfaden sinnvoll einfügt, vorausgesetzt, es gelingt, den Faden so lange zu spinnen, bis die Spule voll ist. Das macht die Frau des Jägers und betont damit ihre große Entschlossenheit zur Kontinuität. Das Spinnen könnte also den Sinn haben, die Gewissheit einer möglichen Ordnung in die Welt der Nixe, in diese Welt der erotisch-sexuellen Faszination hineinzubringen, bleibt man nur kontinuierlich am Erleben dran.

Alle regelmäßigen Tätigkeiten wie das Spinnen versetzen in einen psychischen Zustand des Träumens und des Fantasierens. Wenn die Frau bei Vollmond am Wasser spinnt, dann macht sie sich vielleicht Fantasien über das mögliche gemeinsame neue Leben mit ihrem Mann. Sie malt sich vielleicht aus, wie dieses in Zukunft aussehen könnte, denn sie ist ja auch verändert, hat sie doch sowohl Kontakt mit den nixenhaften Seiten in sich als auch mit der alten weisen Frau gewonnen. Wenn die Frau diese Fantasien hat, dann traut sie dem Manne zu, sich aus der Faszination durch die Nixe befreien zu können und sich selber, mehr auch ihre nixenhaften Seiten zu leben. Diese Fantasien verändern die Fantasierende, indem sie hoffnungsvoller wird, sie verändern den Partner, hier, indem ihm zugetraut wird, sich aus dieser problematischen Umklammerung wieder zu befreien, und dadurch verändern sie die ganze Lebenssituation: Der Jäger kann aus dem Weiher herauskommen.

»Es braust noch heftiger als sonst in der Tiefe des Wassers«, sagt das Märchen, als die Frau das goldene Spinnrad an das Ufer stellte – eine mächtige seelische Dynamik setzt ein, es ist ein Aufruhr der Elemente. Vergleichbar mit einem großen emotionellen Aufruhr, mit einer ungeheuren Dynamik wird der Mann herausgeschleudert. Zunächst sieht es aus, als würde es gutgehen: Aber der Weiher »erhebt sich mit entsetzlichem Brausen«, es sieht aus, als wäre die Dynamik, die der Gestalt der Nixe eignet, nun in der Dynamik des Wassers ausgedrückt. Da ist eine reißende Gewalt, da ist ein entsetzliches Brausen. Die Tatsache, dass die beiden fliehen müssen, zeigt, dass das Problem mit der Nixe noch nicht ausgestanden ist. Sie müssen vor ihr und ihrer Rache fliehen. Die erste Begegnung nach dieser großen Krise steht also noch deutlich in ihrem Schatten: Die beiden werden »weggerissen« von einer ungeheuren Dynamik, wahrscheinlich von einer sexuellen Leidenschaft. In dem Moment, als sie sich wieder anfassen können, kommt der Nixenbereich mit Gewalt über sie.

Beide verfallen einer Regression, vermutlich in dem Moment, in dem sie sich auch sexuell wieder begegnen können. Dass die Frau eine Verbindung zur weisen alten Frau geknüpft hat, zeigt sich darin, dass sie sie in dieser lebensbedrohenden Situation rufen kann. Es müssen nicht mehr lange Wege zu ihr hin zurückgelegt werden – sie ist verinnerlicht und kann dennoch auch im Sinne einer helfenden Gestalt von außen verstanden werden. Die Hilfe in dieser Regression kann nur in einer Verwandlung bestehen, die der Situation angepasst ist: Als Kröte und Frosch kann man eine Überschwemmung überleben, und als dann das Wasser zurückgeht, gewinnen die beiden auch ihre menschliche Gestalt wieder zurück – sind allerdings getrennt.

Kröte und Frosch sind Tiere, die sich sowohl im Wasser als auch auf dem Lande aufhalten können, es sind Wesen, die einen Übergang symbolisieren. Wegen ihrer deutlich sichtbaren Reifungsstufen – von der Kaulquappe zur Kröte oder zum Frosch – gelten sie als Symbol einer Wandlung, die mehrere Schritte beinhaltet. Die Kröte steht mit dem Mond und dem Prinzip der Fruchtbarkeit in Verbindung. Der Frosch gilt ebenfalls als mondhaftes Tier. Im negativen Sinne symbolisiert er ein Verhaftetsein an die

Materie, im positiven Sinne eine enge Verbundenheit mit der Fruchtbarkeit der Erde. Beide Tiere deuten auf Wandlung und auf Fruchtbarkeit hin – sie werden mit dem Uterus verbunden, der Frosch kann auch als Seele des ungeborenen Kindes gelten.[50] Beide symbolisieren das Wiedererwachen der Kräfte im Frühling und im Sommer und stehen für eine ungehemmte Zeugungslust. Während die Kröte auch noch heilbringende Kräfte hat, dient der Frosch einzig und allein Liebes- und Fruchtbarkeitszwecken. In diesen beiden Symbolen ist einerseits noch einmal eine Identifikation mit der Geburtsgöttin ausgedrückt – auf der Tierstufe, das heißt auf der Ebene der Tierseele –, und falls sie aus dieser Identifikation herausfinden, wird eine große Fruchtbarkeit ihres Lebens angedeutet.

Und dennoch, wenn sich Mann und Frau als Frosch und Kröte begegnen, dann hat das nichts mit einer personalen Begegnung zu tun, es symbolisiert ein Weggerissenwerden von einer Triebdynamik und einer archetypischen Dynamik, die kein individuelles Personsein mehr zulässt. Auch sind die beiden sich sehr angeglichen, denn zwischen einer Kröte und einem Frosch besteht kein großer Unterschied. Und deshalb muss ein weiterer Prozess der Trennung, der Besinnung auf sich selbst, und damit verbunden ein Trauerprozess, durchgestanden werden, der auch ein Entwicklungsprozess ist. Diese Wiederannäherung, wie sie hier dargestellt wird und wie sie an sich typisch ist, wenn Menschen, die getrennt waren, sich wiederfinden, ist zu rasch, zu intensiv, zu sehr noch geprägt von der Emotionalität, die zum Nixenkomplex gehört. Deshalb verlieren sie sich auch wieder so total aus den Augen, nachdem das Wasser getrocknet ist, die Trennung ist ebenso radikal, wie es die Wiederannäherung war.

Zeit des Hütens

Als das Wasser sich verlaufen hatte und beide wieder den trockenen Boden berührten, so kam ihre menschliche Gestalt zurück. Aber keiner wusste, wo das andere geblieben war, sie befanden sich unter fremden Menschen, die ihre Heimat nicht kannten. Hohe Berge und tiefe Täler lagen zwischen ihnen. Um sich das Leben zu erhalten, mussten beide die Schafe hüten. Sie trieben lange Jahre ihre Herde durch Feld und Wald und waren voll Trauer und Sehnsucht.

Als das Wasser sich verlaufen hat, sind sie voneinander getrennt durch hohe Berge und tiefe Täler – und sie sind bei fremden Menschen. Lange Jahre treiben sie ihre Herden und sind voll Trauer und Sehnsucht.

Sie verlieren sich aus den Augen, sind an einem Ort, an dem sie sich fremd fühlen, konzentriert auf die Arbeit des Hütens. Schafe zu hüten gilt in Märchen als eine der niedersten Tätigkeiten. Beide müssen sie jetzt selbst für ihren Lebensunterhalt sorgen, niemand kümmert sich um sie. Es ist auffällig, dass der Mann kein Jäger mehr ist. Beide führen die gleiche Tätigkeit aus, beide sind sich ebenbürtig.

Das Hüten ist eine Tätigkeit, bei der man das Zusammenhalten von Tieren übt, die sich gerne ihre eigenen Wege suchen. Versteht man diese Hütetätigkeit symbolisch, dann ist es eine Haltung der Konzentration, die sowohl innerlich als auch äußerlich zur Sammlung führt, da man alle triebhaften Regungen zusammenhält.

Die Situation, in der die beiden jetzt sind, ist dem Lebensbereich der Nixe diametral entgegengesetzt: Im Gegensatz zu der entgrenzenden Emotionalität, die durch die Nixe ausgelöst wird, wird jetzt der andere emotionale Bereich kultiviert, der Bereich der Konzentration auf die leisen Gefühle, die eher die Beziehung zu sich selbst betreffen. Alle diese Bereiche gehören zur Emotionalität. Und wer die entgrenzenden Emotionen liebt, sich gern von ihnen ergreifen lässt, muss auch die Emotionen der Konzentration, des Zentrierens üben – als polare Entsprechung.

Hirtinnen und Hirten umrunden ihre Herden, oder wenn sie es nicht tun, dann haben sie einen Hund, der es für sie besorgt. Wir haben wiederum die Bewegung des Umrundens, die einen Kreis intendiert, der zusammenschließt und einschließt, der Konzentration darstellt. Auch von da aus ist bildhaft eine Konzentration auf sich selbst angedeutet, wie wir es schon im klagenden Umkreisen des Weihers durch die Frau gesehen haben. Dieses Mal machen aber beide dasselbe. Umkreist man eine Sache immer wieder, dann schaut man sie auch von ganz verschiedenen Seiten an – und das gibt letztlich eine ausgewogene Sicht der Dinge. Auch eine ausgewogene Sicht auf das eigene Leben.

Im Zentrum der Gefühle stehen bei der Schäferin und beim Schäfer die Gefühle der Sehnsucht und der Trauer. Jedes der beiden ist im Erleben dieser Gefühle auf sich selbst bezogen. Die Funktion der Trauerarbeit – sei dies nun Trauerarbeit bei Verlust durch Tod oder Trennung, oder bei einer Phase der inneren Trennung[51], bei der ein Partner, eine Partnerin durchaus noch vorhanden, die Beziehung aber unterbrochen ist – ist in der Regel, sich von einem mehr oder weniger bewussten Beziehungsselbst auf das individuelle Selbst zurückzuorganisieren. Man muss sich der Projektionen, die man auf den Partner/die Partnerin gemacht hat, so weit wie möglich bewusst werden, die Delegationen zurücknehmen und sich auch darüber klar werden, welche tieferen unbewussten Paarbilder durch die Liebe belebt und auch gelebt worden sind. Dieser Prozess dürfte in den beiden ablaufen, wenn sie so einsam und selbstgenügsam ihre Schafe hüten. Stellen wir den Nixenbereich dem Bereich der alten weisen Frau gegenüber, wobei sehr deutlich wurde, dass beide letztlich zur gleichen Lebensthematik gehören, auch wenn sie andere Phasen der Leben-Tod-Thematik verkörpern, so sind die beiden im Moment sehr viel mehr im Bereich der weisen alten Frau. Sie leben unter dem Archetyp der weisen Alten und sind dominiert von den Emotionen der Trauer und der Sehnsucht.

Die Trauer ist die Emotion, die uns einen Verlust von etwas signalisiert, das für uns einen großen Wert dargestellt hat, sie ist aber auch die Emotion, durch die wir uns von der Erfahrung des Verlusts ablösen. Die Sehnsucht ist die Emotion, die uns Zukunft entwerfen lässt, in der Sehnsucht zeigt es sich, welche neuen Aspekte unserer Psyche belebt werden, welche neuen Entwicklungsschritte anstehen, die Sehnsucht zieht uns hinaus in das noch nicht gelebte Leben, lässt uns in der Fantasie vorgreifend Leben entwerfen. Sehnsucht und Trauer, in der Verbindung, schärfen das Erleben der eigenen Identität als Einzelne, die sich gerne einem anderen Menschen verbinden möchten, und machen Menschen weit und bereit, sich auf das Leben, auf einen anderen Menschen wiederum einzulassen.

Diese Zeit der Einsamkeit, der Sehnsucht und der Trauer kann verstanden werden als eine Zeit, in der die beiden Liebenden wirklich getrennt sind, sie kann aber auch verstanden werden als eine Zeit der Entfremdung, des Sich-allein-Fühlens in der Paarbeziehung. Entfremdung als Ausdruck dafür, dass das Erfasstwerden von der rauschhaften Sexualität beide in ihrer bisherigen Existenz

176

erschüttert hat, beide sich auch sehr bedroht gefühlt haben, beide vielleicht auch spüren, dass sie als Kröte und Frosch sich nicht mehr personal begegnen können, im anderen Menschen vielleicht nur noch ein begehrtes Sexualwesen sehen, aber nicht mehr einen Menschen, zu dem man auch eine geistig-seelische Beziehung hat. Im Hüten der Schafe lernen sie aber nicht nur, bei sich selbst zu bleiben und aus einer Zentrierung heraus sich in einer auch mehr geistigen Weise aufeinander zu beziehen, sondern sie lernen auch eine gewisse Fürsorglichkeit dem Lebendigen gegenüber. Sie lernen es, für die Tiere zu sorgen, sie lernen ein Beziehungsverhalten, das von Sorgfalt und Achtsamkeit dem Lebendigen gegenüber geprägt ist, auch gegenüber dem eigenen Körper.

Der Frühling

Als wieder einmal der Frühling aus der Erde hervorgebrochen war, zogen beide an einem Tag mit ihren Herden aus, und der Zufall wollte, dass sie einander entgegenzogen. Er erblickte an einem fernen Bergesabhang eine Herde und trieb seine Schafe nach der Gegend hin. Sie kamen in einem Tal zusammen, aber sie erkannten sich nicht, doch freuten sie sich, dass sie nicht mehr so einsam waren. Von nun an trieben sie jeden Tag ihre Herden nebeneinander, sie sprachen nicht viel, aber sie fühlten sich getröstet. Eines Abends, als der Vollmond am Himmel schien und die Schafe schon ruhten, holte der Schäfer die Flöte aus seiner Tasche und blies ein schönes, trauriges Lied. Als er fertig war, bemerkte er, dass die Schäferin bitterlich weinte. »Warum weinst du?«, fragte er. »Ach«, antwortete sie, »so schien auch der Vollmond, als ich zum letzten Mal dieses Lied auf der Flöte blies und das Haupt meines Liebsten aus dem Wasser hervorkam.« Er sah sie an, und es war ihm, als fiele eine Decke von den Augen; er erkannte seine liebste Frau: und als sie ihn anschaute und der Mond auf sein Gesicht schien, erkannte sie ihn auch. Sie umarmten und küssten sich, und ob sie glückselig waren, braucht keiner zu fragen.

Als wieder einmal der Frühling aus der Erde hervorgebrochen war … Bei diesem Satz sieht man so richtig, wie aus der Wintererde die neuen Gräser, Blumen und Kräuter herausschießen, man fühlt förmlich den Triumph des Lebendigen über das Erstarrte. Und so kann man denn hoffen, dass sich auch bei den beiden der Frühling ankündigt, eine Wendung zu intensiverem Leben hin sich anbahnt.

Der Zufall will es, dass sie einander entgegenziehen. Der Zufall, vielleicht, vielleicht auch nicht. Sie mögen es als Zufall, als glückliche Wendung in ihrem Leben verstanden haben, als sie einander fanden, nicht mehr so einsam blieben und durch die Begegnung auch etwas getröstet wurden. Aber noch erkennen sie sich nicht. Es findet dieses Mal eine langsame Wiederannäherung statt im Gegensatz zur stürmischen Wiederannäherung am Weiher, ohne großes Begehren. Sie spüren den Trost in der Anwesenheit des jeweils anderen.

Eine solche Zeit des gemeinsamen »Schafehütens« könnte man verstehen als eine Situation, in der ein Paar, das durch eine große Entfremdung gegangen ist, zumindest wieder die alltägliche Arbeit miteinander tut, sich vielleicht wieder um die Kinder sorgt. Sie sind froh darüber, dass zumindest eine liebevolle Nähe im Bewältigen des alltäglichen Lebens wieder hergestellt ist, wenn auch die faszinierende Liebe fehlt – und möglicherweise auch nie mehr zurückkommen wird. Das gemeinsame Besorgen des Alltags ist auch ein Aspekt einer Liebesbeziehung, und wo diese Möglichkeit fehlt, hat eine leidenschaftliche Beziehung keinen wirklichen Boden.

In unserem Märchen ist diese Form der Beziehung eine Übergangssituation. Als wieder einmal der Vollmond scheint, als wiederum ein Zyklus der Zeit vorüber ist, spielt der Schäfer auf der Flöte ein schönes, trauriges Lied. Dies erinnert die Schäferin daran, wie sie am Weiher bei Vollmond dieses Lied gespielt hat und der Oberkörper ihres Liebsten aus den Fluten auftauchte.

Jetzt sieht er sie wirklich an und erkennt sie als seine liebste Frau – und sie sieht ihn an, und als der Mond auf sein Gesicht scheint, erkennt auch sie ihn. Im Mondenschein und im Zeichen des Mondes erkennen sie einander. »Erkennen« meint hier wohl im biblischen Sinne sich zu lieben, dass eine ganzheitliche Liebe nun wieder erlebbar ist.[52]

Auch der Schäfer spielt jetzt bei Vollmond auf der Flöte. Auch er lässt sich von der Zeit des Vollmondes bestimmen. Und sie erkennt ihn, als der Mond auf sein Gesicht scheint. Das Mondhafte, Gefühlhafte, das so sehr vom zyklischen Wandel bestimmt ist, lässt beide einander auf eine ganz neue Weise erkennen. Es geht jetzt nicht mehr darum, was jedes der beiden in der Welt darstellt oder welche äußeren Attribute sie haben, sie erkennen sich aus einer viel tieferen, seelischen Begegnung heraus.

Die Flöte des Mannes stammt von der alten Frau und ist offenbar durch die Hände seiner Frau und die der Nixe in seinen Besitz übergegangen. Statt eines Gewehrs hat er nun eine Flöte. Das ist es offenbar, was ihm gefehlt hat: das Ausdrücken einer ganzen Skala von Gefühlen, auch der abgründigen, das Spielen mit der Luft. An sich hätte man ja denken können, dass die Nixe die Gegenstände für sich beansprucht hat – zumindest mit der Flöte hat sie es nicht getan. Die war offenbar für den Mann gedacht gewesen. Jetzt hat er bewiesen, dass er auch sein ureigenes Lied spielen, dass er die ganze Skala seiner Gefühle ausdrücken kann – und dass dieses sein Lied zugleich ihr Seelenlied ist. Jetzt kann er ihr auf eine sehr gefühlvolle Weise seine innersten Sehnsüchte mitteilen. Und der Ausdruck dieser Gefühle rührt auch ihre Gefühle tief an. Die Gefühlsdifferenzierung, die sie damals am Weiher geleistet hat, ist unterdessen auch von ihm geleistet worden. Jetzt können sie wirklich in eine ganzheitliche Liebesbeziehung zueinander treten.

Sie sehen sich wirklich an – und sie erkennen sich. Sich ansehen, den Menschen wirklich wahrnehmen – sich selbst gesehen fühlen – das ist das eine. Sich erkennen aber geht sehr viel weiter, sich erkennen meint nichts anderes als sich lieben. Die beiden erinnern sich an die alte

Liebe, und während sie sich erinnern, bricht auch neu die Liebe wieder auf.

Jetzt erkennen sie einander wirklich, sie werden nicht mehr von der nur triebhaften Seite weggerissen, sie haben die feinen emotionalen Aspekte der Bezogenheit mit eingebaut, so dass die Nixe, aber auch die alte Weise mitleben können.

Was wir lernen können

Das Märchen zeigt sehr subtil einen langwierigen Entwicklungsprozess, an dessen Ende zwei Menschen wirklich in »die Liebe eingeweiht«[53] worden sind. Sie sind von leidenschaftlichen Emotionen überwältigt worden – er durch die Erotik und Sexualität, sie durch die Trauer –, und Schritt für Schritt, der eine im Erdauern, die andere im psychischen Abarbeiten, haben sie gelernt, mit leidenschaftlichen, entgrenzenden Gefühlen umzugehen. Sie sind ihrem emotionalen Selbst in einer unausweichlichen Art begegnet und dadurch zu sich selbst gekommen und gleichzeitig auch fähig geworden, sich in einer ganzheitlichen Liebesbeziehung, die nichts ausschließen muss, zu begegnen.

Das Märchen lehrt uns, dass wir, wollen wir mit mehr Intensität leben, dies erst dann können, wenn wir auch die leiseren Gefühle kultivieren und lernen, in Trauer und Sehnsucht bei uns selbst zu bleiben. Wie groß ist in einer solchen Situation die Versuchung, Ablenkung von außen zu suchen, sich ständig Menschen zu suchen, mit denen man über den Kummer sprechen kann. In subtiler Weise macht das Märchen deutlich, dass es eine Zeit gibt, über den Kummer zu sprechen – am richtigen Ort –, dass es aber auch eine Zeit gibt, tätig zu schweigen, tätig bei sich selbst zu sein.

Die Probleme, die der Müller zu Beginn des Märchens zu lösen gehabt hätte, sie sind jetzt gelöst: Im Zeichen des Mondes ist das Gesetz von Leben – Tod – Leben akzeptiert, eine Ablösung aus einer Haltung, die das Leben nur als glückspendende Mutter haben will, ist erfolgt, und damit ist auch die Neigung zu Depression geringer geworden.[54] Die Nixe kann mitleben, die Integration der leidenschaftlichen, sehnsüchtigen, entgrenzenden Gefühle ist zumindest den beiden im Märchen gelungen. Die Nixe dürfte für sie nicht mehr einfach nur ein Angstwesen sein, die Angst vor der Faszination ist bedeutend geringer geworden.

Das Umgehen mit der Faszination des Partners oder der Partnerin

Was wir aber vor allem lernen können an diesem Märchen, ist der Umgang mit einem Partner, mit einer Partnerin, der oder die von einer heftigen Faszination erfasst ist. Denn solche Faszinationen kommen ja im Alltag durchaus vor und bringen große Unruhe in eine Paarbeziehung hinein. Nicht immer sind wir bereit, einen Entwicklungsweg zu beschreiten, wie ihn das Märchen vorschlägt. Recht schnell sind wir oft mit dem Ultimatum zugange: entweder die Faszination oder ich. Handelt es sich allerdings um eine Faszination, die nicht mit einem anderen Menschen zu tun hat, sind wir in der Regel so großzügig, dass der Partner oder die Partnerin an die Faszination verloren gegeben wird, ohne dass etwa gekämpft würde. Die Beziehungen werden dann nur entleert. Die Szene der Frau am Weiher findet dann nicht statt. Der Jäger ist auf dem Grunde des Weihers, die Frau lebt weiter im gemütlichen Häuschen – und wartet. Vielleicht.

Ob die Beziehung weitergehen wird, hängt also davon ab, ob die Szene am Weiher stattfindet, ob ein Verlust erlebt und ob dieser Verlust dann auch betrauert wird. Ob allerdings auch ein Partner oder eine Partnerin aus einer Faszination zurückgewonnen werden kann, hängt auch davon ab, dass der oder die Nichtfaszinierte auf den Menschen, der eine Faszination erlebt, bezogen bleibt, dass sie wissen: Von einer Faszination erfasst worden zu sein ist nicht einfach ein Charakterfehler, sondern ein Schicksal. Es ist also schon einmal ganz gut zu wissen, dass das Problem der Faszination durchaus häufig auftritt und dass die Abwehr der Faszination nicht unbedingt die Lösung ist, sondern möglicherweise nur eine depressive Verstimmung bewirkt. Faszinationen können auch nicht einfach geopfert werden, sie erfordern eine langwierige gefühlsmäßige Differenzierung.

Das Märchen spricht für den Ausgang der Faszination eine besonders günstige psychische Situation an: Beide haben einen Nixenkomplex, die Rückverführung aus der Faszination heraus kann dadurch erfolgen, dass die Frau entwickelt, was in ihr auch angelegt ist und was den Mann fasziniert. Das ist zwar oft so, es ist aber nicht einfach die Regel, und es wäre natürlich fatal, würden alle Frauen einfach einmal versuchen herauszufinden, was denn den Mann fasziniert, und ungeachtet ihrer eigenen Lebensaufgaben und ihrer eigenen Identität etwas entwickeln, was ihn faszinieren könnte. Das geht so nicht – das geht auch im umgekehrten Fall nicht: Frauen und Männer können nur das glaubhaft und auf die Dauer tragend entwickeln, was wirklich jeweils zu ihnen gehört und als eigene Entwicklungsaufgabe ansteht.

Bei kollektiven Problemen, wenn man die Faszination verdrängt, weil es so Mode ist, und dieses Verdrängte sich dem Bewusstsein wieder aufdrängt, wird die mögliche Beschäftigung damit auch davon abhängen, wie weit dieses kollektive Problem auch ein eigenes Problem ist. Ist es »nur« ein kollektives Problem, dann wird sich nie eine existentiell so einschneidende Begleitung eines faszinierten Partners oder einer faszinierten Partnerin ergeben, wie dies in unserem Märchen zum Ausdruck kommt. Auch wenn vielleicht in der Wirklichkeit die Auseinandersetzung mit einem faszinierten Partner oder einer faszinierten Partnerin nicht immer so erfolgversprechend zu sein scheint wie in diesem Märchen: Das Märchen regt an, emotional beim faszinierten Partner zu bleiben, die dabei entstehenden Gefühle auszudrücken und auszuhalten, geduldig und beharrlich zu entwickeln, was im eigenen Leben

185

ansteht, und dabei nicht die emotionale Bezogenheit auf den Partner und auf die Beziehung zu verlieren, sei dies nun in der Trauer, in der Verzweiflung oder in der Sehnsucht. Das wäre Lebensweisheit im Umgang mit Faszination, darin würde sich die alte Weise zeigen – und die Nixe wäre auch nicht weit!

Hildegunde Wöller

Aschenputtel

Energie der Liebe

Aschenputtel

Ein Märchen der Brüder Grimm

*E*inem reichen Manne, dem wurde seine Frau krank,
und als sie fühlte, dass ihr Ende herankam, rief sie
ihr einziges Töchterlein zu sich ans Bett und sprach:
»Liebes Kind, bleib fromm und gut, so wird dir der liebe
Gott immer beistehen, und ich will vom Himmel auf dich
herabblicken und will um dich sein.« Darauf tat sie die
Augen zu und verschied. Das Mädchen ging jeden Tag
hinaus zu dem Grabe der Mutter und weinte und blieb
fromm und gut. Als der Winter kam, deckte der Schnee ein
weißes Tüchlein auf das Grab, und als die Sonne im Frühjahr es wieder herabgezogen hatte, nahm sich der Mann
eine andere Frau.

Die Frau hatte zwei Töchter mit ins Haus gebracht, die
schön und weiß von Angesicht waren, aber garstig und
schwarz von Herzen. Da ging eine schlimme Zeit für das
arme Stiefkind an. »Soll die dumme Gans bei uns in der
Stube sitzen!«, sprachen sie, »wer Brot essen will, muss es
verdienen: hinaus mit der Küchenmagd.« Sie nahmen ihm
seine schönen Kleider weg, zogen ihm einen grauen alten
Kittel an und gaben ihm hölzerne Schuhe. »Seht einmal die
stolze Prinzessin, wie sie geputzt ist!«, riefen sie, lachten
und führten es in die Küche. Da musste es von Morgen bis
Abend schwere Arbeit tun, früh vor Tag aufstehn, Wasser
tragen, Feuer anmachen, kochen und waschen. Obendrein
taten ihm die Schwestern alles ersinnliche Herzeleid an,
verspotteten es und schütteten ihm die Erbsen und Linsen
in die Asche, so dass es sitzen und sie wieder auslesen
musste. Abends, wenn es sich müdegearbeitet hatte, kam es
in kein Bett, sondern musste sich neben den Herd in die

Asche legen. Und weil es darum immer staubig und schmutzig aussah, nannten sie es Aschenputtel.

Es trug sich zu, dass der Vater einmal in die Messe ziehen wollte; da fragte er die beiden Stieftöchter, was er ihnen mitbringen sollte? »Schöne Kleider«, sagte die eine, »Perlen und Edelsteine« die zweite. »Aber du, Aschenputtel«, sprach er, »was willst du haben?« – »Vater, das erste Reis, das Euch auf Eurem Heimweg an den Hut stößt, das brecht für mich ab.« Er kaufte nun für die beiden Stiefschwestern schöne Kleider, Perlen und Edelsteine, und auf dem Rückweg, als er durch einen grünen Busch ritt, streifte ihn ein Haselreis und stieß ihm den Hut ab. Da brach er das Reis ab und nahm es mit. Als er nach Haus kam, gab er den Stieftöchtern, was sie sich gewünscht hatten, und dem Aschenputtel gab er das Reis von dem Haselbusch. Aschenputtel dankte ihm, ging zu seiner Mutter Grab und pflanzte das Reis darauf und weinte so sehr, dass die Tränen darauf niederfielen und es begossen. Es wuchs aber und war ein schöner Baum. Aschenputtel ging alle Tage dreimal darunter, weinte und betete, und allemall kam ein weißes Vöglein auf den Baum, und wenn es einen Wunsch aussprach, so warf ihm das Vöglein herab, was es sich gewünscht hatte.

Es begab sich aber, dass der König ein Fest anstellte, das drei Tage dauern sollte und wozu alle schönen Jungfrauen im Lande eingeladen wurden, damit sich sein Sohn eine Braut aussuchen möchte. Die zwei Stiefschwestern, als sie hörten, dass sie auch dabei erscheinen sollten, waren guter Dinge, riefen Aschenputtel und sprachen: »Kämm uns die Haare, bürste uns die Schuhe und mache uns die Schnallen fest, wir gehen zur Hochzeit auf des Königs Schloss.« Aschenputtel gehorchte, weinte aber, weil es auch gern zum Tanz mitgegangen wäre, und bat die Stiefmutter, sie möchte es ihm erlauben. »Du Aschenputtel«, sprach sie, »bist voll Staub und Schmutz und willst zur Hochzeit? Du hast keine

Kleider und Schuhe und willst tanzen!« Als es aber mit
Bitten anhielt, sprach sie endlich: »Da habe ich dir eine
Schüssel Linsen in die Asche geschüttet; wenn du die Lin-
sen in zwei Stunden wieder ausgelesen hast, so sollst du
mitgehen.« Das Mädchen ging durch die Hintertüre nach
dem Garten und rief: »Ihr zahmen Täubchen, ihr Turtel-
täubchen, all ihr Vöglein unter dem Himmel, kommt und
helft mir lesen,

  die guten ins Töpfchen,
  die schlechten ins Kröpfchen.«
Da kamen zum Küchenfenster zwei weiße Täubchen her-
ein und danach die Turteltäubchen, und endlich schwirrten
und schwärmten alle Vöglein unter dem Himmel herein
und ließen sich um die Asche nieder. Und die Täubchen
nickten mit den Köpfchen und fingen an: pik, pik, pik, pik,
und da fingen die übrigen auch an: pik, pik, pik, pik, und
lasen alle guten Körnlein in die Schüssel. Kaum war eine
Stunde herum, so waren sie schon fertig und flogen alle
wieder hinaus. Da brachte das Mädchen die Schüssel der
Stiefmutter, freute sich und glaubte, es dürfte nun mit auf
die Hochzeit gehen. Aber sie sprach: »Nein, Aschenputtel,
du hast keine Kleider und kannst nicht tanzen: du wirst nur
ausgelacht.« Als es nun weinte, sprach sie: »Wenn du mir
zwei Schüsseln voll Linsen in einer Stunde aus der Asche
reinlesen kannst, so sollst du mitgehen«, und dachte, das
kann es ja nimmermehr. Als sie die zwei Schüsseln Linsen
in die Asche geschüttet hatte, ging das Mädchen durch die
Hintertüre nach dem Garten und rief: »Ihr zahmen Täub-
chen, ihr Turteltäubchen, all ihr Vöglein unter dem Him-
mel, kommt und helft mir lesen,

  die guten ins Töpfchen,
  die schlechten ins Kröpfchen.«
Da kamen zum Küchenfenster zwei weiße Täubchen her-
ein und danach die Turteltäubchen, und endlich schwirrten
und schwärmten alle Vöglein unter dem Himmel herein

und ließen sich um die Asche nieder. Und die Täubchen nickten mit ihren Köpfchen und fingen an: pik, pik, pik, pik, und da fingen die übrigen auch an: pik, pik, pik, pik, und lasen alle guten Körner in die Schüsseln. Und eh eine halbe Stunde herum war, waren sie schon fertig und flogen alle wieder hinaus. Da trug das Mädchen die Schüsseln zu der Stiefmutter, freute sich und glaubte, nun dürfte es mit auf die Hochzeit gehen. Aber sie sprach: »Es hilft dir alles nichts: du kommst nicht mit, denn du hast keine Kleider und kannst nicht tanzen; wir müssten uns deiner schämen.« Darauf kehrte sie ihm den Rücken zu und eilte mit ihren zwei stolzen Töchtern fort.

Als nun niemand mehr daheim war, ging Aschenputtel zu seiner Mutter Grab unter den Haselbaum und rief:

»Bäumchen, rüttel dich und schüttel dich,
wirf Gold und Silber über mich.«

Da warf ihm der Vogel ein golden und silbern Kleid herunter und mit Seide und Silber ausgestickte Pantoffeln. In aller Eile zog es das Kleid an und ging zur Hochzeit. Seine Schwestern aber und die Stiefmutter kannten es nicht und meinten, es müsste eine fremde Königstochter sein, so schön sah es in dem goldenen Kleide aus. An Aschenputtel dachten sie gar nicht und dachten, es säße daheim im Schmutz und suche die Linsen aus der Asche. Der Königssohn kam ihm entgegen, nahm es bei der Hand und tanzte mit ihm. Er wollte auch sonst mit niemand tanzen, also dass er ihm die Hand nicht losließ, und wenn ein anderer kam, es aufzufordern, sprach er: »Das ist meine Tänzerin.«

Es tanzte, bis es Abend war, da wollte es nach Hause gehen. Der Königssohn aber sprach: »Ich gehe mit und begleite dich«, denn er wollte sehen, wem das schöne Mädchen angehörte. Sie entwischte ihm aber und sprang in das Taubenhaus. Nun wartete der Königssohn, bis der Vater kam, und sagte ihm, das fremde Mädchen wäre in das Tau-

benhaus gesprungen. Der Alte dachte: sollte es Aschenputtel
sein, und sie mussten ihm Axt und Hacken bringen, damit er
das Taubenhaus entzweischlagen konnte: Und als sie ins
Haus kamen, lag Aschenputtel in seinen schmutzigen Klei-
dern in der Asche, und ein trübes Öllämpchen brannte im
Schornstein; denn Aschenputtel war geschwind aus dem
Taubenhaus hinten herabgesprungen und war zu dem
Haselbäumchen gelaufen: da hatte es die schönen Kleider
abgezogen und aufs Grab gelegt, und der Vogel hatte sie
wieder weggenommen, und dann hatte es sich in seinem
grauen Kittelchen in die Küche zur Asche gesetzt.

Am anderen Tag, als das Fest von neuem anhub und die
Eltern und Stiefschwestern wieder fort waren, ging Aschen-
puttel zu dem Haselbaum und sprach:

»Bäumchen, rüttel dich und schüttel dich,
wirf Gold und Silber über mich.«

Da warf der Vogel ein noch viel stolzeres Kleid herab als
am vorigen Tag. Und als es mit diesem Kleide auf der
Hochzeit erschien, erstaunte jedermann über seine Schön-
heit. Der Königssohn aber hatte gewartet, bis es kam, nahm
es gleich bei der Hand und tanzte nur allein mit ihm. Wenn
die anderen kamen und es aufforderten, sprach er: »Das ist
meine Tänzerin.« Als es nun Abend war, wollte es fort, und
der Königssohn ging ihm nach und wollte sehen, in wel-
ches Haus es ging: aber es sprang ihm fort und in den Gar-
ten hinter dem Haus. Darin stand ein schöner großer
Baum, an dem die herrlichsten Birnen hingen; es kletterte
so behend wie ein Eichhörnchen zwischen die Äste, und
der Königssohn wusste nicht, wo es hingekommen war. Er
wartete aber, bis der Vater kam, und sprach zu ihm: »Das
fremde Mädchen ist mir entwischt, und ich glaube, es ist auf
den Birnbaum gesprungen.« Der Vater dachte: sollte es
Aschenputtel sein, ließ sich die Axt holen und hieb den
Baum um, aber es war niemand darauf. Und als sie in die

Küche kamen, lag Aschenputtel da in der Asche, wie sonst auch, denn es war auf der anderen Seite vom Baum herabgesprungen, hatte dem Vogel auf dem Haselbäumchen die schönen Kleider wieder gebracht und sein graues Kittelchen angezogen.

Am dritten Tag, als die Eltern und Schwestern fort waren, ging Aschenputtel wieder zu seiner Mutter Grab und sprach zu dem Bäumchen:

»Bäumchen, rüttel dich und schüttel dich,
wirf Gold und Silber über mich.«

Nun warf ihm der Vogel ein Kleid herab, das war so prächtig und glänzend, wie es noch keins gehabt hatte, und die Pantoffeln waren ganz golden. Als es in dem Kleid zu der Hochzeit kam, wussten sie nicht, was sie vor Verwunderung sagen sollten. Der Königssohn tanzte ganz allein mit ihm, und wenn es einer aufforderte, sprach er: »Das ist meine Tänzerin.«

Als es nun Abend war, wollte Aschenputtel fort, und der Königssohn wollte es begleiten, aber es entsprang ihm so geschwind, dass er nicht folgen konnte. Der Königssohn hatte aber eine List gebraucht und hatte die ganze Treppe mit Pech bestreichen lassen: da war, als es hinabsprang, der linke Pantoffel des Mädchens hängengeblieben. Der Königssohn hob ihn auf, und er war klein und zierlich und ganz golden. Am nächsten Morgen ging er damit zu dem Mann und sagte zu ihm: »Keine andere soll meine Gemahlin werden als die, an deren Fuß dieser goldene Schuh passt.« Da freuten sich die beiden Schwestern, denn sie hatten schöne Füße. Die älteste ging mit dem Schuh in die Kammer und wollte ihn anprobieren, und die Mutter stand dabei. Aber sie konnte mit der großen Zehe nicht hineinkommen, und der Schuh war ihr zu klein; da reichte ihr die Mutter ein Messer und sprach: »Hau die Zehe ab: wann du Königin bist, so brauchst du nicht mehr zu Fuß zu gehen.«

*Das Mädchen hieb die Zehe ab, zwängte den Fuß in den
Schuh, verbiss den Schmerz und ging heraus zum Königssohn. Da nahm er sie als seine Braut aufs Pferd und ritt mit
ihr fort. Sie mussten aber an dem Grabe vorbei, da saßen
die zwei Täubchen auf dem Haselbäumchen und riefen:*

> *»Rucke di guck, rucke di guck,
> Blut ist im Schuck [Schuh]:
> Der Schuck ist zu klein,
> Die rechte Braut sitzt noch daheim.«*

*Da blickte er auf ihren Fuß und sah, wie das Blut heraus-
quoll. Er wendete sein Pferd um, brachte die falsche Braut
wieder nach Haus und sagte, das wäre nicht die rechte, die
andere Schwester sollte den Schuh anziehen. Da ging diese
in die Kammer und kam mit den Zehen glücklich in den
Schuh, aber die Ferse war zu groß. Da reichte ihr die Mutter
ein Messer und sprach:»Hau ein Stück von der Ferse ab:
wann du Königin bist, brauchst du nicht mehr zu Fuß zu
gehen.« Das Mädchen hieb ein Stück von der Ferse ab,
zwängte den Fuß in den Schuh, verbiss den Schmerz und
ging hinaus zum Königssohn. Da nahm er sie als seine
Braut aufs Pferd und ritt mit ihr fort. Als sie an dem Haselbäumchen vorbeikamen, saßen die zwei Täubchen darauf
und riefen:*

> *»Rucke di guck, rucke di guck,
> Blut ist im Schuck:
> Der Schuck ist zu klein,
> Die rechte Braut sitzt noch daheim.«*

*Er blickte nieder auf ihren Fuß und sah, wie das Blut aus
dem Schuh quoll und an den weißen Strümpfen ganz rot
heraufgestiegen war. Da wendete er sein Pferd und brachte
die falsche Braut wieder nach Haus. »Das ist auch nicht die
rechte«, sprach er, »habt ihr keine andere Tochter?« –
»Nein«, sagte der Mann, »nur von meiner verstorbenen Frau*

ist noch ein kleines verbuttetes Aschenputtel da: das kann
unmöglich die Braut sein.« Der Königssohn sprach, er sollte
es heraufschicken, die Mutter aber antwortete: »Ach nein,
das ist viel zu schmutzig, das darf sich nicht sehen lassen.«
Er wollte es aber durchaus haben, und Aschenputtel musste
gerufen werden. Da wusch es sich erst Hände und Angesicht
rein, ging dann hin und neigte sich vor dem Königssohn, der
ihm den goldenen Schuh reichte. Dann setzte es sich auf
einen Schemel und zog den Fuß aus dem schweren Holz-
schuh und steckte ihn in den Pantoffel, der war wie angegos-
sen. Und als es sich in die Höhe richtete und der Königssohn
ihm ins Gesicht sah, so erkannte er das schöne Mädchen, das
mit ihm getanzt hatte, und rief: »Das ist die rechte Braut!«
Die Stiefmutter und die beiden Schwestern erschraken und
wurden bleich vor Ärger: er aber nahm Aschenputtel aufs
Pferd und ritt mit ihm fort. Als sie an dem Haselbäumchen
vorbeikamen, riefen die zwei weißen Täubchen:

»Rucke di guck, rucke di guck,
kein Blut ist im Schuck:
Der Schuck ist nicht zu klein,
Die rechte Braut, die führt er heim.«

Und als sie das gerufen hatten, kamen sie beide herabgeflo-
gen und setzten sich dem Aschenputtel auf die Schultern,
eine rechts, die andere links, und blieben da sitzen.

Als die Hochzeit mit dem Königssohn sollte gehalten
werden, kamen die falschen Schwestern, wollten sich ein-
schmeicheln und teil an seinem Glück nehmen. Als die
Brautleute nun zur Kirche gingen, war die älteste zur rech-
ten, die jüngste zur linken Seite: da pickten die Tauben
einer jeden das eine Auge aus. Hernach, als sie heraus-
gingen, war die älteste zur linken und die jüngste zur rech-
ten: da pickten die Tauben einer jeden das andere Auge aus.
Und waren sie also für ihre Bosheit und Falschheit mit
Blindheit auf ihr Lebtag gestraft.

Vorbemerkung

Das Märchen »Aschenputtel« ist in zahlreichen Variationen über die halbe Erde verbreitet, von Irland durch ganz Europa und den Orient bis Hinterindien und Japan. Seine Grundmotive stammen wahrscheinlich aus dem östlichen Mittelmeerraum. Charakteristisch ist insbesondere das Motiv vom Konflikt zwischen Stiefmutter, älteren Schwestern und der jüngsten. Dass einzelne Märchenmotive bis in vorgeschichtliche Zeit zurückweisen, ist unumstritten. Offen ist, ob es sich bei diesen Motiven um Fantasien und Träume, um verdichtete Lebenserfahrung oder um abgesunkene Mythen handelt, also um einst allgemein anerkannte religiöse Wahrheit, die von einer neuen Religion verdrängt wurde und dann nur noch im einfachen Volk und in geografischen und kulturellen Randgruppen weiterlebte. Wahrscheinlich sind die Wurzeln von Märchen zu Märchen auch verschieden. Im »Aschenputtel« aber scheint mir tatsächlich der Mythos von der großen Muttergöttin deutlich erkennbar. Und nicht nur dies. Ich meine zu sehen, dass dieses Märchen den Untergang der matriarchalen Religion nicht nur betrauert, sondern auch darüber nachsinnt, wie es in der so veränderten patriarchalen Zeit nun weitergehen kann. Gerade darum halte ich die Märchenerzähler und -erzählerinnen der Vergangenheit für keine naiven oder primitiven Menschen. Wie sie es verstanden, ihre Botschaft so zu verhüllen, dass sie in christlich-patriarchaler Umwelt überliefert werden konnte, und sie zugleich jedem aufgeschlossenen Hörer ins Herz schrieben, das erweckt meine Bewunderung für ihre Kunst und Weisheit zugleich. Denn die Annahme, dass es sich beim Märchen um ein Echo aus längst vergangener Zeit handelt, bedeutet nicht, dass es uns Heutige nichts anginge. Gerade in jüngster Zeit verdichtet sich die Ahnung, dass wir Wesentliches, das zum Menschsein gehört, zu unserem eigenen Schaden vergessen haben. Und das neu erwachte Interesse an den Märchen gleicht einer Suche nach den Schätzen, die in ihnen verborgen sein könnten.

Insbesondere wir Frauen wenden uns Mythen und Märchen zu, in denen wir etwas über uns selbst, über das Weibliche zu finden hoffen. Sibylle Birkhäuser-Oeri schreibt in ihrem Buch über »Die Mutter im Märchen«: »Eine bewusste Einstellung zu sich als Frau zu finden, ist in unserer Kultur nicht leicht. Es fehlt ein kollektives Bild des weiblichen Prinzips, also des geistigen Prinzips der Frau. Da unsere Religion, besonders für Protestanten, keine weibliche göttliche Gestalt enthält, die uns als überpersönliches Vorbild dienen könnte, so sucht man ein solches in anderen Religionen oder in den seelischen Ausdrucksformen, welche neben den offiziellen Dogmen einhergehen, wie zum Beispiel den Märchen. Die Märchen schöpfen so tief aus dem Unbewussten, dass sie Inhalte darstellen, die schon seit Jahrtausenden aus dem Blickfeld des Bewusstseins verschwunden waren. Sie stammen aus einer Tiefe, welche von der patriarchalen Entwicklung unserer Kultur noch wenig berührt ist, in der die große All-Göttin zum Beispiel der ganz frühen, um das östliche Mittelmeer gelagerten Kulturen noch immer lebendig ist. In Märchengestalten wie den frühen Göttinnen treffen wir auf das überpersönliche Bild weiblicher Wesen, welches nie stirbt, auch wenn es dreimal in den Tod getrieben wurde. Für die Frau steht das Problem der Liebe, das heißt der Beziehung an erster Stelle. Sie leidet vielleicht direkter als der Mann am Fehlen einer göttlichen Gestalt, nach welcher sie ihr persönliches Leben richten könnte.«[1]

Was Sibylle Birkhäuser-Oeri schreibt, ist zugleich die Anfangsszene unseres Märchens. Eine Mutter stirbt und lässt die einzige Tochter verwaist zurück. Offenbar ist hier nicht irgendeine Mutter gestorben, ist nicht irgendein Mädchen nun verlassen, sondern *die* Mutter wurde krank und starb, die weibliche Göttin wurde in patriarchaler Zeit aus der Wirklichkeit hinausgedrängt und ließ ihre Töchter, uns Frauen alle, ohne Schutz und ohne ihr Vorbild zurück. Und das Schicksal Aschenputtels wird so zum Schicksal vieler Frauen in patriarchaler Zeit. Nicht alle trauern um diese Mutter. Denn selbst die Trauer um sie wurde verboten und schließlich vergessen. Im Märchen aber wird ihr Gedächtnis wachgehalten.

Die Mutter

Einem reichen Manne, dem wurde seine Frau krank, und
als sie fühlte, dass ihr Ende herankam, rief sie ihr einziges
Töchterlein zu sich ans Bett und sprach: »*Liebes Kind,*
bleib fromm und gut, so wird dir der liebe Gott immer
beistehen, und ich will vom Himmel auf dich herabblicken
und will um dich sein.« *Darauf tat sie die Augen zu und*
verschied. Das Mädchen ging jeden Tag hinaus zu dem
Grabe der Mutter und weinte und blieb fromm und gut.

Einem reichen Mann stirbt die Frau, einem kleinen
Mädchen die Mutter. Mutterseelenallein bleibt das
Kind zurück. Die Welt ist heimatlos geworden. Die Mutter, die ihm Wärme, Geborgenheit, Zärtlichkeit, Trost und
Orientierung gewesen war, ist nicht mehr. Einen geliebten
Menschen und gar die Mutter zu verlieren, solange man
noch Kind ist, bedeutet wohl, die Beziehung zum Leben
und auch zu sich selbst verlieren. Die sterbende Mutter
hat dies vorausgesehen und ihrer Tochter versichert, dass
sie auch über den Tod hinaus bei ihr sein werde. Sie weist
ihr einen neuen, größeren Raum der Geborgenheit, den
der Seele, des Jenseits, des Himmels, der Beziehung zum
Unsichtbaren, in dem sie die Gegenwart der Mutter erfahren soll. Und die Tochter erhält diesen Kontakt zur jenseitigen Mutter aufrecht, indem sie täglich ihr Grab besucht.
Fromm und gut zu sein bedeutet für dieses Mädchen, in
der Trauer das Gedächtnis der Mutter wachzuhalten.

Ein Kind, das täglich an einem Grab weint und dessen
Seele gleichsam im Jenseits weilt, müsste jedem Erzieher

Sorgen machen. Wie soll dieses Mädchen ins Leben hineinfinden und Kontakt mit der Wirklichkeit bekommen? Er würde dem Mädchen sagen: Weine nicht, vergiss, geh und spiele und freu dich deines Lebens. Doch das Märchen will es anders. Für das Märchen ist diese Trauer Ausdruck der Treue dieser Tochter zur Mutter, die schließlich reich belohnt wird.

Wer in sich selbst hineinlauscht, findet in einem verborgenen Winkel seiner Seele manchmal ein Kind, das zusammengekauert in einer Ecke sitzt und leise vor sich hin weint. Hoffnungslos, denn es hat längst merken müssen, dass niemand es beachtet und sich seiner annimmt. Diesem Kind gegenüber helfen keine forschen Appelle. Dieses weinende Kind ist ein stummer Vorwurf an uns selbst und erinnert zugleich an das, was uns wirklich fehlt und was wir durch allerlei Beschäftigungen nur überdecken: die Erfahrung, in den Arm genommen und getröstet zu werden, das Erleben von Liebe und Ermutigung. So hoffnungslos allein wie das Kind in uns ist nicht einmal das Mädchen im Märchen. Denn das weiß von seiner Mutter, das hat ihr Versprechen im Ohr: »Ich will vom Himmel auf dich herabblicken und um dich sein.« Wenn wir das traurige Kind in uns selbst ansehen und uns zu der abgründigen Trauer in uns selbst bekennen wollen, gelingt das wohl nur, wenn gleichzeitig das Bild einer gütigen Mutter in uns wieder lebendig wird, der wir unseren Kummer anvertrauen können. Wer zu trauern vermag, ist davor bewahrt, in krankhafte Depression zu versinken und zu verzweifeln. Wer trauert, braucht nicht in blinder Wut auf die Welt, die einem übel mitgespielt hat, in Aggression auszubrechen. Wer trauert, bewahrt dem Leben in Ehrfurcht einen angemessenen Platz in sich selbst, auch wenn noch nicht erkennbar ist, wie es sich zum Besseren wenden sollte. Wer trauert, hält in sich selbst einen Raum offen, in dem eines Tages wieder etwas gedeihen kann. In diesem

Sinn fromm und gut zu bleiben, das erhält wach und in allem Schmerz lebendig.

Wenn wir Frauen heute nach einer weiblichen göttlichen Gestalt fragen, die uns Vorbild und Orientierung sein könnte, ist das Ausdruck einer Trauer darüber, dass das Mädchen in uns sich verlassen fühlt. Und wenn immer mehr Menschen sich für den Schutz der Pflanzen und Tiere, der Wälder, der Gewässer und der Luft einsetzen, wacht in ihnen zugleich Trauer auf, die Ahnung, dass wir die Beziehung zur Mutter Natur verloren haben, zu der Göttin, die für frühere Generationen die Heiligkeit der Umwelt abbildete. Indem das Märchen an den Anfang des Weges dieses Mädchens die Trauer stellt, übermittelt es die Botschaft, dass trauern nicht nur bedeutet, sich von der Welt abzuwenden, sondern dieses Kind wendet sich in seiner Trauer der Mutter zu, ohne deren Gegenwart dieses Leben nicht gelingen kann. Es hält der Mutter die Tür offen, durch die sie aus dem Jenseits ins Diesseits zurückkehren kann.

Der Vater

*Als der Winter kam, deckte der Schnee ein weißes Tüchlein
auf das Grab, und als die Sonne im Frühjahr es wieder herabgezogen hatte, nahm sich der Mann eine andere Frau.*

E rst sind da die heißen Tränen des Mädchens am Grab,
nun die kühle weiße Schneedecke. Es ist, als wechsle
das Märchen die Perspektive und blicke nun auf die Reaktion des reichen Mannes auf den Tod seiner Frau. Ein
weißes Tüchlein deckt sanft seinen Schmerz zu. Kühle
breitet sich in ihm aus, das Grab wird unsichtbar, er kann
seine Frau vergessen. »Die Zeit heilt alle Wunden«, heißt
es im Volksmund. Und die Umwelt sieht es auch nicht
gern, wenn ein Mensch zu lange und zu heftig trauert. Dieser Mann wäre nicht reich, wenn es ihm gleichgültig wäre,
was die anderen Leute sagen. Kann sein, er verschließt die
Trauer tief in seinem Inneren wie in einem Grab und verhüllt sie vor sich selbst wie mit einem weißen Tüchlein. Es
gelingt ihm. Ein neuer Frühling bringt ihm die Begegnung
mit einer anderen Frau, er heiratet wieder. So weit, so gut
wie normal und alltäglich. Nur vom Sinn des ganzen Märchens her betrachtet, tauchen Fragen an das Verhalten des
Mannes auf. Schon der einleitende Satz: »Einem reichen
Manne, dem wurde seine Frau krank« lässt aufhorchen,
weil er eine Beziehung herstellt zwischen der Erkrankung
seiner Frau und ihm, als sei sie an ihm krank geworden, als
habe er sie gekränkt. Und wenn es ihm im Unterschied zu
seiner Tochter so rasch gelingt, die Gestorbene zu vergessen, spricht auch dies dafür, dass seine Beziehung zu ihr

nicht allzu innig war. Sein Reichtum besteht offenbar in äußeren Gütern, im Können und Wissen, weniger im Gefühl. In der Fassung des Märchens von Charles Perrault »Aschenbrödel oder Das gläserne Pantöffelchen«[2] ist er ein Edelmann bei Hofe. Ansehen und Geltung sind ihm wichtig. Das zeigt dann auch die Wahl seiner zweiten Frau. Er entspricht damit einem Typ Mann, wie er heute als normal gilt: kühl, beherrscht, vernünftig und erfolgreich. Dass er sich im weiteren Verlauf des Märchens um das Ergehen seiner Tochter aus erster Ehe kaum zu kümmern scheint, wundert auch. Es ist, als liege über seinen Gefühlen auf Dauer ein weißes Tüchlein wie Schnee.

In den verwandten Märchen zu »Aschenputtel« taucht der Mann oder Vater nicht auf. Auch in der Erstfassung des Märchens durch die Brüder Grimm von 1812[3], die sich von der endgültigen erheblich unterscheidet, spielt er nur eine Nebenrolle. Um so aufschlussreicher ist seine Charakterisierung in dieser Fassung, ist er doch gleichsam der Hauptdarsteller der Zeit nach dem Tod seiner Frau, der patriarchalen Denkweise. Er hat offenbar kein Wahrnehmungsvermögen für seine erste Frau und deren Tochter. Mühelos vergisst er beide, als habe es sie nie gegeben. Für ihn kommt bald ein neuer Frühling, aber das ist ein Frühling des Patriarchats, einer Epoche, in der andere Werte gelten als früher und in der man nichts mehr weiß und wissen will von der Schönheit und Weisheit einer früheren Zeit.

Auch über den Märchen lag lange Zeit ein weißes Tüchlein des Vergessens. Und wo Frauen heute anfangen, in Märchen und Mythen, in der Archäologie und Ethnologie, in der Kultur- und Sozialgeschichte, in den Religionen und in der Kirchengeschichte nach weiblichen Gestalten und nach dem Leben und Wirken von Frauen zu fragen, entdecken sie zu ihrer Verwunderung doch sehr viel, nur dass es nicht beachtet wurde. Was Frauen gelebt und gedacht haben, scheint geradezu einem Gesetz des Vergessenwerdens zu unterliegen. Selbst in historischer Zeit überdauerten Frauenbewegungen kaum das Gedächtnis einer Generation. Der Frühling des Patriarchats verdrängte immer wieder jede Erinnerung. Und die Neigung, Männliches höher zu schätzen als das, was Frauen tun, lebt selbst in Frauen von heute.

Vergangenes hinter sich zu lassen und sich nach vorn dem Neuen zuzuwenden, hat einen guten Sinn. Man könnte sich sonst vergraben und darüber die Gegenwart versäumen. Das Märchen zeigt aber auch die Gefahr dieser Tendenz. Der Mann sucht sich schnell Ersatz für seinen Verlust, und wie sich herausstellt, ist die neue Frau ein sehr oberflächlicher Ersatz. Er hat in der Eile Wesentliches übersehen und liefert sich damit einer Zukunft aus, die ihn weit wegführt von sich selbst und von dem, was dem Leben wirklich Wert und Sinn gibt.

Die andere Frau

Die Frau hatte zwei Töchter mit ins Haus gebracht, die
schön und weiß von Angesicht waren, aber garstig und
schwarz von Herzen. Da ging eine schlimme Zeit für das
arme Stiefkind an. »*Soll die dumme Gans uns in der Stube*
sitzen!«*, sprachen sie,* »*wer Brot essen will, muss es verdie-*
nen: hinaus mit der Küchenmagd.« *Sie nahmen ihm seine*
schönen Kleider weg, zogen ihm einen grauen alten Kittel
an und gaben ihm hölzerne Schuhe. »*Seht einmal die stolze*
Prinzessin, wie sie geputzt ist!«*, riefen sie, lachten und führ-*
ten es in die Küche. Da musste es von Morgen bis Abend
schwere Arbeit tun, früh vor Tag aufstehn, Wasser tragen,
Feuer anmachen, kochen und waschen. Obendrein taten
ihm die Schwestern alles ersinnliche Herzeleid an, verspot-
teten es und schütteten ihm die Erbsen und Linsen in die
Asche, so dass es sitzen und sie wieder auslesen musste.
Abends, wenn es sich müdegearbeitet hatte, kam es in kein
Bett, sondern musste sich neben den Herd in die Asche
legen. Und weil es darum immer staubig und schmutzig
aussah, nannten sie es Aschenputtel.

Aschenputtel ist eine Bezeichnung, die seit Jahrhunder-
ten sprichwörtlich ist für ein Mädchen, das die nied-
rigste Küchenarbeit verrichten muss. »Putteln« bedeutet
im Hessischen »in Flüssigem rühren oder Staub hin und
her schütteln«[4]. Das Wort Asche steckt auch in dem Namen Cinderella für Aschenputtel, der im englischsprachi-
gen Raum geläufig ist. In dem Namen Aschenputtel wird
aber auch eine Volksetymologie des griechischen Wortes

achylia für Asche und pouttos oder poutti (weibliche Geschlechtsteile) vermutet. »Der Name Achylopouttoura bedeutet in heutigen griechischen Varianten eine Frau, die sich immer am Feuer aufhält, eigentlich jedoch eine Katze, die in der Asche des Herdes sitzt und unten schmutzig ist.«[5] In jedem Fall drückt der Name Verachtung aus. Man hat das Märchen Aschenputtel den »Glückstraum der sozial Entrechteten« genannt, und nicht zu zählen sind die Mädchen und Frauen, die sich mit dieser Gestalt identifizieren, nicht selten ein Leben lang. Zwar ist diese Identifizierung verbunden mit der Hoffnung auf den erlösenden Königssohn, aber sie kennzeichnet zunächst doch die soziale Erniedrigung, in der sie sich vorfinden. Nicht wenige Frauen haben ihre Minderwertigkeit so verinnerlicht, dass die amerikanische Psychologin Colette Dowling von einem »Cinderella-Komplex«[6] spricht. Frauen mit diesem Komplex scheuen den Erfolg und das Ansehen, das ihnen etwa ein Beruf geben könnte. Sie fliehen davor geradezu in eine Ehe und ziehen es vor, zu Hause in der Küche ein unauffälliges Dasein führen zu können.

Doch nicht jedes Mädchen, das sich mit Aschenputtel identifiziert, muss deshalb einen Komplex haben. Gerade anpassungsfähigen Mädchen, die wenig Ich-Stärke haben und dafür hilfsbereit sind, fällt im Elternhaus und unter mehreren Geschwistern leicht die Aschenputtelrolle zu. Da es so bequem ist, ihnen Aufgaben zuzuteilen, denken Eltern und Geschwister bald nicht mehr darüber nach, was alles sie ihnen aufbürden. Die traditionelle Frauenrolle zählt das Dienen zur weibliche Tugend und ebenso den fraglosen Gehorsam. So kann ein Mädchen jahrelang für die ganze Familie die Rolle einer Dienstmagd spielen, ohne dass irgendjemand etwas Besonderes dabei findet. Im Sinne von Alice Miller[7] kann es eines der begabten Kinder sein, das der Mutter und den Geschwistern die Wünsche von den Augen abliest und sie ihnen erfüllt, bevor sie ausgesprochen wurden. So kann ein Mädchen sich selbst hineinmanövrieren in die Aschenputtelrolle, ohne dass eine bewusste Bosheit von Mutter und Schwestern mitspielt.

Auch in einem anderen Sinne kann ein Mädchen sich als Aschenputtel fühlen, nämlich in der Pubertätszeit, in der es nach der eigenen weiblichen Identität sucht und darunter leidet, nicht verstanden zu werden. Da wird die einstmals geliebte Mutter fremd und feindselig, und da können Schwestern als hoffnungslos überlegen oder zänkisch erlebt werden. In dieser Phase könnte die Zuwendung eines einfühlenden Vaters eine Hilfe zur Selbstfindung sein. Doch keineswegs jede Tocher kommt in den Genuss väterlicher Liebe, im Gegenteil. So kann es im Erleben des Mädchens bald so sein wie im Märchen, dass da niemand ist, keine Mutter, keine Schwester, kein Vater und auch sonst niemand auf der Welt, der einen ansähe und einem einen Wert zuerkennte. Ein solches Mädchen findet seine weibliche Identität nicht oder findet eben nur eine Aschenputtelidentität, nämlich die einer unansehnlichen, minderwertigen Frau, die keiner Liebe und Beachtung wert ist. Sie wird selbst glauben, dass die Mauerblümchenrolle die ihr zugemessene ist und dass sie ihr Lebensrecht allein durch Fleiß wird erwerben müssen. Für Mädchen in dieser Situation kann das Märchen wirkliche Lebenshilfe sein, indem es ihnen zumindest den Traum von künftigem Glück vermittelt und in ihnen die Hoffnung wachhält, dass eines Tages jemand kommt, der sie aus der Niedrigkeit erhebt. Ohne eine solche Hoffnung müsste ein unverstandenes Mädchen unter dem Druck seiner Situation seelisch verkümmern.

Ein solcher Glückstraum wird erst bedenklich, wenn erwachsene Frauen ihn weiterträumen und passiv darauf warten, dass irgendwann ein Königssohn erscheint, der sie erlöst. Denn genau gelesen, bleibt das Aschenputtel im

Märchen keineswegs passiv, sondern wirkt mit erstaunlicher Energie selbst mit an der Beendigung seiner elenden Lage. Doch damit habe ich vorgegriffen.

Die Lage, in der sich Aschenputtel gegenüber ihrer Stiefmutter und ihren Stiefschwestern befindet, ist offenbar so typisch, dass sie als Motiv in vielen Märchen vorkommt. Die schon erwähnte Fassung von Charles Perrault, die Vorbild für die im englischen Sprachraum verbreitete Cinderella-Version ist, geht so: Cinderella hat zwei böse Stiefschwestern und eine Stiefmutter, die dem sanftmütigen und herzensguten Mädchen alles zuleide tun. Cinderella aber bleibt zu ihnen gut und liebevoll. Als der Sohn des Königs einen Ball gibt, hilft sie den Schwestern beim Putzen, Kämmen und Schnüren und macht das sehr gut, selbst darf sie natürlich nicht zum Ball. Als die Schwestern fort sind, weint Cinderella, und ihre Patin fragt nach ihrem Kummer. Im Nu zaubert die Patin dann aus gefangenen Mäusen, Ratten, einem Kürbis und ähnlichen Dingen eine Kutsche, einen Kutscher und Pferde und verwandelt den Kittel von Cinderella in ein schönes Kleid, so dass sie bei Hof wie eine Prinzessin empfangen wird. Die Patin hatte ihr nur empfohlen, vor Mitternacht zu Hause zu sein, weil dann der Zauber ende. So geschieht es dreimal. Beim dritten Mal verspätet sich Cinderella, und fliehend verliert sie einen ihrer gläsernen Pantoffel. Der Königssohn sendet einen Kammerherrn aus, der nach dem Mädchen suchen soll, dem der Pantoffel passt. Die Schwestern kommen nicht hinein, aber schließlich Cinderella, die außerdem noch den anderen gläsernen Pantoffel besitzt. Die bösen Schwestern bitten Cinderella um Verzeihung, und bald wird die Hochzeit gefeiert.

Urtümlicher noch klingt das Märchen »Das Erdkühlein«, das schon seit dem 16. Jahrhundert schriftlich überliefert ist.[8] Die Heldin heißt Margrethlin und hat eine böse Stiefmutter und Schwester. Die wollen sie im Wald aussetzen und töten. Eine Patin rät dem Margrethlin, auf den Weg Sägemehl und beim nächsten Mal Spreu zu streuen, so findet sie immer nach Haus zurück. Beim dritten Mal streut sie Hanfsamen, und den haben am Abend die Vögel gefressen. Allein und im Wald verirrt, entdeckt sie einen Rauch, der sie zum Haus des Erdkühleins führt, das sie freundlich aufnimmt und gut zu ihr ist. Nur soll sie niemandem etwas vom Erdkühlein verraten. Eines Tages aber kommt die Stiefschwester in den Wald, und Margrethlin erzählt ihr doch vom Erdkühlein. Die böse Stiefmutter holt darauf die Tochter heim und lässt das Erdkühlein schlachten. Bevor es unter dem Messer des Metzgers stirbt, rät das Erdkühlein dem Mädchen, seinen Schwanz, sein Horn und die Hufe zu erbitten und sie zu begraben. Daraus wächst ein Baum, der im Sommer und im Winter die schönsten Äpfel trägt. Ein Herr mit seinem kranken Sohn kommt vorbei und verlangt nach den Äpfeln, damit sein Sohn gesund wird. Die Mutter und die Schwester können aber die Äpfel nicht pflücken, während sie sich Margrethlin entgegenneigen. Der Herr erkennt in ihr eine heilige Frau und nimmt sie samt dem Baume mit sich. Er macht sie zu einer großen, mächtigen Frau.

Mit »Aschenputtel« verwandt ist auch das Grimmsche Märchen »Einäuglein, Zweiäuglein und Dreiäuglein«. Sie sind Töchter einer Mutter. Da Zweiäuglein mit ihren zwei Augen so ist wie alle Menschen, wird sie verachtet, bekommt nur Abfälle zu essen, muss schwer arbeiten und oft hungern. Als sie beim Ziegenhüten vor Hunger weint, kommt eine Fee und nennt ihr den Zauberspruch »Ziege meck, Tischchen deck«. Da stehen köstliche Speisen vor ihr, und wenn sie satt ist, muss sie nur sagen »Ziege meck, Tischchen weg«, und alles ist verschwunden. Da sie nun zu Hause die Abfälle, die man ihr hinwirft, nicht mehr anrührt, kommen die Schwestern hinter ihr Geheimnis, und die Ziege wird geschlachtet. Wieder erscheint die Fee und fordert Zweiäuglein auf, sich die Eingeweide der Ziege zu erbitten und sie zu begraben. Über Nacht wächst aus dem Grab ein Baum, der silberne Blätter und goldene Früchte trägt. Als ein Ritter kommt, muss Zweiäuglein sich unter einem Fass verstecken. Er verlangt nach einem Zweig von dem Baum, aber die Schwestern können weder die Früchte pflücken noch einen Zweig abbrechen, er neigt sich nur Zweiäuglein zu. Sie rollt unter dem Fass ein paar goldene Äpfel hervor, der Ritter entdeckt sie und macht Zweiäuglein zu seiner Frau. Der Baum wandert mit ihnen mit. Später sind die beiden Schwestern Bettlerinnen und werden von Zweiäuglein liebevoll aufgenommen und versorgt.

Das Erdkühlein, die Ziege und ähnliche Tiere, die in anderen Varianten auftauchen, sind Symbolgestalten der alten Muttergöttin. Sie wird auch durch Tötung nicht vernichtet, sondern erscheint neu in verwandelter Gestalt. Diese Tiere, eine Fee oder die Patin sind jeweils Verkörperungen des helfenden Geistes der Mutter und ihrer Weisheit, gegen die alle Bosheit letztlich machtlos ist.

Die Häufigkeit des Motivs von der Bosheit der Stiefmutter und der Stiefschwestern gegenüber der meist jüngsten Tochter wirft die Frage auf, was seine Wurzel ist. Keineswegs ist es doch heute so, dass die jüngste Tochter in einer Familie so oft oder überhaupt mit derart tödlichem Hass verfolgt wird. Erst ein Blick in die matriarchale Epoche zurück bringt Licht in dieses Motiv.

In der Zeit des Mutterrechts gehörten Grund und Boden und alles Eigentum der Mutter und wurden von ihr vererbt, und zwar stets an die jüngste Tochter, weil sie, als zuletzt geboren, das Leben am weitesten in die Zukunft zu tragen versprach. Wenn die Mütter Königinnen waren, war entsprechend die jüngste Tochter die Erbprinzessin. Diese Erbfolge nun hat offenbar immer schon den Neid der älteren Schwestern hervorgerufen, wenn man den

Märchen glauben will, bis hin zu Mordgelüsten. Aber noch etwas anderes gehört zum Schicksal der Erbprinzessin. Um ihrer späteren Aufgabe gewachsen zu sein, musste sie eingeweiht werden in das weibliche Wissen. Ein Beispiel dafür ist nach Heide Göttner-Abendroth[9] das Märchen von Frau Holle. Was Goldmarie bei ihr lernt, Äpfel ernten, Brot backen und die Betten schütteln, ist mehr als hausfraulicher Fleiß. Es handelt sich um alle die weiblichen Künste, denen die Menschheit ihre Kultur verdankt und die ursprünglich als Gaben weiblicher Gottheiten geehrt wurden. Was die Heldinnen unserer Märchen, verfolgt vom Hass der Schwestern, erleiden und dabei lernen, ist demnach ein Nachklang ihrer Initiation in die weiblichen Mysterien. Dem entspricht, dass sie dabei den helfenden Geist der Muttergöttin erfahren, von ihm geleitet, beschützt und schließlich erhöht werden.

Bei Aschenputtel ist diese Initiation nur noch sehr verhüllt zu erkennen. Trotzdem: dass sie Wasser tragen, Feuer anmachen, kochen und waschen muss, wäre ein erster Hinweis. Millionen Frauen auf der ganzen Erde tun dies seit Jahrtausenden. Und es ist keine Schande, sondern vielmehr ein Ruhmesblatt der Frauen, dass sie dies nicht nur tun, sondern diese Künste, denen wir unsere Zivilisation verdanken, allererst erfunden haben. Bis heute setzt man bei einer Frau voraus, dass sie diese hausfraulichen Künste beherrscht. Ausnahmen bestätigen die Regel.

Was neu und anders ist in patriarchaler Zeit und bis heute, ist die soziale Geringschätzung dieser lebenswichtigen Tätigkeiten. Ausdruck dafür ist heute, dass Hausfrauenarbeit nicht bezahlt wird und dass auch für ein weises, nämlich ökologisch richtiges Wassertragen, Feuermachen, Kochen und Waschen Fantasie und Mittel fehlen. Ausdruck dafür ist im Märchen, dass die Schwestern Aschenputtel »obendrein alles ersinnliche Herzeleid« antun, das heißt, den Wert ihres Tuns herabsetzen. Was einst weibliches Mysterium war, gilt nun als Schande. Die Kunst, die einst den Glanz einer Königin ausmachte, ist nun herabgedrückt zur Sklavenarbeit. Und während einst das Lager der Priesterin oder Königin heiligstes Symbol des ganzen Volkes war, weil von ihm als Ort der Heiligen Hochzeit Segen, Fruchtbarkeit und Wohlergehen für alle ausgingen, wird Aschenputtel das Bett ganz verweigert, sie muss in der Asche liegen. Der Schoß, der einst als göttlich galt, wird nun schmutzig gescholten. Der Erbprinzessin wird nicht nur die Anwartschaft auf ihr Erbe streitig gemacht, sondern ihr Erbe selbst wird bis zur Unkenntlichkeit entwertet.

Heute ist bei Frauen, welche die männliche Überlegenheit verteidigen und sich – oft mit großem Nachdruck – männliche Wertmaßstäbe und Denkkategorien zu eigen machen, immer ein Selbsthass mit im Spiel, eine Verachtung des Weiblichen. Dem Weiblichen wird in ihnen selbst eine Aschenputtelrolle zugeteilt. Das Argument, mit dem die Schwestern Aschenputtel in die Küche verbannen: »Wer Brot essen will, muss es verdienen«, klingt unanfechtbar. Es erinnert daran, wie C. G. Jung den Animus beschreibt, den männlichen Teil in der Frau: »Der Animus ist etwas wie eine Versammlung von Vätern und sonstigen Autoritäten, die ex cathedra unanfechtbare, ›vernünftige‹ Urteile aufstellen. Bald erscheinen diese Meinungen in der Form des sogenannten gesunden Menschenverstandes, bald in der Form von bornierten Vorurteilen.«[10] Dieser Animus ist ein patriarchaler Animus, den Frauen im Laufe der Geschichte assimiliert haben. Er ist nicht zu verwechseln mit dem matriarchalen Animus, einem verbindenden, kreativen Geist, der ursprünglich zur Frau gehört. In unserem Märchen erscheint er in Gestalt der Tauben.

Den Geist oder das »garstige und schwarze Herz« der Stiefschwestern könnte man als Krähe oder Geier charakterisieren. Krähen und Geier fressen Aas, sie gehörten früher zum Gefolge der Todesgöttin. Doch während ihre lebenswichtige Funktion ist, Totes und Verdorbenes zu beseitigen, hackt der Krähengeist der Schwestern nun auf der Erbprinzessin herum, die doch Trägerin des Lebens ist. Die natürliche Ordnung der Lebensrhythmen ist im Patriarchat zerstört, und so wird der Geist zum Widersacher des Lebens.

Neid und damit verbundener Selbsthass der Frau verbindet sich mit patriarchalem »Geist« – und dies charakterisiert die Selbstentfremdung der Frau im Patriarchat. Gängige Vorurteile wie »Wer Brot essen will, muss es verdienen« geben diesem destruktiven Geist aber den Anschein des Rechts, machen ihn »schön und weiß von Angesicht«. Von dieser Fassade lassen sich erstaunlich viele Leute blenden, und der Anschein des Rechts verbirgt im privaten und öffentlichen Leben bis heute viel Garstiges und Schwarzes. Jesus zürnte: »Wehe euch, ihr Schriftgelehrten und Pharisäer, ihr Heuchler, dass ihr geweißten Gräbern gleich seid, die auswendig schön erscheinen, inwendig aber voll von Totengebeinen und allem Unrat sind.« (Matthäus 23,17)

Ähnlich der Mutter ist die Tochter unter der Asche begraben, zugedeckt vom Staub der Geschichte, unsichtbar geworden durch die wegwerfende Entwertung weiblicher Kultur. In Träumen heutiger Menschen kommt manchmal eine verstaubte Rumpelkammer vor oder ein von Spinnwebfäden durchzogener Keller, verbunden mit der Ahnung, dass hier kostbare Schätze verborgen sind, wie Archäologen sie manchmal in vergessenen Höhlen oder unter jahrhundertealtem Schutt entdecken. Was wir von den frühen matriarchalen Kulturen heute wissen, verdanken wir dem Fleiß der Archäologen, die dort suchten und nachgruben, wo niemand etwas Wertvolles oder Sinnvolles vermutete. In ähnlicher Weise arbeitet die tiefenpsychologische Traumdeutung, wenn sie Träume, die aus den tiefen Schichten des Unbewussten stammen, dem Bewusstsein näher bringt. Trotzdem werden Träume auch heute noch oft für Abfall gehalten, für Tagesreste, die der Beachtung nicht wert sind. Welche schöpferische Kraft im Abfall, im Weggeworfenen verborgen sein kann, darauf weisen die verwandten Märchen hin. Aus den Eingeweiden der geschlachteten Ziege, aus Hufen, Horn und Schwanz des Erdkühleins wächst über Nacht ein wunderbarer Baum. Und in dem Märchen von Charles Perrault zaubert die Patin aus Mäusen, Ratten, Eidechsen und einem Kürbis eine glänzende Ausstattung.

Warum aber lässt Aschenputtel sich diese Behandlung gefallen und lehnt sich nicht auf? Selbstbewusste junge Frauen von heute empören sich gegen dieses duldende Mädchen, das sich klaglos in sein ungerechtes Schicksal fügt. Auf dem Hintergrund einer Ideologie, die der Frau das Dienen zuschrieb, ist dieser Protest verständlich. Er zeigt zugleich, wie tief verschüttet das Wissen um original Weibliches und seinen Entwicklungsweg heute ist. Einmal ist zu beachten, dass Aschenputtel eine Trauernde ist. Ihre seelische Energie ist nach innen gerichtet, zum Grab der Mutter, die äußeren Umstände, unter denen sie leben muss, spiegeln für sie nur den viel größeren Verlust, den sie beweint. Zum anderen: Wenn es zutrifft, dass die Arbeit am Herd und die Entbehrungen zum weiblichen Initiationsweg gehören, ist das Verhalten Aschenputtels ein Hinweis darauf, dass sie einwilligt in den Weg, der ihr von ihrer Mutter her vorgezeichnet ist. Geduld, Leidensfähigkeit, Tragfähigkeit sind Eigenschaften des Weiblichen. Da sie jahrhundertelang missbraucht und ausgebeutet wurden, ist es für viele Frauen heute schwer, sich zu diesen Tugenden überhaupt noch zu bekennen. Emanzipation ist das neue Ziel der Frau geworden, und oft genug führt sie zur Übernahme männlicher Verhaltensmuster. Gewiss muss eine Frau von heute auch Mut, Durchsetzungsfähigkeit und sogar Kampfgeist erwerben. Die Frage ist nur, ob es nicht auch einen weiblichen Mut, weibliche Durchsetzungsfähigkeit und weiblichen Kampfgeist gibt statt nur die bekannten männlichen Muster. Sollen aber die wirklich weiblichen Eigenschaften entwickelt und nicht nur männliche nachgeahmt werden, gelingt dies wohl nur, wenn jede Frau das Weibliche vollständig entwickelt und es schließlich ganz einbringt in ihre Lebensgestaltung. Wie eine solche Entwicklung des Weiblichen vor sich gehen kann, dafür ist Aschenputtels Weg ein Beispiel. Bei ihr jedenfalls beginnt er nicht mit dem Aufbegehren, sondern mit dem Dulden.

Der Haselnussbaum

Es trug sich zu, dass der Vater einmal in die Messe ziehen wollte; da fragte er die beiden Stieftöchter, was er ihnen mitbringen sollte? »Schöne Kleider«, sagte die eine, »Perlen und Edelsteine« die zweite. »Aber du, Aschenputtel«, sprach er, »was willst du haben?« – »Vater, das erste Reis, das Euch auf Eurem Heimweg an den Hut stößt, das brecht für mich ab.« Er kaufte nun für die beiden Stiefschwestern schöne Kleider, Perlen und Edelsteine, und auf dem Rückweg, als er durch einen grünen Busch ritt, streifte ihn ein Haselreis und stieß ihm den Hut ab. Da brach er das Reis ab und nahm es mit. Als er nach Haus kam, gab er den Stieftöchtern, was sie sich gewünscht hatten, und dem Aschenputtel gab er das Reis von dem Haselbusch. Aschenputtel dankte ihm, ging zu seiner Mutter Grab und pfanzte das Reis darauf und weinte so sehr, dass die Tränen darauf niederfielen und es begossen. Es wuchs aber und war ein schöner Baum.

Schenken und Beschenktwerden ist Ausdruck der Beziehung. Wer mit Reichtum beschenken kann, ist reich, und wer sich reich beschenken lässt, ist abhängig. Es passt gut zum Bild der Stiefschwestern, die schön und weiß von Angesicht sind, dass sie sich mit schönen Kleidern und Schmuck beschenken lassen. Sie spiegeln damit den Reichtum ihres Vaters, und der Vater findet sich in ihrer Schönheit selbst bestätigt. Wie das Märchen später zeigt, ist es aber ursprünglich die Mutter, die ihre Tochter mit schönen Kleidern beschenkt und schmückt. Seit aller Besitz

Eigentum des Vaters geworden ist, empfangen Töchter als Geschenk, was ihnen ursprünglich ohnehin gehörte. Die Abhängigkeit der Frauen und Töchter von Geld und Gut des Mannes und Vaters ist ein typisches Merkmal des Patriarchats und festigt zugleich die männliche Herrschaft. In extremen Fällen werden Frauen und Töchter zu Puppen, deren Ausstaffierung dazu dient, den Reichtum ihres Herrn sichtbar zu machen.

Großzügig zu schenken ist ursprünglich eine Eigenschaft huldreicher Göttinnen und Königinnen. Die Lust am Schenken ist noch heute im weiblichen Instinkt verwurzelt. Im Patriarchat haben Väter und Könige diese matriarchale Fähigkeit assimiliert, und hier wie dort ist sie Ausdruck des Vermögens und der Überlegenheit.

Auch Aschenputtel kommt in den Genuss der väterlichen Großzügigkeit. Auch er nennt seine Tochter »Aschenputtel« und passt sich damit dem Sprachgebrauch seiner neuen Frau und deren Töchter an. Immerhin übergeht er sie nicht. Auch sie hat einen Wunsch frei und wünscht sich doch gerade nicht, was ihr die Stiefschwestern weggenommen haben, schöne Kleider und Schuhe, sondern etwas scheinbar Wertloses, einen grünen Zweig.

Der auf Reisen gehende Vater, der seine drei Töchter nach ihren Wünschen fragt, ist ein Motiv, das ebenfalls in vielen Märchen wiederkehrt. In dem Märchen »Das Nusszweiglein« von Ludwig Bechstein[11] ist es ein reicher Kaufmann, von dem sich die beiden älteren Töchter Schmuck und Edelsteine wünschen, während die Jüngste sich an das Herz des Vaters schmiegt und flüstert: »Mir ein schönes grünes Nusszweiglein, Väterchen.« Auf dem Heimweg ist der Kaufmann betrübt, weil er den Schmuck kaufen konnte, den Zweig aber nicht fand. Dann, in einem dichten Gebüsch, stößt er mit seinem Hut an einen Zweig, und wie er aufsieht, ist es ein »schöner, grüner Nusszweig, daran eine Traube goldner Nüsse hing«. Er bricht ihn ab, und im selben Augenblick springt ein grimmig brummender Bär aus dem Dickicht und droht, den Kaufmann zu zerreißen. Um sein Leben zu retten; muss der Kaufmann ihm versprechen, was ihm zu Hause zuerst entgegenspringt. Doch ist das nicht, wie er erwartete, sein Pudel, sondern seine jüngste Tochter, die ihrem lieben Vater entgegenhüpft. Wie in anderen ähnlichen Märchen vom Tierbräutigam willigt die jüngste Tochter ihrem Vater zuliebe ein, die Braut des Bären zu werden, und erlöst ihn, er wird zu einem schönen jungen Mann. Vermutlich spiegelt sich in diesem Märchentyp eine inzestuöse Liebe zwischen Vater und Tochter. Der Vater wird plötzlich von seinem Begehren überfallen wie von einem wilden Tier. Der Haselnusszweig ist unter anderem ein erotisches Symbol, die »Lebensrute«. Der grüne Zweig mit einer Traube goldner Nüsse daran lässt an Deutlichkeit nichts zu wünschen übrig.

So wünschte sich Aschenputtel also die Liebe ihres Vaters? Jedenfalls etwas Persönliches von ihm, jedenfalls möchte sie, dass er sich erinnert, dass ihm etwas an den Hut stößt und Vergessenes wachruft. Und das könnte die Erinnerung nicht nur an seine frühere Frau sein, sondern auch die Erinnerung an seine ursprüngliche Liebe zu ihr. Auf dem Heimweg soll ihm das geschehen, heimkehren soll er als ein Verwandelter. Auch Aschenputtels Wunsch ist Ausdruck einer Beziehung, aber einer erotischen statt einer, die ein Besitzverhältnis spiegelt.

Eigentümlich ist, dass diese Episode in der ursprünglichen Fassung des Aschenputtelmärchens von den Brüdern Grimm fehlt. Und da sie für den Vater, wie der Fortgang des Märchens zeigt, auch keine Folgen hat, wirkt sie wie ein Fremdkörper. Vordergründig betrachtet, wird der Vater mit seinem Geschenk für Aschenputtels weiteres Schicksal außerordentlich wichtig, und doch bleibt er im Hintergrund und gibt gleichsam nur beiläufig, ohne zu wissen, was er tut, seiner Tochter den Keim künftigen Lebens.

Aschenputtel hat sich mit dem grünen Zweig etwas von des Vaters männlicher Kraft schenken lassen. Das grüne Reis ist im Orient Symbol für den jungen Vegetationsgott und in der Bibel für den Messias: »Ein Reis wird hervorgehen aus dem Stumpf Isais und ein Schoß aus seinen Wurzeln Frucht tragen. Auf ihm wird ruhen der Geist des Herrn, der Geist der Weisheit und der Einsicht, der Geist des Rates und der Stärke, der Geist der Erkenntnis und der Furcht des Herrn.« (Jesaja 11,1ff.)

Speziell die Haselnuss hat aber im Orient kaum Bedeutung, weil sie dort nicht verbreitet ist. Dagegen ist sie in Europa eine uralte Zauberpflanze mit zahlreichen kultischen Beziehungen. Noch heute ist die Wünschelrute, mit der man Wasseradern aufspürt, eine Haselnussrute. Der Haselnuss wird die Macht zugeschrieben, vor bösen Geistern zu schützen, vor Ungeziefer und Schlangen und vor Gewitter. Selbst Maria soll auf der Flucht unter einem Haselnussbaum Schutz gesucht haben. Bauern pflanzten die Haselnuss in die vier Ecken ihres Gartens, weil sie gute kosmische Kräfte anziehe.

Der Haselnussbaum galt als Baum der Weisheit, und seine Früchte verliehen Schönheit und Wissen. Der Monat August galt als Monat des Haselstrauchs, weil da seine Früchte reifen. Diana, die Mondgöttin und Herrin des Hains, der Wälder, der Tiere und Geburten, wurde in Gallien im Haselnussbaum verehrt. Ein abgeschnittener Haselzweig galt als ihr Symbol. Diana ist eine jungfräuliche Göttin, und so konnte ihr Baum später auch zum Marienbaum werden, während er andererseits als »Hexenstock« beschimpft wurde. Die nahe Beziehung zwischen Diana und Maria wird auch daran erkennbar, dass am 15. August das Fest Mariä Himmelfahrt begangen wird. Ursprünglich galt der 13. August als Todestag der Mondgöttin Diana, der 15. August als ihr Auferstehungstag. Ganz offensichtlich handelte es sich ursprünglich um ein Neumondfest, und auf vielen Darstellungen erscheint die himmlische Maria auf einer Mondsichel stehend.

So mag es also die Göttin Diana selbst gewesen sein, die dem Vater in Gestalt des Haselnusszweiges den Hut vom Kopf stieß, und Aschenputtel veranlasste ihren Vater mit ihrem Wunsch dazu, wenn auch unabsichtlich, Diana zu huldigen, indem er einen Zweig von ihrem Baume brach und ihn seiner Tochter brachte.

Aschenputtel pflanzt den Zweig auf das Grab der Mutter und begießt ihn mit ihren Tränen, der Zweig schlägt Wurzeln und wird ein schöner Baum. Das Grab der Mutter, nun mit dem Baum darauf, ist das geheime Zentrum des ganzen Märchens, zu dem zunächst nur Aschenputtel Zugang hat. Weder der Vater noch die Stiefmutter und deren Töchter scheinen den Weg dorthin zu kennen. Für Aschenputtel ist es ein Wallfahrtsort, zu dem sie immer wieder geht, ein heiliges Grab, das Mittelpunkt ihres Lebens ist. Seit nun der Baum dort wächst, ist die Mutter für sie nicht mehr tot, sondern lebendig.

Ebenso wie fast alle Religionen einen heiligen Baum als Mittelpunkt der Welt schildern, hat auch der Mensch einen psychischen Mittelpunkt, nur dass nicht jeder den Weg dorthin kennt. Es ist möglich, sich vorzustellen, dass ein Mann oder eine Frau eine bewusste Haltung hätten wie der reiche Mann oder die Stiefmutter. Und doch könnte seine Seele in ihm wie Aschenputtel weinen und wachen am Baum des Lebens und für lange Zeit stellvertretend für ihn die Verbindung aufrechterhalten zu Kräften, an die er nie denkt, ohne die er aber nicht zu leben vermöchte.

Das weiße Vöglein

Aschenputtel ging alle Tage dreimal darunter, weinte und
betete, und allemal kam ein weißes Vöglein auf den Baum,
und wenn es einen Wunsch aussprach, so warf ihm das
Vöglein herab, was es sich gewünscht hatte.

Zu der Zeit, da das Wünschen noch geholfen hat...«,
beginnen einige alte Geschichten. Sie machen darauf
aufmerksam, dass irgendetwas vergangen ist, was einst
war. Es schwingt darin wohl die Erinnerung an Kinder-
tage mit, in denen eine Mutter dem Kind gab, was es zum
Leben brauchte. Aber ebenso ist wahr, dass die seelische
Kraft bei vielen verkümmert ist, die zum Wünschen nötig
ist. Die Macht der äußeren Verhältnisse erscheint heute so
groß und zwingend, dass es nicht lohnend erscheint, die
Schwingen der eigenen Seele zu erheben, um dagegen an-
zuwünschen. Robert Jungk lehrt in seinen Zukunftswerk-
stätten die Leute, wieder zu wünschen. Denn Wünsche
und gute Gedanken sind Energien, die sehr wohl Einfluss
haben auf das äußere Geschehen. Aus Angst vor Magie
und Zauberei sind diese menschlichen Fähigkeiten seit
langem zugunsten rationaler Skepsis unterdrückt worden.
In jüngster Zeit wird aber wieder bewusst, wie stark negative Gedanken und negative unbewusste Vorstellungen
das Innenleben verdüstern, krank machen und auch
äußere Unglücksfälle geradezu magisch herbeiziehen.
Dagegen die »weiße Magie« des Wünschens aufzubieten
erfordert seelische Übung und Konzentration. Denn niemand wünscht sich und anderen Gutes oder Schlechtes,

ohne dass das Folgen hat. Es ist wirklich möglich, sich selbst und andere zu verwünschen, doch ebenso möglich, hilfreiche Kräfte herbeizuwünschen und mit guten Gedanken die negativen zu vertreiben. Die demütigenden Erfahrungen, die Aschenputtel machte, hätten Hass und Zorn leicht in ihr überhandnehmen lassen können. Es ist eine fast übermenschliche innere Arbeit, die sie leistet, und das dreimal täglich, wenn sie unter dem Baum all ihren Kummer ablädt und sich mit aller Kraft auf die reine und reinigende Kraft der Mutter einstimmt. So sind auch ihre Wünsche, die ihr erfüllt werden, offensichtlich ganz anderer Art, als man erwarten sollte: nicht Befreiung aus ihrem Elend, nicht Rache oder Reichtum, denn ihre äußeren Verhältnisse ändern sich zunächst nicht. Was sie sich wünscht und bekommt, ist wohl eher die geistige Kraft, auszuharren, und die Liebe, die Hass überwindet. Ausdruck dafür ist das weiße Vöglein, das ihr im Baum erscheint. Im Volksglauben ist ein weißes Vöglein oder eine weiße Taube ein Seelenvogel, in dem sich der Geist eines Verstorbenen zeigt. So knüpft Aschenputtel die Beziehung zu ihrer Mutter immer enger, identifiziert sich immer entschlossener mit ihr und wächst selbst daran. Wo zunächst nur ein Grab war, grünt nun ein Baum, in dem der weiße Vogel erscheint. Diese Erweiterung ist ein Sinnbild für das innere Wachstum der Tochter.

In der bereits erwähnten Urfassung des Märchens von den Brüdern Grimm hatte die Mutter schon auf ihrem Sterbebett der Tochter das Pflanzen des Baumes geboten: »Liebes Kind, ich muss dich verlassen, aber wenn ich oben im Himmel bin, will ich auf dich herabsehen, pflanz ein Bäumlein auf mein Grab, und wenn du etwas wünschest, schüttele daran, so sollst du es haben, und wenn du sonst in Noth bist, so will ich dir Hülfe schicken, nur bleib fromm und gut.«[12] Diese Version erinnert an den Rat des Erdkühleins und der Fee in den anderen Märchen, der dem verwaisten Mädchen den Wunderbaum wachsen lässt.

Ein Gebet zu Diana, es wird als »Beschwörungsformel norditalienischer Hexen« bezeichnet, lautet:

»Große Diana du,
die du die Königin des Himmels und auf Erden bist
und der gesamten Unterwelt – ja du,
die du Beschützerin
aller unglücklichen Menschen bist,
der Diebe und Mörder
und auch der Frauen,
die ein schlimmes Leben führen,
und doch hast du gewusst,
dass ihre Arbeit nicht böse ist,
du, Diana,
hast trotzdem noch etwas Freude
in ihr Leben gebracht.«[13]

Bis ins 19. Jahrhundert hinein wurde Diana von Zigeunern und vom niederen Volk, von Entrechteten, wie früher von Sklaven, als ihre Schutzpatronin verehrt. Darin spiegelt sich sowohl die ursprüngliche Funktion der Göttin als auch das Abwandern ihres Kults in Kreise, die der herrschenden Schicht und dem offiziellen Dogma fernstanden.

Linsen in der Asche
und die hilfreichen Tauben

Es begab sich aber, dass der König ein Fest anstellte, das drei Tage dauern sollte und wozu alle schönen Jungfrauen im Lande eingeladen wurden, damit sich sein Sohn eine Braut aussuchen möchte. Die zwei Stiefschwestern, als sie hörten, dass sie auch dabei erscheinen sollten, waren guter Dinge, riefen Aschenputtel und sprachen: »Kämm uns die Haare, bürste uns die Schuhe und mache uns die Schnallen fest, wir gehen zur Hochzeit auf des Königs Schloss.« Aschenputtel gehorchte, weinte aber, weil es auch gern zum Tanz mitgegangen wäre, und bat die Stiefmutter, sie möchte es ihm erlauben. »Du Aschenputtel«, sprach sie, »bist voll Staub und Schmutz und willst zur Hochzeit? Du hast keine Kleider und Schuhe und willst tanzen!« Als es aber mit Bitten anhielt, sprach sie endlich: »Da habe ich dir eine Schüssel Linsen in die Asche geschüttet; wenn du die Linsen in zwei Stunden wieder ausgelesen hast, so sollst du mitgehen.« Das Mädchen ging durch die Hintertüre nach dem Garten und rief: »Ihr zahmen Täubchen, ihr Turteltäubchen, all ihr Vöglein unter dem Himmel, kommt und helft mir lesen,

die guten ins Töpfchen,
die schlechten ins Kröpfchen.«

Da kamen zum Küchenfenster zwei weiße Täubchen herein und danach die Turteltäubchen, und endlich schwirrten und schwärmten alle Vöglein unter dem Himmel herein und ließen sich um die Asche nieder. Und die Täubchen nickten mit den Köpfchen und fingen an: pik, pik, pik, pik, und da fingen die übrigen auch an: pik, pik, pik, pik, und lasen alle guten Körnlein in die Schüssel. Kaum war eine

*Stunde herum, so waren sie schon fertig und flogen alle
wieder hinaus. Da brachte das Mädchen die Schüssel der
Stiefmutter, freute sich und glaubte, es dürfte nun mit auf
die Hochzeit gehen. Aber sie sprach: »Nein, Aschenputtel,
du hast keine Kleider und kannst nicht tanzen: du wirst nur
ausgelacht.« Als es nun weinte, sprach sie: »Wenn du mir
zwei Schüsseln voll Linsen in einer Stunde aus der Asche
reinlesen kannst, so sollst du mitgehen«, und dachte, das
kann es ja nimmermehr. Als sie die zwei Schüsseln Linsen
in die Asche geschüttet hatte, ging das Mädchen durch die
Hintertüre nach dem Garten und rief: »Ihr zahmen Täubchen, ihr Turteltäubchen, all ihr Vöglein unter dem Himmel, kommt und helft mir lesen,*

> *die guten ins Töpfchen,
> die schlechten ins Kröpfchen.«*

*Da kamen zum Küchenfenster zwei weiße Täubchen
herein und danach die Turteltäubchen, und endlich
schwirrten und schwärmten alle Vöglein unter dem Himmel herein und ließen sich um die Asche nieder. Und die
Täubchen nickten mit ihren Köpfchen und fingen an: pik,
pik, pik, pik, und da fingen die übrigen auch an: pik, pik,
pik, pik, und lasen alle guten Körner in die Schüsseln. Und
eh eine halbe Stunde herum war, waren sie schon fertig und
flogen alle wieder hinaus. Da trug das Mädchen die Schüsseln zu der Stiefmutter, freute sich und glaubte, nun dürfte
es mit auf die Hochzeit gehen. Aber sie sprach: »Es hilft dir
alles nichts: du kommst nicht mit, denn du hast keine Kleider und kannst nicht tanzen; wir müssten uns deiner schämen.« Darauf kehrte sie ihm den Rücken zu und eilte mit
ihren zwei stolzen Töchtern fort.*

Mit der Ankündigung des Brautwahlfestes am Hof des Königs leitet das Märchen nun die dramatische Krise ein. Jetzt geht es darum, welche Frau Königin wird. Bei Musik, Spiel und Tanz soll der Königssohn sich eine Braut wählen. Ginge es nach dem Willen der Stiefmutter und der Stiefschwestern, dann geriete dieses Fest zu einem Jahrmarkt der Eitelkeit, auf dem sich die Jungfrauen des Landes zur Schau stellen. Und so bliebe dem Königssohn nur die Wahl zwischen mehreren schönen weißen Gesichtern, Masken, durch die er nicht hindurchschauen könnte, es sei denn, die Göttin der Liebe erschiene selbst auf dem Fest und machte es zu dem, was es sein soll: zum Fest der Heiligen Hochzeit.

Musik, Spiel und Tanz, Duft und schöne Kleider gehören durchaus zum Fest der Heiligen Hochzeit, bei dem die Göttin der Liebe, vertreten durch eine Priesterin, sich einen Mann zum Gemahl wählt, ihn begrüßt, salbt, mit einem Festgewand schmückt und auf den Thron erhebt als ihren »Sohn« und Geliebten zugleich, den sie zum König kürt. Solche Feste als Feier der Heiligen Hochzeit sind aus dem Orient bekannt, wurden in matriarchal empfindenden Epochen aber auch in Europa zweifellos begangen. Verschieden sind die Überlieferungen über ihren Termin. Es waren Frühlingsfeste, bei denen zugleich das Erwachen der Vegetation gefeiert wurde; Erntefeste, bei denen der Tod des alten und die Inthronisation des neuen Jahreskönigs im Mittelpunkt standen; oder Herbstfeste, die im Orient zu Beginn der Regenzeit nach der Sommerdürre begangen wurden. Eine Spur des Festes in unseren Breiten ist die Walpurgisnacht vor dem 1. Mai. Auf einen Frühjahrstermin deutet der sumerische Mythos von der Hochzeit der Himmels- und Liebesgöttin Inanna oder Ishtar mit Dumuzi oder Tammuz oder Adonis, dem Gott der grünen Vegetation, dem Hirten. Hirten und Herden begrüßen im Orient das Frühjahr, in dem selbst die Wüsten grünen und Nahrung geben. So wie Tammuz die Herden weidet, wird er als König zum Hirten der Menschen. Das biblische Bild des guten Hirten als des Königs der Heilszeit geht auf den Adonismythos zurück. Mit den Worten »Es begab sich aber ...« beginnt die Weihnachtsgeschichte des Lukas in der Übersetzung Martin Luthers, eine Wendung, die den Anbruch der Heilszeit signalisiert. Die Hirten, die dem Jesuskind huldigen, erinnern an die Hirtengestalt des Adonis. Nun könnte es wirklich Frühling werden anstelle des toten Frühlings, bei dem der reiche Mann sich jene andere Frau wählte.

Doch noch wohnt Aschenputtel in der Asche, und es ist unvorstellbar, dass sie zum Tanz darf; es ist, als müsse ihr Fest, das Fest der Liebesgöttin, ohne sie stattfinden. Sie muss Kammerzofe spielen bei ihren Stiefschwestern. Ihr Sinn für Schönheit wird missbraucht für bloße Eitelkeit. Während Aschenputtel ein weißes Vöglein über ihrem Haupt weiß, lassen die Schwestern sich nur die Haare kämmen. Während Aschenputtels Gestalt einem Haselnussbaum gleicht, lassen die Schwestern sich nur die Mieder schnüren, um eine gute Figur zu machen. Und während Aschenputtel ihren inneren Standort am Grab der Mutter hat, lassen die Schwestern sich nur die Schuhe bürsten. Über diesen krassen Widerspruch muss Aschenputtel weinen. Bisher hat sie nur heimlich am Grab der Mutter geweint, nun brechen ihre Tränen in Gegenwart der anderen hervor. Tränen wirken oft lösend, aber sie lösen hier nicht nur eine Erstarrung, sondern die heftige Erschütterung bringt Aschenputtel in Kontakt mit ihren vitalen Kräften. In ihren Tränen wird deutlich: Jetzt geht es nicht allein um sie selbst, jetzt geht es um die Wahrheit ihrer Mutter. Um ihretwillen wird aus der stillen Dulderin nun eine Kämpferin.

Aschenputtel begehrt auf, sie wagt es, die Stiefmutter zu bitten, sie zum Tanz mitgehen zu lassen, und nimmt damit die Auseinandersetzung mit ihr auf. Die Stiefmutter bietet alles auf, sie an der Teilnahme am Fest zu hindern. Zwar verspricht sie ihr, sie dürfe mitgehen, wenn sie die Linsen aus der Asche gelesen habe, aber sie hält ihr Versprechen nicht. Linsen in die Asche zu schütten, das erscheint wie eine sinnlose Schikane.

Linsen sind eine alte Kulturpflanze, schon seit dem 3. Jahrtausend vor Christus in Ägypten bekannt. Linsen sind Samenkörner, fruchtbare Keime, und wie alle Hülsenfrüchte gelten sie seit alters speziell als weibliches Fruchtbarkeitssymbol. Sie in die Asche zu schütten bedeutet, sie am Keimen zu hindern, das Saatgut zu vergeuden. Wenn die Stiefmutter Aschenputtel das weibliche Fruchtbarkeitssymbol in die Asche schüttet, entspricht das einem Todeswunsch: Du sollst sterben, bevor du zu leben begonnen hast. Immer wieder begleitet sie ihre Abwehr mit der Begründung: »Du hast keine Kleider, und du kannst nicht tanzen.«

Dieses Argument und ihre mörderische Grausamkeit erinnern an den Mythos von der Höllenfahrt Ishtars aus Sumer: Sie stieg in die Unterwelt hinab und verlangte Eintritt in das Reich der Unterwelts- und Todesgöttin Ereschkigal. Sie musste mehrere Tore durchschreiten, und bei jedem Tor wurden ihr Stück für Stück ihre Kleider und ihr Schmuck abgenommen, so dass sie zuletzt nackt vor Ereschkigal erscheinen musste. Ereschkigal ließ sie quälen und hängte zuletzt ihren Leichnam an einen Nagel. Ishtar blieb in der Unterwelt gefangen, und auf der Erde versiegten Fruchtbarkeit und Liebe. Das bewog Enki, den Sohn der Allmutter, ihr durch zwei extra dafür geschaffene Wesen Lebensspeise und Lebenswasser zu bringen, so dass sie auferweckt wurde und auf die Erde zurückkehrte.[14] Es gibt verschiedene Deutungen dieses Mythos. Nach der einen nahm Ishtar die Höllenqualen auf sich, um den Vegetationsgott Dumuzi aus der Unterwelt zu erlösen. Nach orientalischer Auffassung starb der Vegetationsgott in der Trockenzeit und blieb Gefangener der Todesgöttin, bis es wieder regnete und das junge Grün aus der Erde spross.

»Du hast keine Kleider und kannst nicht tanzen«, das heißt nicht leben und wirken. Das klingt wie der Hohn Ereschkigals gegenüber der nackten Ishtar, die in ihrer Gewalt ist. Dass die Stiefmutter mit ihrem Krähengeist der Todesgöttin gleicht, war schon aufgefallen. Herd und Asche, wo Aschenputtel leben muss, offenbaren nun ihren Höllencharakter. Alles, was Aschenputtel bisher tat, Wasser tragen, Feuer machen, kochen und waschen, kann als Teil des Initiationsritus der Erbprinzessin verstanden werden. Auch die Fahrt in die Unterwelt, ins Jenseits, gehört offenbar dazu. Dort muss es sich erweisen, ob sie einen Kern hat, der unzerstörbar ist. Indem sie die guten Linsen ins Töpfchen sammelt, gewinnt sie sich selbst, sammelt sie ihre Liebe und Fruchtbarkeit und unterscheidet sie vom Tod.

Hartmut Schmökel[15] vermutet im Preislied auf die Liebe im Hohenlied eine Erinnerung an die Höllenfahrt Ishtars:

»Stark wie der Tod ist die Liebe,
hartnäckig wie die Unterwelt die Leidenschaft;
ihre Gluten sind Gluten Gottes,
ihre Flammen Flammen Jahs!
Große Wasser können sie nicht löschen,
Ströme schwemmen sie nicht fort.
Gäbe einer den ganzen Reichtum seines Hauses
um Liebe,
dürfte man ihn verachten?«

Hoheslied 8,6.7

Aschenputtel ruft zur Erfüllung der schier unlösbaren Aufgabe die Tauben herbei. Die Tauben gelten seit alters als heilige Tiere der Ishtar und später der griechischen

Liebesgöttin Aphrodite. Das Schnäbeln, mit dem sie ihr Liebesspiel einleiten, sowie ihr Gurren lassen sie als besonders zärtlich erscheinen. Die Taubenmutter legt in der Regel nur zwei Eier, aber dafür kann sie im Jahr drei- bis viermal brüten, und dies machte sie wohl zum Symbol der Fruchtbarkeit und der Liebe. Die wilde Felsentaube wurde schon vor fünf Jahrtausenden domestiziert. Wie alle Vögel mit hellem oder weißem Gefieder gelten die Tauben als Vermittler zwischen dem himmlischen und dem irdischen Bereich, als Träger guter Botschaften. So wurden sie in späterer Zeit zu Symboltieren der himmlischen Weisheit und in der Bibel zu Trägern des Heiligen Geistes.

Es ist demnach der Geist ihrer Mutter, den Aschenputtel zu Hilfe ruft, um die Linsen aus der Asche zu lesen. Und dass die Tauben, die Turteltauben und alle Vögel unter dem Himmel ihrem Ruf folgen, zeigt, welche magische Wünschmacht ihr zugewachsen ist. Um sie zu rufen, geht Aschenputtel zur Hintertür, die in den Garten führt. Sicher nutzte sie bei ihrer Arbeit die Hintertür, den Dienstboteneingang, öfter als die Vordertür an der Fassade des Hauses. Hintertür und Garten waren ihr eigenes bescheidenes Reich. Diese hintere, von den anderen kaum benutzte Tür bezeichnet darum den Zugang nach innen, in den seelischen Bereich, den Aschenputtel sich immer bewahrt hat, als einen heimlichen Garten, von dem aus sie den Himmel sehen kann mit allen Vögeln, das Reich ihrer Träume und Fantasien. Jetzt, durch das Weinen geweckt, ruft sie alle ihre seelischen Kräfte zu Hilfe:

»Die guten ins Töpfchen,
die schlechten ins Kröpfchen.«

Wären diese Tauben natürliche Vögel, vermöchten sie ein solches Gebot nicht zu erfüllen, sondern würden selbstverständlich auch die guten Linsen fressen. Als Vögel der Weisheit und der Liebe aber sortieren sie wie geheißen.

Und dabei gehen sie nicht nur sprichwörtlich sanft vor. Ihr »pik, pik, pik, pik« klingt entschlossen. Da sie die schlechten Linsen ins Kröpfchen nehmen, ist es geradezu so, als verstünden sie auch die Aufgabe der Krähen, Verdorbenes zu beseitigen. Das Unterscheiden von Totem und Lebendigem gelingt nur mit der Entschlossenheit, die dem Schlechten zuleibe rückt.

Linsen in die Asche schütten und sie mit Hilfe der Tauben herauslesen – das wird zum Sinnbild für die Auseinandersetzung zwischen der Stiefmutter und Aschenputtel. Linsen und Asche haben eine ähnliche Farbe; wenn beide vermengt sind, ergibt das ein für das Auge ununterscheidbares Gemisch, aschfahl und grau. Die Stiefmutter selbst meint, zwei Schüsseln Linsen in einer Stunde aus der Asche lesen, das könne die Tochter nimmermehr. Sie selbst könnte es nicht. Eine Frau, die sich mit dem patriarchalen Denken identifiziert, kennt das Weibliche in sich selbst nicht. Sie kann nicht differenzieren zwischen den Lebens- und Todesaspekten des Weiblichen und darum nicht unterscheiden, wann der eine wirksam werden muss und wann der andere am Platz ist. Unversehens, weil unbewusst, zerstört sie, wenn sie das Leben fördern sollte, oder fördert Wachstum, wo Abbau an der Zeit wäre. Äußert sich das Weibliche aber unbewusst, nimmt es verzerrte und dämonische Züge an, immer erscheint es verkehrt. So erleben viele Frauen das Weibliche in sich selbst als Nur-Asche. »Du bist voll Staub und Schmutz«, sagen sie zu sich selbst wie die Stiefmutter zu Aschenputtel. Doch während sie meinen, stattdessen rational und realitätsangepasst zu denken und zu handeln, durchkreuzt das unbewusste Weibliche ihr Verhalten und macht es lebens- und liebesfeindlich. Es mangelt ihnen an der Weisheit des Lebens.

Die patriarchale Kultur hat so gut wie alle Überlieferungen weiblicher Religion ausgemerzt und unterdrückt und lässt Mädchen und Frauen in Unkenntnis über ihr eigenes Wesen. Das führt dazu, dass sie entweder eine »dumme Gans« bleiben, wie die Stiefschwestern Aschenputtel nennen, oder besessen werden von jenem destruktiven Krähengeist, der sich mit patriarchaler Abwertung des Weiblichen verbindet. Eine Initiation des Mädchens in die Rolle der Frau findet nicht statt, sondern jedes Mädchen übernimmt wohl oder übel die verzerrten und entstellenden Bilder des Patriarchats von der Frau und damit Minderwertigkeitsgefühle und ungeklärte Ängste aus der eigenen Mutterbeziehung. Wie inzwischen zahlreiche autobiografische Zeugnisse und psychologische Analysen belegen, sind die Mutter-Tochter-Konflikte keineswegs einfacher zu lösen als die zwischen Mutter und Sohn. Auch das Mädchen muss, wenn es ein eigener Mensch werden will, sich von der leiblichen Mutter unterscheiden lernen. Und das ist heute besonders schwierig, weil die meisten Mütter selbst ihre weibliche Seite kaum kennen und statt dessen von patriarchalem Denken überfremdet sind. Manche Tochter erlebt ihre Mutter vorwiegend als patriarchal, weil aus ihr der Geist eines negativen Vaters spricht. Die gegenwärtige Kultur stellt weder Rituale noch Maßstäbe zur Verfügung, die dem heranwachsenden Mädchen helfen können. Alle Linsen, alle fruchtbaren weiblichen Keime, bleiben so mit Asche vermengt, mit dem undurchschaubaren Bodensatz dessen, was abwertend Mütterlich-Weibliches genannt wird. Viele junge Mädchen blicken mit Abscheu und Ekel auf den eigenen weiblichen Leib und wünschen, wenn schon nicht ein Mann zu sein, so sich doch mit männlichen Tugenden wie der Klarheit des Denkens in einem leibfernen Kopf identifizieren zu können.

Der Initiationsritus der Erbprinzessin, wie er durch das Märchen hindurchschimmert, ist ein Modell und Beispiel dafür, wie dem Mädchen die Verselbstständigung gelingen kann. Sie braucht dafür das Bild einer überpersönlichen Mutter, einer Geistmutter oder weiblichen göttlichen Gestalt, an der sie sich orientieren kann und von der sie die Maßstäbe bezieht für die Unterscheidung der weiblichen Möglichkeiten in sich selbst, die sie in ihr Töpfchen sammelt, also sich zu eigen macht, und anderen, die sie als nicht zu sich gehörig abweist. Und sie braucht den Geist dieser göttlichen Mutter erst recht, um mit seiner Hilfe patriarchales Denken von matriarchaler Kreativität unterscheiden zu können. Das gelingt nicht, wenn sie das patriarchale Denken und Verhalten bekämpft, denn durch die Auseinandersetzung mit ihm würde es gerade ein Teil von ihr selbst. Sondern es gelingt, indem sie sich bewahrt, sich sammelt, so wie Aschenputtel die guten Linsen ins Töpfchen.

Wie die Wiederholung der Aufgabe, die Linsen aus der Asche zu lesen, zu verstehen gibt, ist diese Trennung ein langwieriger Prozess, der nicht mit einem Mal vollendet ist. Dass es Aschenputtel aber gelingt, in immer kürzerer Zeit immer mehr Linsen reinzulesen, macht auch deutlich, dass die Suche nach der eigenen Identität, ist erst ein Anfang gemacht, immer sicherer und damit immer rascher zum Ziel führt.

So wie manche Mutter, ihrer eigenen Weiblichkeit unbewusst und sie selbst verabscheuend, mit Eifersucht und Missbehagen sieht, wie ihre Tochter zu einer schönen jungen Frau heranreift, staunt auch die Stiefmutter über die Fähigkeiten Aschenputtels, weigert sich aber, sie anzuerkennen. Die Tochter soll ihrem Machtbereich nicht entkommen, sie soll ein Kind bleiben, das ihr allein zu dienen hat. Aber auch Aschenputtel lernt erst allmählich, dass sie mit ihrer Bitte, zum Tanz gehen zu dürfen, bei der Stiefmutter an der falschen Adresse ist. Sie handelt sich wiederholt eine demütigende Abfuhr ein. Denn es ist ja keine liebevolle Mutter, die sie vor sich hat, sondern eine Frau,

233

die von patriarchal-destruktivem Geist besessen ist, der sich alle Autorität anmaßt. Durch kaum etwas wird das Patriarchat so wirksam gestützt wie durch solche Mütter. Ihre Gebote und Verbote, die jedes Kind über viele Jahre hindurch verinnerlicht, können in vielen Menschen ihr Leben lang wie ein Gefängnis wirken, aus dem sie den Ausweg nicht finden – zu ihrem Tanz, zu ihrem eigenen Leben. Und in einer Kultur und Religion, die nur einen Vatergott kennt, dessen Bild die Züge des leiblichen Vaters oder des patriarchalen Animus der Mutter annimmt, öffnet sich für Mädchen und Frauen kein Tor in die Freiheit.

Frauen, die sich allmählich ihrer Selbstentfremdung bewusst werden, spüren unter Tränen und innerer Erschütterung, dass sie nicht zu lieben vermögen, obwohl sie die Berufung dazu fühlen. Niemand hatte sie je dazu angeleitet, die Keime der Liebe in sich selbst zu sammeln und zum Grünen zu bringen.

Denn wenn die Linsen mit Asche vermengt bleiben, wenn das Urteil »Du bist voll Staub und Schmutz« weiter gilt, erscheint Liebe als etwas Schmutziges. Viele Mütter geben ihren Töchtern die Warnung mit auf den Weg: »Hüte dich vor Männern, sie wollen immer nur das eine.« Hat eine junge Frau aber keine Selbstachtung, da ihre weiblich-leibliche Identität in ihren eigenen Augen nur Asche ist, wird sie unter Liebe verstehen, sich selbst wegzuwerfen, wird »schmutzige Dinge« tun, um sich selbst dafür noch mehr zu verachten. Eine unheimliche unterweltliche Macht kann sie immer tiefer hinabsaugen. Es sei denn, es gelingt ihr endlich, ihre Linsen, ihre Liebesfähigkeit, aus der Asche herauszulesen.

Bei den Eleusinischen Mysterien konnten Frauen und Männer einem Ritual beiwohnen, das den weiblichen Entwicklungs- und Reifungsprozess symbolisch darstellte. Zentralgestalt des Ritus war Kore, die jungfräuliche Frühlingsgöttin Kretas. Die Gemeinde harrte im Dunkeln aus und vollzog mit, dass Kore in der Unterwelt weilte und es sich dort entschied, ob sie sich selbst und damit den Lichtsamen des Lebens gewinnen werde. Wenn mitten im Dunkel dann Fackeln aufflammten, war das ein Zeichen dafür, dass Kore aus der Unterwelt aufstieg und die Keime neuen Lebens wie ein göttliches Kind im Arm trug. Indem Kore hinabstieg und aufstieg, wandelte sie sich aus einem jungen Mädchen in eine Liebesgöttin und wurde zugleich eins mit Demeter, ihrer göttlichen Mutter[16]. Das Durchwandern der Unterwelt und ihre Überwindung machte Kore zugleich zu der Göttin, deren Weisheit Leben, Vergehen und Neuwerden umfasst, denn zur weiblichen Weisheit gehört, dass das Sterben einbegriffen ist in den Fluss des Lebens.

Die bescheidenen Linsen des Märchens verweisen auf nicht weniger als den Geist- und Lichtsamen der Eleusinischen Mysterien, aus dem das göttliche Kind neuen Lebens geboren wird. Dass Aschenputtel nun wie Kore aufsteigt aus der Unterwelt und eins wird mit ihrer Mutter, zeigt ihre wunderbare Bekleidung.

Gold und Silber

Als nun niemand mehr daheim war, ging Aschenputtel zu seiner Mutter Grab unter den Haselbaum und rief:

»Bäumchen, rüttel dich und schüttel dich, Wirf Gold und Silber über mich.«

Da warf ihm der Vogel ein golden und silbern Kleid herunter und mit Seide und Silber ausgestickte Pantoffeln. In aller Eile zog es das Kleid an und ging zur Hochzeit. Seine Schwestern aber und die Stiefmutter kannten es nicht und meinten, es müsste eine fremde Königstochter sein, so schön sah es in dem goldenen Kleide aus. An Aschenputtel dachten sie gar nicht und dachten, es säße daheim im Schmutz und suche die Linsen aus der Asche.

Die Stiefmutter hatte Aschenputtel den Rücken gekehrt und war mit ihren stolzen Töchtern zum Tanz geeilt. Und als nun niemand mehr daheim war, ging Aschenputtel zu ihrer Mutter Grab unter den Haselbaum. So selbstverständlich sich das anhört, denn sie war ja auch sonst täglich dorthin gegangen, diesmal ist es ein endgültiger Schritt der Befreiung von der Autorität der Stiefmutter. Es ist ein Akt des Ungehorsams gegenüber dem Verbot, zum Fest zu gehen. Was Aschenputtel von innen her will und in Übereinstimmung mit ihrer wahren Mutter auch kann, daran lässt sie sich nicht länger hindern. Auch früher schon hatte sie unter dem Baum Wünsche geäußert und erfüllt bekommen. Nun aber wünscht sie Großes. Die Linsen, die sie in ihr Töpfchen gesammelt hat, geben ihr die Kraft dazu. Sie wünscht sich nicht weniger als die Sterne vom Himmel und bekommt sie auch.

Welche Göttin immer im Haselbaum wohnt, ob ihr Name Diana oder ein anderer sei, an allen Orten ist ihr Symbol ein Baum, der Lebens- oder Weltenbaum, in dessen Zweigen die Sterne wohnen und in dessen Wipfel Sonne und Mond geboren werden. Dieser Baum wurzelt in der Unterwelt, in seinem Schatten bergen sich alle Lebewesen, seine Früchte sind die Gaben des Lebens, und der ganze Himmel mit seinen Sternen ist seine Krone. Dieser Baum übergreift Raum und Zeit, und jeder irdische Baum kann sein Symbol sein, Esche, Tamariske oder Birke, Myrte oder Haselnuss.

Die Weisheit, die viele Züge der orientalischen Muttergöttin übernommen hat, stellt sich selbst vor:

»Wie eine Terebinthe
breitete ich meine Wurzeln aus,
und meine Zweige waren voll Pracht und Anmut;
wie ein Weinstock sprosste ich lieblich auf,
und meine Triebe waren voll Schönheit
und Reichtum.
Ich bin die Mutter der edeln Liebe,
der Furcht, der Erkenntnis
und der heiligen Hoffnung;
ich werde allen meinen Kindern geschenkt,
als ewige Gabe aber nur denen,
die von Gott erwählt sind.
Kommet her zu mir, die ihr meiner begehrt,
und sättigt euch an meinen Früchten!«
Jesus Sirach 24,16–19

Es ist die All-Mutter, die Himmels- und Liebesgöttin, die Weisheit, an die sich Aschenputtel nun wendet:

»Bäumchen rüttel dich und schüttel dich,
wirf Gold und Silber über mich.«

Die Früchte dieses Baumes sind besonderer Art, sind Sonne, Mond und Sterne, und ihr Glanz breitet sich nun über das Mädchen aus. Sie steigt auf wie Kore aus der Unterwelt und ist umflossen vom Glanz ihrer göttlichen Mutter. Sie selbst strahlt nun das Licht der Schönheit und Weisheit aus.

Auffallend ist, in wie vielen Märchen drei Kleider der Heldin eine entscheidende Rolle spielen: ein Sonnenkleid, ein Mondkleid und ein Sternenkleid. In dem Grimmschen Märchen »Die wahre Braut« zum Beispiel erscheint die Braut, deren Liebe der Königssohn vergessen hatte, beim dreitägigen Fest bei Hofe zuerst in einem Kleid, das mit goldenen Sonnen bestickt ist, am zweiten Tag in dem Kleid mit silbernen Monden und am dritten in einem mit glänzenden Sternen. Auch »die wahre Braut« hatte unter einer bösen Stiefmutter zu leiden gehabt, die ihr unlösbare Aufgaben stellte. Eine freundliche Alte löste für sie diese Aufgaben. Und »die Alte« ist niemand anders als die große Muttergöttin, die ihr auch die Kleider gibt. Als die wahre Braut am dritten Tag in ihrem Sternenkleid erscheint, wird sie vom Königssohn wiedererkannt, und er heiratet sie anstelle der vorgesehenen falschen Braut. Eine ähnliche Rolle spielen die Kleider in den Märchen »Allerleihrauh« und »Das singende springende Löweneckerchen«. Sonne, Mond und Sterne leihen den Märchenprinzessinnen ihren Glanz, einen Glanz, der überdies bei »Allerleihrauh« in einer Nussschale verborgen aufbewahrt wird. Dies erinnert daran, dass Haselnüsse Schönheit und Weisheit verleihen. Nun sind sie reif, so wie Aschenputtel selbst gereift ist, nun zeigt sich ihr süßer Kern. »Schwarzbraun ist die Haselnuss – schwarzbraun soll mein Mädel sein«, heißt es in einem Liebeslied, das auf die erotische Symbolik der Haselnuss anspielt.

In den goldenen und silbernen Lichteigenschaften glänzt das Weibliche in seiner vollkommenen Gestalt auf. Zu ihm gehört der »matriarchale Animus«, der verbindende, schöpferische und harmonisierende Geist, der etwas von einem lachenden, spielenden Kind hat, von dessen Fantasie und Unbekümmertheit. Eine Frau, die diese kindliche Kreativität in sich entdeckt hat, wird Freude um sich her verbreiten, die von ihr ausstrahlt wie Licht.

Gold und Silber können aber auch allein auf den Mond hin gedeutet werden, auf die silberweiße Mondsichel und den roten Honigmond oder Vollmond. Von den drei Mondphasen: zunehmender Mond, Vollmond und abnehmender oder Neumond, leiten sich die drei Symbolgestalten der weiblichen Göttin her: Die silberweiße Sichel des zunehmenden Mondes gleicht der jungfräulichen Tochtergöttin und jungfräulichen Mutter. Sie bringt das erneuerte, verjüngte Leben, zu ihr gehören Inspiration, Ahnungsvermögen und Fantasie. Dem roten Honigmond oder Vollmond entspricht die Liebesgöttin. Sie vollzieht die Heilige Hochzeit und spendet Fruchtbarkeit, Segen und Wohlstand. Sie verwickelt den Geist ins Lebendige, so dass es durchpulst ist von Kraft und Süße. Sie mischt den Rauschtrank der Ekstase, der Musik, des Tanzes, der Fülle und Reife des Lebens. Sie zieht den männlichen Heros in ihre Umarmung, damit sie befruchtet und der Kreislauf des Lebens erneuert wird.

Der dritte Aspekt schließlich ist dem abnehmenden oder Schwarzmond zugeordnet. Er wird besonders in patriarchaler Zeit nur negativ gesehen. Die Todes- oder Jenseitsgöttin aber hüllt alles Müde, Kranke und Leidende in die samtene Dunkelheit des Nachthimmels und verheißt ihm Erneuerung und Wiedergeburt. Ihre Weisheit zeigt sich im Beenden und Begrenzen und nicht zuletzt darin, dass sie auch das Verdorbene zurücknimmt in die Nacht, so dass es niemandem mehr schaden kann. Ihr Sternenkleid ist Symbol einer höheren Weisheit, die dem menschlichen Bewusstsein transzendent ist.

Nun aber geht es zunächst zur Hochzeit. Und Aschenputtel, nun jungfräuliche Frühlingsbringerin und Liebesgöttin in einem, erscheint selbst ihren Schwestern und ihrer Stiefmutter so schön, dass sie an die Daheimgebliebene gar nicht denken. Selten nur begegnet man Menschen, von denen etwas ausstrahlt wie Licht, das mehr ist als äußere Schönheit. Jeder fühlt sich wohl in ihrer Nähe, spürt die belebende Energie, die von ihnen ausgeht. Das sind Menschen, die im Einklang mit ihrem inneren Wesen sind, mit ihrem Selbst, und die Aura, die sie umgibt, gleicht göttlichem Licht. Schon jeder Liebende strahlt etwas von diesem Licht aus, noch mehr aber die Frau und der Mann, bei denen Liebe und Geist miteinander verbunden sind.

Der Tanz mit dem Königssohn

Der Königssohn kam ihm entgegen, nahm es bei der Hand
und tanzte mit ihm. Er wollte auch sonst mit niemand
tanzen, also dass er ihm die Hand nicht losließ, und wenn
ein anderer kam, es aufzufordern, sprach er: »*Das ist meine*
Tänzerin.«

So hebt nun das Hochzeitsfest an mit Lobgesang und Tanz und mit »Liebe auf den ersten Blick«. Ein schönes und edles Paar tanzen zu sehen erübrigt weitere Worte. Und doch möchte ich ein wenig verweilen bei diesem ersten erlösenden Höhepunkt des Märchens.

Hartmut Schmökel, der aus dem Hohenlied den Ritus der Heiligen Hochzeit rekonstruiert hat, nennt folgende Verse ein »Werbelied des Geliebten«:

»Nun auf, meine Freundin,
meine Schönste, und komm!
Denn siehe, der Winter ist vergangen,
aus und vorbei der Spätregen,
die Blüten erscheinen im Lande,
und der Ruf der Turteltaube erklingt,
der Feigenbaum treibt seine Frühfrucht,
und die Weinstöcke duften.

Nun auf, meine Freundin,
meine Schönste, und komm!
Die Zeit des Lobgesangs ist da in unserem Lande!
Meine Taube in den Felsklüften,
im Versteck der Bergwand,

241

lass mich schauen deinen Anblick,
mich hören deine Stimme,
denn deine Stimme ist süß,
und dein Anblick ist lieblich!«[17]

Sie ist ja wirklich aus ihrem Versteck hervorgekommen, die Taube aus den Felsklüften. Und der Tanz, den Aschenputtel und der Königssohn tanzen, ist inhaltsreicher als ein sonst geübtes Tanzvergnügen, versinnbildlicht er doch kosmische Kräfte.

»Ich war bei ihm, einem Meister, ich war nichts als Wonne Tag für Tag, lachend und scherzend vor ihm die ganze Zeit, lachend und scherzend auf dem Festland seiner Erde, und meine Wonne ist es, bei den Menschen zu sein«, übersetzt Ulrich Mann die Selbstvorstellung der Weisheit in Sprüche 8,30f. Und er fügt hinzu: »Die Weisheit spielt vor Gott, sie spielt von jeher ihr Spiel des heiteren und heiligen Ernstes, der liegt also von Anfang in der Schöpfung enthalten, das heilige Spiel der Weisheit ist so gesehen eine ›Eigenschaft der Welt‹. Sie ist das göttliche Weltgesetz im weitesten Sinn, und ihr Sinn ist nichts Geringeres als dies, spielend in den Sinn des Seins einzuführen.«[18]

Indem der Königssohn sie zum Tanz führt, führt demnach Aschenputtel ihn »spielend in den Sinn des Seins ein«. Heide Göttner-Abendroth meint sogar: »So wie die Frau in der mystischen Unio mit der Göttin göttinähnlich wird, so kann der Mann in der erotischen Unio mit der Frau menschenähnlich werden.«[19] Das klingt auf den ersten Blick übertrieben, immerhin haben schon viele Liebende gesagt und gesungen, dass sie durch die geliebte Frau sich mit der Schönheit und dem Geheimnis der ganzen Welt verbunden fühlen. Und das Gilgamesch-Epos zum Beispiel behauptet, dass es eine liebende Frau war, welche den wilden Mann Enkidu zivilisierte.

So viel Mühe hat Aschenputtel mit ihrem Königssohn nicht; er wird selbst als ein schon Erwählter charakterisiert, indem er auf den ersten Blick ihre Schönheit erkennt und sie nicht mehr aus seiner Hand lässt. Gerade so ist ihr Tanz Symbol der schöpferischen Liebe als dem Ursprung des Lebens. Dass alles Leben Tanz sei, ein kosmischer Reigen, haben Mystiker aller Zeiten gesehen und gesagt, und der Atomphysiker Fritjof Capra hat dieses Thema wieder neu zur Sprache gebracht.[20] Wie immer der Tanz erlebt und gedeutet wird, ob als Nachahmung des Rhythmus des Lebens oder als Abbildung der kreisenden Gestirne am Himmel, er vergegenwärtigt die kosmischen Kräfte und bringt die Tänzer mit ihnen in Einklang. Alles Leben aber gewinnt sein Energiegefälle aus der Spannung zwischen zwei Polen, die als männlich und weiblich charakterisiert werden können. Und so ist der Tanz, der Mann und Frau zusammenführt, nicht nur Ausdruck der liebenden Vereinigung zweier Menschen, sondern weist immer auch über sich hinaus auf die Rhythmen, denen das Universum sein Dasein verdankt.

Das Verschwinden Aschenputtels

Es tanzte, bis es Abend war, da wollte es nach Hause gehen. Der Königssohn aber sprach: »Ich gehe mit und begleite dich«, denn er wollte sehen, wem das schöne Mädchen angehörte. Sie entwischte ihm aber und sprang in das Taubenhaus. Nun wartete der Königssohn, bis der Vater kam, und sagte ihm, das fremde Mädchen wäre in das Taubenhaus gesprungen. Der Alte dachte: sollte es Aschenputtel sein, und sie mussten ihm Axt und Hacken bringen, damit er das Taubenhaus entzweischlagen konnte: Und als sie ins Haus kamen, lag Aschenputtel in seinen schmutzigen Kleidern in der Asche, und ein trübes Öllämpchen brannte im Schornstein; denn Aschenputtel war geschwind aus dem Taubenhaus hinten herabgesprungen und war zu dem Haselbäumchen gelaufen: da hatte es die schönen Kleider abgezogen und aufs Grab gelegt, und der Vogel hatte sie wieder weggenommen, und dann hatte es sich in seinem grauen Kittelchen in die Küche zur Asche gesetzt.

Sich finden, wieder verlieren und suchen müssen ist Thema fast jeder Liebesgeschichte. Das Motiv gehört sogar zum Ritual ländlicher Hochzeitsfeste. Da wird während der Feier die Braut entführt, von Freunden und Freundinnen irgendwo versteckt, und der Bräutigam muss sie suchen. Er muss beweisen, dass seine Liebe und seine Intelligenz ihm den Weg zu seiner Erwählten zeigen. Auch in einigen Märchen kehrt ein ähnliches Motiv wieder. In dem Grimmschen Märchen »Die verzauberte Prinzessin« zum Beispiel wird Hans in einen Saal geführt, in welchem drei verschleierte Gestalten sitzen, und er muss herausfinden, welche der drei die Prinzessin ist, die er erlösen will. Hans helfen dabei die Bienen, denen er einst frische Blumen hingeworfen hatte, statt sie wie sein Bruder Helmerich mit einem Stock zu erschlagen. Die Bienen summen um den nach Honig duftenden Mund der verschleierten Prinzessin herum, weichen aber vor den beiden anderen, nach Pech stinkenden verschleierten Gestalten aus, denn die sind Drachen, und hätte Hans falsch gewählt, wäre er sicher ein Fraß der Drachen geworden.

Es geht beim Finden und Erkennen der richtigen Braut um Leben oder Tod für den Freier. Davon erzählen die Märchen, in denen eine schöne, kluge und dabei stolze Königstochter ihren Freiern Rätsel aufgibt, wie zum Beispiel in dem persischen Märchen »Die Geschichte von den Rätseln der Turandot.«[21] Wer um sie wirbt, die Rätsel aber nicht lösen kann, muss sterben. Der Prinz, der Turandot endlich gewinnt, geht zuerst für lange Zeit in die Lehre bei einem Weisen, und als er sich dann Turandot stellt, vermag er auf ihre Fragen so meisterliche Antworten zu geben, dass nicht einmal der Vater Turandots etwas von dem Ganzen begreift.

Das Suchen und Erkennen der richtigen Braut, die sich versteckt oder verhüllt, und das Lösen von Rätseln – es sind wohl Anklänge an alte Rituale bei der Heiligen Hochzeit. Da mussten die Freier um die königliche Priesterin durch Kämpfe und Wettbewerbe ihr Können und ihre Kunst beweisen, und dem Sieger winkten Liebe und die Krone. Die vielen Drachenkampfmärchen, bei denen der Sieger mit der Überwindung des Drachen auch die Königstochter und zugleich den Schatz, also die Königswürde, gewinnt, erinnern an den tödlichen Ernst dieser heiligen Spiele. Keinem dieser Drachenkämpfer aber gelingt der Sieg, ohne dass helfende Mächte in Gestalt von Tieren oder weisen Männern und Frauen ihm neben dem

Kampfesmut auch instinktive Sicherheit bei der Wahl seiner Mittel oder geweihte Waffen zur Verfügung stellen.

In sehr verhüllter Gestalt erscheint das Motiv der von einem Drachen gefangenen Königstochter im Märchen »Aschenputtel«. Hier sind es die Stiefmutter und der Vater, die das Mädchen in der Asche am Herd gefangen halten, und sie muss der Königssohn überwinden, um seine Braut heimführen zu können.

Wenn Aschenputtel nach dem Tanz dem Königssohn entwischt, gibt sie ihm damit ein Rätsel auf, sie inszeniert also selbst die Probe, die der Königssohn zu bestehen hat, um sich ihrer würdig zu erweisen. Nicht so sehr körperliche Tüchtigkeit ist hier gefragt als vielmehr Einfühlungsvermögen und Geist.

So wie der Prinz, der Turandot gewinnen wollte, Rat bei weisen Männern suchte, will auch der Königssohn die Hilfe eines erfahrenen Mannes in Anspruch nehmen. Er wartet vor dem Rätsel des Taubenhauses, bis der Vater kommt. Es verwirrt, dass der Königssohn sich an den Vater Aschenputtels wendet; zu erwarten wäre, dass er seinen eigenen Vater, den König, fragt. Da »der Vater« aber vermutet, es könne Aschenputtel gewesen sein, ist es wahrscheinlicher, dass mit ihm nicht der König, sondern der reiche Mann gemeint ist. Doch die Antwort, die der Vater zu geben weiß, offenbart nun den ganzen Mangel an Weisheit bei patriarchal gesinnten Männern. Der Königssohn hat sich einen schlechten Ratgeber gewählt, denn der will, wie weiland Alexander der Große den gordischen Knoten mit Gewalt durchschlug, diesem sensiblen Problem mit Axt und Hacke zuleibe rücken.

In der schon mehrfach erwähnten Erstfassung des Märchens verhielt es sich mit dem Taubenhaus anders als hier. Da war Aschenputtel am ersten Tag des Festes noch nicht dort erschienen, sondern war ins Taubenhaus geklettert, um von dort aus dem Tanz im Schloss zusehen zu können.

Als die ältere der Stiefschwestern davon erfuhr, »trieb sie der Neid, und sie befahl, dass der Taubenstall gleich sollte niedergerissen werden«. Die Stiefschwester handelte damit ebenso wie die Stiefmutter und die Schwestern in den Märchen »Das Erdkühlein« und in »Einäuglein, Zweiäuglein und Dreiäuglein«, die das Erdkühlein und die Ziege kurzerhand schlachteten.

In unserer Fassung nun handelt der Vater so wie eine Stiefmutter. Die destruktive, negative Seite des Weiblichen macht der patriarchale Mann zu seiner Frau, zu seiner »besseren« Hälfte. Die Anima, die weibliche Seele des Vaters und damit die Motivation seines Handelns, ist von gleicher Art wie eine Ereschkigal. Da solche Motivationen aber unbewusst bleiben, mag der Vater sich selbst in dieser Situation als männlich-zupackend, schnell entschlossen und rational erleben. Er meint, der Sache könne er rasch auf den Grund kommen, indem er das Taubenhaus entzweischlägt.

Taubenhäuser sind heute nur noch selten zu sehen. Es sind Holzhütten mit einem Schlupfloch und Stäben zum Sitzen davor, die auf einem Mast stehen, so dass das Taubenhaus etwa die Höhe eines Hausdachs hat. Wer sich ein Taubenhaus anlegte und Tauben domestizieren wollte, musste nach der Überlieferung große Sorgfalt darauf verwenden. Das erste Paar Turteltauben durfte man nicht kaufen, sondern sollte es sich schenken lassen; damit war von Anfang an die Anerkennung dessen verbunden, dass es eine Gnade war, wenn Tauben sich bei einem niederlassen. Haustauben zogen dann Wildtauben an, das heißt, es genügte, einem Paar eine Wohnung zu geben, um dadurch andere zu gewinnen. Eine ganze Anzahl von Ratschlägen gab es dafür, wie man andere Tauben am besten locken konnte, im eigenen Taubenhaus zu nisten, unter anderem sollten Haselnussruten, vor das Schlupfloch genagelt, sie anziehen. Und es galt als Glück bringend und das ganze Haus schützend, wenn Tauben bei einem wohnten.[22]

Das Taubenhaus entzweizuschlagen bedeutet entsprechend, die Tauben zu vertreiben. Um »das Täubchen« zu fangen, war diese Maßnahme sicher ungeeignet. »Täubchen« ist noch heute ein Kosewort für geliebte Frauen. Der gewalttätige Schlag des Vaters traf denn auch ins Leere, denn es war niemand darin. Sein Verhalten erinnert noch einmal daran, dass ihm seine erste Frau krank wurde und starb. Wer so rücksichtslos mit einem Taubenhaus umgeht, kränkt wohl auch die Seele seiner Frau zu Tode.

Es liegt nahe, angesichts dieser Szene an die Art zu denken, wie die patriarchale »Kultur« mit den Wohnungen der Seele und des Geistes, der Inspiration und der Intuition umzugehen pflegt. Jene seelischen Bereiche, in denen Taubengestaltiges nistet, werden bis heute bei der Ausbildung von Kindern und Jugendlichen, wenn nicht mit Stumpf und Stiel ausgerottet, so doch vernachlässigt oder für unnütz gehalten. Und da es sich um geistige Impulse handelt, für die insbesondere Frauen empfänglich sind, verödet damit das Haus des Menschen, das ja auch ein weiblicher Bezirk ist. Geht man mit kritischen Argumenten wie mit Axt und Hacke an die Fantasie und die Eingebungen von oben heran, wird das Ergebnis immer sein, dass »doch niemand darin ist«. Was wie mit Taubenflügeln kommt, entweicht den Messern des Intellekts, lässt sich von ihm nicht fassen und fangen.

Für den Vater war das Problem damit erledigt. Für den Königssohn gewiss nicht, er stand weiter vor einem Rätsel, das er nicht lösen konnte.

Ob Aschenputtel wirklich ins Taubenhaus sprang oder ob das nur eine optische Täuschung des Königssohns war, bleibt offen. Wenn er in ihr etwas ahnte von der taubengestaltigen Göttin, war seine Assoziation naheliegend, dass sie im Taubenhaus wohnen müsse. Einen Hauch ihres Taubengeistes hatte er damit gespürt.

In den Parallelmärchen wie zum Beispiel dem von Charles Perrault muss Aschenputtel vor Mitternacht heimkehren, weil um diese Stunde der Zauber endet, der ihr das prinzessinnenhafte Aussehen gab. In unserer Fassung heißt es jeweils ausdrücklich, »es tanzte, bis es Abend war, da wollte es nach Haus gehen«. Das Fest findet entsprechend nicht abends und bis Mitternacht statt, sondern am Tage und endet abends. Und wenn Aschenputtel entwischt ist, legt es die schönen Kleider am Grab der Mutter ab und wird zu Hause in der Asche bei einem trüben Öllämpchen gefunden. Sie tanzt am Tage und verschwindet in der Nacht. Darum ist Aschenputtel auch schon mit Aurora verglichen worden, der griechischen Göttin des Morgenrots und des Tageslichts. So wie die Sonne mit der Morgenröte ihren Glanz aufscheinen lässt und am Abend ihre Strahlen zurücknimmt und wie im Grab der Nacht versinkt, empfängt Aschenputtel ihre leuchtenden Kleider am Morgen und gibt sie abends am Grab der Mutter ab, um selbst in der Asche wie in der Unterwelt zu weilen, bis sie wieder aufsteigt. Das alte Weltbild stellte sich die Erde wie eine Scheibe vor, die auf einem Ozean schwimmt, und man meinte, die Sonne werde abends von einem Fisch oder Drachen verschlungen und am Morgen wiedergeboren.

Im Orient wird die Sonne mit einem männlichen Helden verglichen, daher wirkt eine weibliche Sonnensymbolik zunächst ungewöhnlich. Im Deutschen aber ist die Sonne »Frau Sonne«, weil in unseren Breiten ihr Leuchten und Wärmen als lebensfördernd erlebt wird, während in heißen Gegenden ihre Glut eher gefürchtet wird. Trotzdem wird die Sophia oder Weisheit auch mit der Sonne verglichen. Die Spuren ihres Mythos, die Felix Christ[23] aufdeckt, lassen sich etwa so zusammenfassen: Die Weisheit, die am Anfang der Welt war, wird von den Menschen abgelehnt und kehrt darum in den Himmel zurück. Sie hinterlässt nur einzelne, die von ihr wissen, und auf diese wenigen wird sie am Ende niederströmen. Wenn sie die Erde verlassen hat, tritt ihre Gegenspielerin, die Torheit, auf und beherrscht die Menschen. Die Weisheit wird nun vergeblich gesucht, sie bleibt unauffindbar, verhüllt, verborgen. Und doch wohnt sie im Himmel und auf der Erde. Wo sie Wohnung nimmt unter den Menschen, da nistet sie wie eine Taube oder leuchtet wie die Sonne. Und wie die Sonne morgens aufgeht und abends untergeht, so vermag die Weisheit zur Erde hinab und zum Himmel hinaufzusteigen. Wird sie abgewiesen, flieht sie zurück in ihre Kammer wie die Sonne hinter den Horizont, wenn es Nacht wird. Nur Erwählte lieben, suchen und finden schließlich die verborgene Weisheit. Die sie ablehnen aber, über die kommt zuletzt das Gericht: Sie werden mit Blindheit geschlagen. Die Parallelität dieses Mythos mit dem Märchen »Aschenputtel« ist so groß, dass es sich kaum um einen Zufall handeln kann. Die Weisheit erscheint im Märchen sowohl in Gestalt der sterbenden Mutter, die in den Himmel zurückkehrt, als auch in Gestalt Aschenputtels als verborgene. Und der Erwählte, der sie schließlich findet, ist der Königssohn.

Eine jüdische Legende erzählt, die Wahrheit und das Märchen seien einander eines Tages auf der Dorfstraße begegnet, das Märchen bunt gekleidet und fröhlich, die Wahrheit abgehärmt und in grauem Gewand. Die Wahrheit klagt, niemand wolle sie einlassen; das Märchen antwortet, da es sich farbig und heiter gebe, lasse jedermann es gern zur Tür herein, und es müsse nicht darben. »Mach es wie ich«, empfiehlt das Märchen der Wahrheit, und so erscheint nun die Wahrheit im Märchengewand, nämlich als Weisheit, die sich in ihm verbirgt.

Zurück zum schlecht beratenen Königssohn. Seine Aufgabe ist groß, er muss nicht nur seine schöne Tänzerin finden, sondern in und mit ihr die Weisheit, zu deren Eigenschaften gehört, dass sie verborgen ist und nur von wenigen gefunden wird. Aber noch ist nur der erste Tag des Fests vergangen.

Der Birnbaum

Am anderen Tag, als das Fest von neuem anhub und die
Eltern und Stiefschwestern wieder fort waren, ging Aschenputtel zu dem Haselbaum und sprach:

>»Bäumchen, rüttel dich und schüttel dich,
>wirf Gold und Silber über mich.«

Da warf der Vogel ein noch viel stolzeres Kleid herab als
am vorigen Tag. Und als es mit diesem Kleide auf der
Hochzeit erschien, erstaunte jedermann über seine Schönheit. Der Königssohn aber hatte gewartet, bis es kam, nahm
es gleich bei der Hand und tanzte nur allein mit ihm. Wenn
die anderen kamen und es aufforderten, sprach er:»Das ist
meine Tänzerin.« Als es nun Abend war, wollte es fort, und
der Königssohn ging ihm nach und wollte sehen, in welches Haus es ging: aber es sprang ihm fort und in den Garten hinter dem Haus. Darin stand ein schöner großer
Baum, an dem die herrlichsten Birnen hingen; es kletterte
so behend wie ein Eichhörnchen zwischen die Äste, und
der Königssohn wusste nicht, wo es hingekommen war. Er
wartete aber, bis der Vater kam, und sprach zu ihm:»Das
fremde Mädchen ist mir entwischt, und ich glaube, es ist auf
den Birnbaum gesprungen.« Der Vater dachte: sollte es
Aschenputtel sein, ließ sich die Axt holen und hieb den
Baum um, aber es war niemand darauf. Und als sie in die
Küche kamen, lag Aschenputtel da in der Asche, wie sonst
auch, denn es war auf der anderen Seite vom Baum herabgesprungen, hatte dem Vogel auf dem Haselbäumchen die
schönen Kleider wieder gebracht und sein graues Kittelchen angezogen.

Wenn die Kleiderfolge hier wie in den anderen Märchen ist, dann trägt Aschenputtel am ersten Tag ein Sonnenkleid und an diesem zweiten ein Mondkleid, erscheint nun als Mondgöttin der Fruchtbarkeit und der Liebe. Sie hat zu Hause nichts gesagt und nichts gefragt, sondern Eltern und Schwestern in der Täuschung eher bestärkt, dass mit ihr alles so geblieben sei wie bisher. Der Königssohn hat sie schon erwartet, und der Tanz hebt an wie am ersten Tag. Vernünftigerweise hätte er sie nun nach Herkunft und Wohnort befragen können. Aber das Märchen will es anders und kümmert sich um alltägliche Logik nicht. Vielmehr entspringt ihm Aschenputtel wie am ersten Tag, als es Abend ist, nur dass der Königssohn sie diesmal in einem Birnbaum aus den Augen verliert, der im Garten hinter dem Haus steht.

Ein Birnbaum voll saftiger, schwellender, süßer, goldener Früchte – auch heute hat wohl niemand Mühe, darin ein Gleichnis für Weiblich-Mütterliches zu sehen. Die Birne gilt als Fruchtbarkeitssymbol, und zwar immer als weibliches, während zum Beispiel der Apfelbaum auch den männlichen Geliebten symbolisieren kann. Im Kult spielt der Birnbaum aber nur selten eine Rolle, immerhin wird im oberbayerischen Wallfahrtsort Mariabirnbaum »Unsere liebe Frau unterm Birnbaum« verehrt, möglicher Hinweis auf eine ältere Tradition. In der Schweiz gilt er als Kleinkinderbaum, und man trägt am Weißen Sonntag die Kinder unter ihn, damit sie gedeihen. Wenn der Birnbaum reiche Früchte trägt, so heißt es, werden im nächsten Jahr viele Mädchen geboren.[24] Dieses Orakel erinnert an die Vorstellung von der Unsterblichkeit der Muttergöttin, weil sie sich in ihren Töchtern selbst verjüngt. Auch deshalb ist jeder Muttergöttin immer die Tochter beigesellt wie Kore der Demeter.

Der Birnbaum steht im Garten hinter dem Haus, seit je-her das Reich der Frau, in der Realität ebenso wie im Mythos. Im Mythos ist der Obstgarten das Reich der Liebes- und Fruchtbarkeitsgöttin, und ein Zaun umschließt ihn, damit kein ungebetener Gast eindringen kann. Das Paradies oder die grünen Inseln der Seligen üben ihre Faszination bis heute aus. Der Garten ist im Hohenlied die erotische Landschaft schlechthin, und Lieder und Märchen vergleichen immer wieder die Frau mit einem Garten und ihren Geliebten als kundigen Gärtner, der mit ihren Blüten und Früchten sorgfältig umzugehen versteht.

Der Vater, vom Königssohn wieder zu Hilfe gerufen, weiß aber nichts anderes, als die Axt zu holen und den Birnbaum zu fällen. »Sollte es Aschenputtel sein?«, denkt er sich, als spuke die verdrängte Tochter ihm doch ständig im Kopf herum. Wenn es aber nur Aschenputtel ist, kann man mit ihr kurzen Prozess machen. Ist das Weibliche erst entwertet zu einer schmutzigen Küchenmagd, dann gelten auch Birnbäume nichts mehr. So wurden in patriarchaler Zeit in Kriegen schwangere und säugende Mütter samt ihren Kindern ermordet, während zum Beispiel Nomadenvölker bei ihren Kämpfen bis heute die Frauen schonen.

Unter Männern darf ein Mann sich zwar seiner Eroberungen rühmen, wird aber niemals wagen, Gefühle der Liebe einzugestehen. Mit der Axt der Grobheit und des Verächtlichmachens werden zarte Gefühle gemordet, und Roheit gilt als männliche Leistung. Bäume zu roden galt viele Jahrhunderte hindurch als Kulturtat, und was in kleinem Maßstab begonnen wurde, wird heute im Großen beinahe vollendet, weil die Äxte durch wirksamere Waffen ersetzt wurden. Der Umgang mit dem Weiblichen und der Umgang mit der Natur entsprechen einander. Seit die Natur entgöttert wurde, wie man sich mit Stolz rühmt, wurde sie zum Rohmaterial des Menschen, mit dem er nach Belieben verfahren konnte.

Doch was der Vater in seine Gewalt bringen wollte, sei es Aschenputtel oder die fremde Königstochter, sie war wieder einmal nicht, wo er sie vermutete. Das Weibliche kann sich tiefer verhüllen, als der erobernde Mann meint. Er kann es vergewaltigen oder morden und wird der weiblichen Seele doch nicht ansichtig. In seiner Blindheit verletzt er sich auch selbst, das ist das Tragische am Verlust weiblicher Weisheit. Wer anders als eine Frau sollte ihn mit ihr vertraut machen? Aber kaum ein Junge und Mann hat das Glück, in der patriarchalen Kultur einer Frau zu begegnen, die sie ihm zeigen könnte, weil Frauen sich selbst entfremdet sind.

So geht auch der Königssohn ein zweites Mal leer aus. Das Rätsel erscheint eher noch undurchdringlicher.

Auffällig ist die Parallele zwischen dem zweimaligen Versuch Aschenputtels, durch Verlesen der Linsen von der Stiefmutter die Erlaubnis zur Teilnahme am Fest zu verdienen, und dem zweimaligen Versuch des Königssohns, mit Hilfe des Vaters die fremde Königstochter zu finden. Beide waren zweimal an der falschen Adresse, und Aschenputtel steckte sogar eine dritte Abweisung ein, bis sie aufhörte zu bitten und ihr Schicksal selbst in die Hand nahm. Wie die Märchen immer wieder zeigen, sind es aber gerade die Gestalten des Bösen, die den Gang des Dramas weitertreiben. Und was Heldinnen und Helden durch sie erleiden müssen, fördert zugleich ihr geistig-seelisches Wachstum.

Der Königssohn konnte etwas lernen aus dem, was der Vater tat. Seine Aufgabe ist es, die fremde Tänzerin zu erkennen, um sie finden zu können. Am ersten Tag mag sie ihm wie eine Taube erschienen sein, wie ein geistiges Wesen. Das ist sie auch, aber das ist nur ein Aspekt von ihr. Am zweiten Tag nahm er sie als schöne, begehrenswerte Frau wahr und identifizierte sie mit einem Birnbaum voller Früchte. Das ist sie auch, aber auch das ist noch nicht das Ganze. Noch fehlt ihm zur Wahrnehmung des ganzen Weiblichen ein dritter Aspekt. Bisher hat er von den drei Aspekten die jungfräuliche Gestalt und die Gestalt der Liebesgöttin erkannt. Doch die Axthiebe des Vaters haben ihn aus seinen Träumen geweckt: Dort ist sie nicht. Die geliebte Frau zu erkennen ist auch in Wirklichkeit schwer, denn der Mann erkennt von ihr zunächst nur so viel, wie sein inneres weibliches Bild, seine Anima, an Facetten aufweist. So mag er eine inspirierende göttliche Gestalt in der Frau erblicken und verfehlt sie dadurch in ihrer Ganzheit ebenso wie dann, wenn er vor allem leibliche Schönheit und die Fähigkeit, Mutter zu werden, in ihr sieht. Aus beiden Projektionen haben die Axthiebe des Vaters ihn herausgerissen und ihm vor Augen geführt, dass er weiter suchen muss. Der Scheinwerferkegel seines Erkennens hat bisher das Haupt, das wäre das Taubenhaus, und den Leib, das wäre der Bimbaum, erhellt. Aber nun liegt noch etwas im Schatten. Auch dies muss er aufhellen, bis er die ganze Gestalt erkennen und damit finden kann.

In den Märchen, in denen es darum geht, eine schwarze Frau zu erlösen von dem Zauber, der auf ihr liegt – auch das geschieht jeweils in drei Schritten –, sind es immer zuerst die Füße, die weiß werden, dann wird sie weiß bis zu den Fingerspitzen, und zuletzt ist sie erlöst, so zum Beispiel im Märchen »Von dem Königssohn, der sich vor nichts fürchtet.«[25] Hier ist es umgekehrt: Die »weiße«, das heißt in göttlichem Glanz strahlende Frau wird von oben her erkannt. Aschenputtels inneres Werden begann beim Grab, dann wuchs darauf der Haselnussbaum, und auf dem erschien das weiße Vöglein. Zu allen diesen drei Dimensionen muss auch der Königssohn Zugang gewinnen.

Denn wieder ist Aschenputtel an den Herd zurückgekehrt, hat ihren grauen Kittel übergestreift und sich unsichtbar gemacht. Sie verbirgt sich, um von einem Erwählten gefunden zu werden. Sich entziehen, sich verbergen und gerade nach einem großen Aufbruch sich wieder verhüllen, das gehört bis heute zur inneren Dynamik vieler Frauen. Manchmal wagen sie sich weit vor, haben sogar Erfolg, und plötzlich drängt es sie, sich so klein zu machen, dass sie in ein Mauseloch passen und unsichtbar werden. Wenn dies in einer Beziehung geschieht, steht der Partner vor einem Rätsel und fühlt sich plötzlich abgewiesen. Nur schwer erkennt er in diesem Verhalten die Bitte, die Verborgene geduldig zu suchen und aus ihrem Versteck liebevoll wieder hervorzulocken. Frauen, die dasselbe Verhalten im Berufsleben an sich entdecken, sind sich selbst ein Rätsel bei dieser Fluchtreaktion. Um aus dem Mauseloch wieder hervorzukommen, brauchen sie einen Königssohn in sich selbst und vor allem die wiederholte Orientierung an der Großen Mutter, welche die erschöpften Kräfte erneuert. Ursache dieses plötzlichen Rückzugs ist aber wohl, dass die heutige Welt, sei sie vertreten im Partner oder im Berufsleben, für das Weibliche so fremd und kalt ist, dass es sich verletzt daran und darum den Rückzug immer wieder braucht, um sich zu regenerieren. Frauen, die sich nicht anpassen wollen an männliche Verhaltensmuster, werden diesen schwierigen Rhythmus des Aus-sich-heraus-Gehens und Sich-wieder-Zurückziehens immer wieder durchleben und durchleiden müssen. Denn solange diese Welt beherrscht wird von einem Denken nach Art des Vaters, kann das Weibliche sich nur durch Rückzug davor bewahren, zerstört zu werden.

Pech auf der Treppe
und ein goldener Pantoffel

Am dritten Tag, als die Eltern und Schwestern fort waren,
ging Aschenputtel wieder zu seiner Mutter Grab und
sprach zu dem Bäumchen:

> *»Bäumchen, rüttel dich und schüttel dich,*
> *wirf Gold und Silber über mich.«*

Nun warf ihm der Vogel ein Kleid herab, das war so präch-
tig und glänzend, wie es noch keins gehabt hatte, und die
Pantoffeln waren ganz golden. Als es in dem Kleid zu der
Hochzeit kam, wussten sie nicht, was sie vor Verwunderung
sagen sollten. Der Königssohn tanzte ganz allein mit ihm,
und wenn es einer aufforderte, sprach er: »Das ist meine
Tänzerin.«

Als es nun Abend war, wollte Aschenputtel fort, und der
Königssohn wollte es begleiten, aber es entsprang ihm so
geschwind, dass er nicht folgen konnte. Der Königssohn
hatte aber eine List gebraucht und hatte die ganze Treppe
mit Pech bestreichen lassen: da war, als es hinabsprang, der
linke Pantoffel des Mädchens hängengeblieben. Der
Königssohn hob ihn auf, und er war klein und zierlich und
ganz golden.

Es ist nicht so, dass Aschenputtel dem Königssohn
nicht geholfen hätte, sie zu erkennen. An jedem Tag
offenbart sie ihm durch ihre Kleider selbst etwas von
ihrem Wesen. Das Kleid, »so prächtig und glänzend, wie es
noch keines gehabt hatte«, könnte das Sternenkleid sein,

in dem sie ausgesehen haben mag wie eine Königin der Nacht. Der sternenübersäte Mantel der Himmelskönigin erscheint auf vielen Mariendarstellungen, und Maria wird auch als Stella maris, als Meerstern, besungen. Venus, der Morgenstern und der Abendstern, ist seit alters der Stern von Ishtar, der Stern der meergeborenen Aphrodite und ihrer lateinischen Entsprechung Venus. Die Beziehung zwischen Stern und Meer mag in den Mittelmeerländern aus der Anschauung des Sternenhimmels über dem nächtlichen Meer herrühren, hat aber auch im Mythos eine Entsprechung. Erich Neumann schreibt: »Die Große Göttin ist die strömende Einheit von unterirdischem und himmlischem Ur-Wasser, das Himmels-Meer, auf dem die Barken der Lichtgöttin fahren, das ober- und unterirdische Kreismeer des Lebendig-Gebärenden, und alle Wässer, Ströme, Brunnen, Teiche und Quellen ebenso wie der Regen gehören zu ihr. Sie ist der Lebensozean mit seinen Leben und Tod bringenden Gezeiten, und das Lebendige ist ihre Geburt, die ewig in ihr schwimmt als Fisch wie die Sterne im Himmelsozean.«[26]

Wie schon erwähnt, dachte man sich in alter Zeit die Erde als eine Scheibe, die gleich einem Schiff auf dem Urmeer fährt, das unter und über ihm strömt. Die Sterne blickten wie tausend Seelen auf die Erde hinab, die einst von der Mutter wiedergeboren werden auf der Erde, denn Sterben bedeutete, in ihren dunklen Schoß zurückzukehren, um von ihr erneuert zu werden. So war die Himmelskönigin auch die Göttin der Zeit, welche die Sternenbahnen und die Menschenwege bewegt. Der Zenit des Himmels war die Achse des Mühlrades, gedreht vom Sternbild des Großen und des Kleinen Bären. Und die Bären waren der Diana, der Artemis kalliste, der schönsten Jungfrau, heilig.[27]

Wer Augen hatte zu sehen, konnte dies alles am Sternenkleid Aschenputtels ablesen. Der Königssohn tanzte mit ihr und ließ sie nicht aus der Hand; wenn jemand anders sie auffordern wollte, sagte er: »Das ist meine Tänzerin.« Es ist der dritte Tag des Festes, Tag der Entscheidung, der letzten Chance, der Tag, an welchem die Mondgöttin Diana aufersteht, indem sie als schmale silberne Sichel wieder am Himmel erscheint.

Der Königssohn hat diesmal vorgesorgt, er hat es aufgegeben, sich auf die Hilfe des Vaters zu verlassen, er hat sich selbst etwas einfallen lassen, indem er die Treppe mit Pech bestreichen ließ. Das Wort »Treppe« ist etymologisch verwandt mit trappeln und dem daraus abgeleiteten Wort Trappa, Treppe, für eine Vogel- und Tierfalle. Im Englischen ist »trap« die Tierfalle, und Trapper sind Tierfänger.[28] Beim heute verbotenen Fangen von Wildvögeln legte man eine Vogelfalle aus Ruten an, die mit Leim bestrichen wurden, und der Vogel, der daran kleben blieb, gilt noch heute als »Pechvogel«, auch soll man einem anderen möglichst nicht »auf den Leim gehen«. Seine Tänzerin, die ihm einmal ins Taubenhaus und das zweite Mal in den Birnbaum entsprungen war, mochte dem Königssohn wie ein fremder Paradiesvogel erscheinen, den er nun zu fangen versuchte. Einen Vogel zu kirren, zu locken, zu ködern hatte aber auch schon früh die übertragene Bedeutung, eine Frau zu gewinnen.

Es ist eine ziemlich drastische Maßnahme, die der Königssohn ergreift, doch hat er mit seiner List Erfolg, und das allein zählt, ging es für ihn doch um Leben und Tod, um das Gewinnen oder Verlieren. Wie auch andere Märchen erzählen, verlegt sich der Held beim Umgang mit überlegenen geistigen Mächten am besten auf die List, sie ist eine Eigenschaft menschlicher Intelligenz, wie sie auch den »listenreichen Odysseus« auszeichnete. Der Königssohn hat sich damit von der Axt- und Beil-Methode des Vaters entschlossen abgewendet, da er gesehen hatte, dass sie erfolglos blieb. Schließlich wollte er seine Tänzerin nicht tot, sondern lebendig haben, und da war das Pech ein geeignetes Mittel.

In der Umgangssprache sind Vogelleim und Vogelpech gleichbedeutend, obwohl es sich um verschiedene Stoffe handelt. Pech wird zwar auch als Heilmittel verwendet, weckt aber, insbesondere in der Verbindung »wie Pech und Schwefel«, Assoziationen mit der Hölle, der Unterwelt. In dem Märchen »Frau Holle« wird die faule Marie zuletzt mit Pech übergossen, und die Jenseitsgöttin Hel, Frau Holle, wurde zur christlichen Hölle, in der das ewige Feuer von Pech und Schwefel brennt.

Es fällt auf, dass von Aschenputtel an diesem dritten Tag im Unterschied zu den anderen gesagt wird, es sprang die Treppe hinab. Zuvor entsprang sie und sprang dann vom Taubenhaus und vom Birnbaum »hinab« zum Grab beziehungsweise in die Asche am Herd. Zumindest angedeutet wird damit ihre Fluchtrichtung nach unten, in die Unterwelt.

Die Aufgabe des Königssohns ist, sie zu erkennen. Mit dem Erkennen eines anderen ist immer Selbsterkenntnis verbunden. Suchte er seine Tänzerin zuerst im Taubenhaus, dann im Birnbaum, hofft er nun ihre Spur oder sie selbst im Pech zu finden, in schwarzer, stinkender, klebriger Masse. Damit gesteht er ein, dass er in gewissem Sinn bisher selbst ein Pechvogel war, dem die Erwählte immer entwischte. Aber die Verwendung von Pech könnte auch Ausdruck seiner Ahnung von etwas Unterweltlichem in ihm selbst und in seiner Tänzerin sein. Für einen Mann mag die leibliche Mutter, von der er sich nur schwer lösen kann, wie etwas Schwarzes, Klebriges sein, das ihn festhält wie die Unterweltgöttin, die ihm mit dem Tode droht. Das Bild des Weiblichen, die Anima, aus dem festhaltenden Bild der Mutter zu lösen, um eine Frau lieben zu können, ohne die Mutter auf sie zu projizieren, gegen deren verschlingende Macht er sich dann wehren müsste, gilt als schwerste seelische Heldentat des Mannes. Das bekannte Bild dafür ist der schon erwähnte Drachenkampf. Ist der Drache überwunden, tritt die Prinzessin ihm schön und lieblich entgegen, die ihm überdies beim Kampf oft selbst hilft. Wenn der Königssohn Pech verwendet, zeigt er damit, dass er dieses Problem in sich selbst erkannt und gemeistert hat, er kann damit umgehen. Zugleich gibt er Aschenputtel damit zu verstehen, dass er ahnt, wo sie sich versteckt hält beziehungsweise wo sie gefangen ist: in der Unterwelt. Er hebt damit ans Tageslicht, macht bewusst, was der Vater, die Stiefmutter und die Schwestern verdrängen und vor sich selbst verheimlichen, auf der Erbprinzessin damit zugleich abladen: die Dimension des Todes, die Asche.

Mit allen Eigenschaften und Tugenden der weiblichen Göttin vermochte die patriarchale Denkweise fertig zu werden durch Verdrängen, Entstellen oder durch blanke Gewalt. Der Tod aber bildet die absolute Grenze für männliches Denken. Seit die Jenseitsgöttin als verschlingende, aber auch wiedergebärende Mutter verleugnet oder tief ins Unbewusste wie in ein Grab verdrängt wurde, erscheint der Tod als absoluter, als endgültiger, unüberwindlicher Feind des Menschen, als unbarmherziger Sensenmann oder als Folge der Sünde. Dabei ist die Sünde gerade die Abspaltung des Menschen, des männlichen Denkens von der Einwilligung in die lebendigen Gesetze des Werdens, Vergehens und Neuwerdens, in das »Stirb und Werde«, wie es die dreigestaltige Göttin darstellte, die von Heide Göttner-Abendroth als die »Leben-im-Tod-Göttin« charakterisiert wird. Doch wie alles Verdrängte wiederkehrt und alles Unbewusste um so mächtiger wirkt, besetzt der Krähengeist erst recht das Handeln des patriarchal denkenden Menschen. So quälen die Stiefmutter und die Schwestern die Trägerin des Lebens, und so nimmt der Vater Axt und Beil. Doch ihr Tun ist blind, sie wenden ihre todeswütige Aggression ausgerechnet gegen das Lebendige, Zukunftsträchtige. Dass im Patriarchat, das sich bewusst dem Leben und seiner Sicherung verschrieben hat, das Töten doch immer als geeignetes Mittel zur Erhaltung der Macht verwendet wird, ist Zeichen der tragischen Verblendung, die bis in die Gegenwart unser aller Denken besetzt und unser aller Leben bedroht.

Aschenputtel belohnt die Einsicht des Königssohns; freiwillig-unfreiwillig lässt sie ihm als Pfand den linken goldenen Pantoffel. So mag die entführte Braut dem suchenden Bräutigam ein Zeichen geben, denn sie will ja von ihm gefunden werden.

In goldenen Pantoffeln zeigt sich die weiße Frau auf der Staufenburg in Thüringen, und Goldschuhe trägt die heilige Walburg neun Nächte vor dem 1. Mai auf der Flucht vor wilden Geistern. Gold hat die Eigenschaft, vor dem bösen Blick und vor bösem Zauber zu schützen, und wird darum auch als Amulett oder Ring getragen. Der goldene Ehering soll die Ehe schützen. Der linke Pantoffel gilt als weiblich, wie der Pantoffel oder Schuh überhaupt als Symbol der Vagina gilt, und ihn zu verlieren wird als Zeichen des Verlusts der Jungfräulichkeit gedeutet.

Die älteste schriftliche Quelle für dieses Motiv findet sich bei dem antiken Schriftsteller Strabon (ca. 63 vor bis 19 nach Christus), der Ägypten besucht hatte und von einer Pyramide erzählt, die das Grabmal einer Hetäre sei, das ihr von ihren Liebhabern gestiftet wurde. Sie hieß Doricha oder Rhodope. Man erzählte ihm, berichtet Strabon, »dass, als sie sich badete, ein Adler einen ihrer Schuhe ihrer Dienerin raubte und nach Memphis trug. Hier sprach der König unter freiem Himmel Recht, und der Adler warf ihm den Schuh aus senkrechter Höhe in den Schoß. Der König, durch die schöne Form des Schuhs und das Sonderbare veranlasst, schickte im Lande umher und ließ die Frau aufsuchen, welcher der Schuh gehörte. Man fand sie in Naukratis, brachte sie zum König, und sie wurde seine Gemahlin.«[29]

Das Motiv findet sich im Mythos von Hermes wieder. Der Götterbote liebte Aphrodite leidenschaftlich, fand aber bei ihr kein Gehör. Zeus hatte Mitleid mit ihm und sandte seinen Adler, der eine von Aphrodites Sandalen stahl, als sie in einem Fluss badete. Der Adler lieferte die Sandale bei Hermes in der ägyptischen Stadt Amythaonia ab, und Aphrodite konnte den geraubten Schuh nur wiederbekommen, als sie Hermes erhörte. Frucht dieser Verbindung war Hermaphroditos.[30]

Aphrodites Verhalten wirft die Frage auf, warum ihr an ihrer geraubten Sandale so gelegen war, dass sie um ihretwillen Hermes erhörte. Mit den Füßen und der Fußbekleidung einer Göttin hat es offenbar eine besondere Bewandtnis.

Auch bei Aschenputtels Bekleidung werden die mit Seide und Silber bestickten Pantoffeln und dann die goldenen ausdrücklich erwähnt und ebenso die hölzernen Schuhe, die sie tragen musste, als die Stiefschwestern ihr ihre schönen Kleider weggenommen hatten.

Robert von Ranke-Graves zitiert eine französische Ballade aus dem 12. Jahrhundert, in der es ausgerechnet einem Schuster gelingt, die Gunst einer schönen Schlossherrin zu gewinnen, als er nämlich ihre Füße berührt, um ihr Schuhe anzumessen. »Es ist klar«, schreibt er, »dass die Zauberkraft der Göttin in ihren Füßen lag und dass er, als er ihren Fuß in die Hand nahm, sie dazu bringen konnte zu tun, was immer er wollte[31].« Auch in anderem Zusammenhang werden die Füße betont. Von der Schechina, das ist der hebräische Name für die Sophia, die Weisheit, schreibt Gershom Scholem: »Diese kann sich in einem überirdischen Lichtglanz manifestieren. Sie kann unter Bildern beschrieben werden, so etwa, wenn die Rede ist von den ›Flügeln der Schechina‹, unter denen sich die Frommen bergen, oder von dem ›Antlitz der Schechina‹, das sie schauen, oder den ›Füßen der Schechina‹, die, wer eine Sünde im Geheimen begeht, aus der Welt gleichsam verdrängt.«[32]

So war Aphrodite womöglich deshalb bereit, einen so hohen Preis für die Zurückgewinnung ihrer Sandale zu zahlen, weil sie etwas mit ihrer Anwesenheit oder Macht auf der Erde zu tun hat. Von Maria heißt es, dass überall, wo sie hintritt, die schönsten Blumen aus der Erde sprießen. Umgekehrt kann es von einem Gewalttäter heißen, dass dort, wo er hintritt, kein Gras mehr wächst, und den Teufel erkennt man am Pferdefuß. Die Erde gilt in der Bibel als »Schemel der Füße« Gottes, und die Fußspuren des indischen Gottes Vishnu werden so dargestellt, dass seine Fußsohlen Symbole der ganzen Schöpfung zeigen. Der Fuß gilt als Sitz besonderer Macht, der Lebenskraft überhaupt, die Befruchtung und Segen bringt, und diese Bedeutung wird auch auf die Schuhe übertragen. Der Schuh ist Sinnbild der Macht und des Besitzens. So kann der Schuh beim Zaubern die ganze Person vertreten, der er gehört, und man kann zum Beispiel ein Feenkind fangen, indem man rote Schuhe an einen Baum nagelt. Unzählig sind die magischen Bedeutungen von Fuß und Schuh im Aberglauben. Die Siebenmeilenstiefel im Märchen und der gestiefelte Kater sind nur zwei weitere Beispiele. All dies deutet hin auf die ursprünglich wohl den Füßen der weiblichen Göttin zugeschriebene Lebenskraft. Wie schon erwähnt, gilt ihr Pantoffel oder Schuh als Sexualsymbol und der kleine Pantoffel Aschenputtels überdies als Zeichen besonderer Schönheit, wie noch heute das orientalische Schönheitsideal ein kleiner Fuß ist, was wiederum mit der Vagina-Bedeutung in Verbindung gebracht wird.

Zum germanischen Hochzeitsritual gehört, dass der Bräutigam der Braut einen, meist neuen, Schuh anpasst. Da es also keineswegs der Fuß des Bräutigams ist, der in den Schuh schlüpft, irritiert dieser zunächst einleuchtende Vergleich des Schuhs mit dem weiblichen Schoß. Was so gut zueinander passt, sind Fuß und Schuh der Frau selbst.

In der astrologischen Analogiedeutung entsprechen Hände und Füße dem Wasserzeichen der Fische, und in der anatomischen Entwicklung sind die Flügel der Vögel und ihre Füße aus den Fischflossen hervorgegangen. Der Fischschwanz ist bekannt als Unterleib der Wassernixen und zahlreicher archaischer Göttinen, zum Beispiel der Diana von Ephesus. Ihr ureigenstes Element ist ja das Wasser, das Urmeer. Aus ihm wurde Aphrodite geboren, und das Wasser, über dem der Geist brütet wie eine Taube, ist nach der Bibel der Anfang der Schöpfung. Die Füße der Göttin sind das Fischgestaltige an ihr, sie erinnern, auch wenn sie keinen Fischschwanz mehr hat, sondern ganz auf die Erde gekommen ist und menschliche Gestalt angenommen hat, noch an ihre Herkunft aus dem Meer. Wo sie hintritt wie Maria, sprießen Blumen aus der Erde, denn wo Wasser ist, wo Quellen sprudeln, wird die Erde grün. Die Erde wäre demnach ihr Schuh, in den ihr Fuß so gut hineinpasst wie das Wasser in die Erde, wenn es sie durchströmt und fruchtbar macht. Die goldenen Sandalen Aphrodites waren ein Werk ihres Gatten Hephaistos, des Gottes des Feuers und der Schmiedekunst, und nicht von ungefähr wurden ihr und Rhodope die Schuhe geraubt, als sie gerade badeten. Wo Fuß und Schuh der Göttin zusammengefügt werden, entstehen Leben und Vegetation. Das Anpassen der Schuhe als Hochzeitsritual ahmt die Schöpfung nach, und der Bräutigam, der seiner Braut den Schuh hinhält, huldigt damit ihrer lebenspendenden Kraft. Mit dem neuen Schuh legt er ihr sein Haus oder sein Herz zu Füßen, damit sie darin einziehe und Segen wirke. – Buchstäblich umgekehrt wird also hier ein Schuh daraus.

Selbstverständlich gibt es auch eine männliche Wassersymbolik, zum Beispiel den Schaum, aus dem Aphrodite hervorging, er sammelte sich um die abgeschnittenen Genitalien des Uranus. Dies ist ein jüngerer Mythos, während das Urmeer, durch die Göttin dargestellt, die männlichen und weiblichen Pole noch ungetrennt enthält. Ein oft verwendetes Symbol dafür ist die Schlange, die sich in den Schwanz beißt als Zeichen für den Kreislauf des Lebens durch Tod und Geburt hindurch.

Was der Königssohn mit dem zierlichen goldenen Pantoffel in der Hand hält, ist ein Beweis für die Anwesenheit seiner Tänzerin auf der Erde. Sie ist nicht nur ein vogelgestaltiges Geistwesen, das ihm immer wieder entwich, sondern es muss sie wirklich geben. Und hat er erst ihren linken Pantoffel, hat er sie praktisch schon selbst. Er ist dem Augenblick des Erkennens und Findens nahe gekommen, weil er durch den Schuh nun auch die dritte, ihm noch verborgene Dimension des Weiblichen zumindest ahnt, alles, was ihr Sternenkleid ausdrückte.

Ausgerechnet im Pech leuchtet für ihn Gold auf, Symbol des Edlen und Vollkommenen, dem kein böser Geist innewohnen kann. So ist ihm das gelungen, was Alchimisten jahrhundertelang versuchten: aus unedlem Material Gold zu gewinnen. Dieser Destillationsprozess ist ein Gleichnis für die Selbstwerdung und Selbstfindung. Der Königssohn hat eine Beziehung zum Göttlichen in sich selbst gefunden, zu einem königlichen Geist. Wie auch in jedem anderen seelischen Wachstumsprozess gelingt dies gerade dem, der sich entschlossen mit dem Schwarzen in sich selbst, mit allem, was an Böses, Verachtetes und an den Tod gemahnt, auseinandersetzt. Viele Initiationsriten für männliche Helden enthalten das Motiv der Wiedergeburt. Der Held muss noch einmal in den schwarzen Schoß der Mutter eingehen, um als Gewandelter daraus hervorzugehen. Hat er dies nicht gefürchtet und kann er nun mit der Todesfurcht, mit dem Pech, umgehen, dann gelingt es ihm auch, die Taube zu fangen, das Symbol für Geist und für Liebe.

Dazu hat er die Treppe seines eigenen Schlosses mit Pech bestreichen lassen, sie zur Vogelfalle gemacht. Er wirkt damit der eigentümlichen Sprunghaftigkeit seiner Tänzerin entgegen, die einmal ins Taubenhaus, das andere Mal in den Birnbaum springt und trotzdem dort nicht zu finden ist. Mit Recht schließt er daraus, dass sie in der Realität keinen rechten Ort, keinen Stand hat. Wer eine Sünde begeht, heißt es von der Schechina, vertreibt ihre Füße von der Erde. Aschenputtels Füße hatte man in Holzpantinen gesteckt, ihren Füßen damit die Bodenberührung verwehrt.

Wie die Orte, die das Märchen erwähnt, zueinandergehören, bleibt unklar. Sicher, da ist das Haus, in dem der reiche Mann mit seiner Frau und den Töchtern wohnt, und da ist das Schloss des Königs. Ob Taubenhaus und Garten mit Birnbaum aber zum Schloss oder zum Haus des reichen Mannes gehören, bleibt ungesagt. Deutlicher wird etwas anderes: Grab, Haselnussbaum und weißes Vöglein darauf bilden die innere Achse aller Orte, die allerdings den meisten unsichtbar bleibt. Auf der Ebene des weißen Vögleins erscheint in der Realität das Taubenhaus, auf der Ebene des Haselnussbaums der Garten mit dem Birnbaum, und schließlich rückt die Küche, in der Aschenputtel lebt, auf die Ebene des Grabes. Das Schloss, in dem der Tanz stattfindet, lässt sich schwer einordnen. Es ist die Wohnung des Königssohns, die vom Tanz belebt wird. Der Tanz aber, der in das Sein einführt, entspricht damit einer Bewusstseinserweiterung, und die wird dem Königssohn durch seine Tänzerin zuteil. Entsprechend ist das Schloss ein Symbol des Bewusstseins, und die Treppe, die Aschenputtel hinabspringt, führt in die Ebene unterhalb des Bewusstseins. Bisher gibt es keine erkennbare Verbindung, weder zwischen den einzelnen Ebenen noch zwischen der unsichtbaren Achse und den realen Orten. Nur Aschenputtel scheint zu allen Orten und Ebenen Zugang zu haben. Aber sie muss oft springen dazu, hinauf und hinab. Es ist, als lasse der Königssohn die Treppe nicht nur mit Pech bestreichen, sondern lege mit ihr überhaupt erst einmal eine Verbindung an zwischen den Ebenen, zwischen Bewusstem und Unbewusstem, zwischen Diesseits und Jenseits. Und tatsächlich gewinnt er dadurch zumindest den goldenen Pantoffel, er bereitet einen Boden, auf dem die Weisheit in der Realität Fuß fassen kann. Pech ist auch ein Dichtungsmittel, zum Beispiel für Weinfässer. Der Königssohn verdichtet mit dem Pech auch seine eigene Persönlichkeit, wird fester und männlicher, gerade indem er eine Verbindung zu seinem Unbewussten herstellt.

Die falschen Bräute

Am nächsten Morgen ging er damit zu dem Mann und
sagte zu ihm: »Keine andere soll meine Gemahlin werden
als die, an deren Fuß dieser goldene Schuh passt.« Da freuten sich die beiden Schwestern, denn sie hatten schöne
Füße. Die älteste ging mit dem Schuh in die Kammer und
wollte ihn anprobieren, und die Mutter stand dabei. Aber
sie konnte mit der großen Zehe nicht hineinkommen, und
der Schuh war ihr zu klein; da reichte ihr die Mutter ein
Messer und sprach: »Hau die Zehe ab: wann du Königin
bist, so brauchst du nicht mehr zu Fuß zu gehen.« Das
Mädchen hieb die Zehe ab, zwängte den Fuß in den Schuh,
verbiß den Schmerz und ging heraus zum Königssohn. Da
nahm er sie als seine Braut aufs Pferd und ritt mit ihr fort.
Sie mussten aber an dem Grabe vorbei, da saßen die zwei
Täubchen auf dem Haselbäumchen und riefen:

> »Rucke di guck, rucke di guck,
> Blut ist im Schuck:
> Der Schuck ist zu klein,
> Die rechte Braut sitzt noch daheim.«

Da blickte er auf ihren Fuß und sah, wie das Blut heraus-
quoll. Er wendete sein Pferd um, brachte die falsche Braut
wieder nach Haus und sagte, das wäre nicht die rechte, die
andere Schwester sollte den Schuh anziehen. Da ging diese
in die Kammer und kam mit den Zehen glücklich in den
Schuh, aber die Ferse war zu groß. Da reichte ihr die Mutter ein Messer und sprach: »Hau ein Stück von der Ferse
ab: wann du Königin bist, brauchst du nicht mehr zu Fuß

zu gehen.« Das Mädchen hieb ein Stück von der Ferse ab, zwängte den Fuß in den Schuh, verbiß den Schmerz und ging hinaus zum Königssohn. Da nahm er sie als seine Braut aufs Pferd und ritt mit ihr fort. Als sie an dem Haselbäumchen vorbeikamen, saßen die zwei Täubchen darauf und riefen:

> *»Rucke di guck, rucke di guck,*
> *Blut ist im Schuck:*
> *Der Schuck ist zu klein,*
> *Die rechte Braut sitzt noch daheim.«*

Er blickte nieder auf ihren Fuß und sah, wie das Blut aus dem Schuh quoll und an den weißen Strümpfen ganz rot heraufgestiegen war. Da wendete er sein Pferd und brachte die falsche Braut wieder nach Haus. »Das ist auch nicht die rechte«, sprach er.

An den Schwierigkeiten, die der Königssohn trotz allem bei der Suche nach der richtigen Braut hat, wird deutlich, dass er nun zwar ein inneres, ein Seelenbild von der Frau hat, die seine Gemahlin werden soll, aber nicht weiß, wie sie aussieht. Er hätte doch, fragt man sich verwundert, die falschen Bräute am Gesicht erkennen können, nachdem er drei Tage lang mit der richtigen getanzt hat. Denkbar wäre zwar, dass sie verschleiert waren, aber davon erzählt das Märchen nichts. Wieder einmal lenkt es durch einen scheinbaren logischen Widerspruch die Aufmerksamkeit auf das, was nicht vor Augen liegt.

Der Königssohn »geht zu dem Mann« und verkündet ihm seinen Beschluss. Er tritt königlich auf, fragt nicht, bittet nicht, sondern gibt seinen Willen kund. Noch einmal verwundert es, dass der König, der für seinen Sohn das Fest ausrichtete, nicht genannt wird, sondern wieder der reiche Mann. In der Fassung von Perrault beauftragt der Königssohn einen Kammerherrn, die Schuhprobe vorzunehmen, aber in unserer Fassung lässt er es sich nicht nehmen, dies persönlich zu tun, und geht gleich direkt auf den Mann zu, den er anfangs um Rat und Hilfe gebeten hatte. Wie auch immer, »der Mann« ist hier Repräsentant des männlichen, patriarchalen Denkens, das zu durchbrechen der Königssohn sich nun anschickt. Mit dem goldenen Pantoffel in der Hand tritt er am anderen Morgen vor die Öffentlichkeit, fordert sie heraus. Er passt sich nicht an, sondern erhebt den Anspruch, dass die Wirklichkeit sich seinem Traumbild anzupassen habe. Von diesem Morgen her betrachtet, wirken die drei Tage des Festes wie eine innerseelische Bühne, wie ein Tanz, der sich im Königssohn abgespielt hat und von dem er nun sein Handeln leiten lässt. Nun aber bewegt er sich im nüchternen Tageslicht der Realität, und es muss sich zeigen, ob er es durchhält, bei seinen Entscheidungen gleichzeitig nach außen und nach innen zu schauen, oder ob er durch das, was er außen wahrnimmt, von seinem Ziel abgelenkt wird.

Da ist das Haus des reichen Mannes, und da sind zwei schöne Töchter. Der ersten scheint der Schuh zu passen, und er nimmt sie als seine Braut auf sein Pferd und reitet mit ihr heim. Ahnungslos fällt er auf den Betrug herein. Aber sie müssen am Grabe vorbei. Niemals noch schien der Weg der handelnden Personen zu diesem Grab hinzuführen, nur Aschenputtel suchte es auf. Wenn es aber ums Heiraten geht, führt offenbar kein Weg am Grab der Mutter vorbei. Das für den Mann Abgründige am Weiblichen, das ihn an Geburt und Tod erinnert, taucht aus dem Unbewussten auf, erschreckend und faszinierend. Aber nicht umsonst hat der Königssohn mit Aschenputtel getanzt und nicht umsonst sein Inneres bis ins Pech hinab erkundet: Er sieht auch den Haselnussbaum, der auf dem Grab wächst, und er hört und versteht auch die Stimme der Tauben. Die Sprache der Vögel zu verstehen gilt als Zeichen der Erleuchtung, der Weisheit.

Das Girren der Tauben hat schon immer dazu verlockt, ihm eine Bedeutung zuzuschreiben. Mehrere lautmalerische Texte sind im Umlauf, zum Beispiel ruft die Turteltaube: »Was ich tu, is alls gutt«, oder der Täuberich nennt seine Frau: »Trutenfru, Trutenfru« und ruft nach ihr: »Bring her mine Fru, Fru, Fru.« Gute Gerüche aus der Küche loben die Tauben mit: »'t rucket gut, 't rucket gut.«[33] Aber ihr Rufen kann auch als Klage über einen Toten aufgefasst werden. Das erinnert an ihre Bedeutung als Seelenvögel. In anderen Fassungen des Märchens verraten die Tauben dem Königssohn auch den Aufenthaltsort Aschenputtels.

Hier nun lenken sie seine Aufmerksamkeit auf das Blut im Schuh. Die Intuition, eine Eingebung sagt ihm, dass etwas nicht mit rechten Dingen zugeht. Von dem, was zwischen Mutter und Tochter in der Kammer, vor seinen Augen verborgen, vor sich ging, weiß er ja nichts. Aber er nimmt die Stimme der Tauben und das rätselhafte Blut im Schuh zum Zeichen, dass er umkehren muss. Und als sich mit der zweiten Tochter dasselbe wiederholt, wendet er nochmals sein Pferd und kehrt um. Er wirkt in diesen Szenen wie ein Träumer, fast blind für äußere Tatsachen, allein seinem inneren Bild und den Stimmen der Tauben gehorchend.

Mit voller Absicht wollen die Stiefmutter und die beiden Schwestern ihn täuschen. Königin und Königinmutter zu werden, teilzuhaben an der Macht, am herrschenden Prinzip, ist ihr einziges Ziel, das ihnen das Opfer der Selbstverstümmelung wert ist. Eine Königin, das ist eine Dame, die bedient und mit der Kutsche spazierengefahren wird, sie braucht nicht mehr zu Fuß zu gehen. Darin spiegelt sich wohl die Vorstellung des einfachen Volkes vom Adel, aber ebenso die Entleerung des Frauenbildes. Die

Frau gleicht im Patriarchat einer Puppe auf dem Parade-kissen, hübsch anzusehen, aber leblos. Am ausgeprägtes-ten war dieser Frauentyp stets in den oberen gesellschaft-lichen Schichten, zunächst im Adel, später, ihn nachah-mend, im gehobenen Bürgertum, bei den »höheren Töchtern«. Außer ein paar Handarbeiten und etwas Kon-versation brauchten sie nichts zu tun, durften es nicht ein-mal, und zu wissen brauchten sie auch nichts. Ihre Tugend war ihre Jungfräulichkeit, und die wurde so sorgfältig be-wahrt, dass sie nicht einmal selbst etwas erfuhren über die Vorgänge bei Zeugung und Geburt. Sie blieben buchstäb-lich »dumme Gänse«. Und es zeigt sich nun, dass alles, was die Schwestern und die Stiefmutter Aschenputtel vorwar-fen, auf sie selbst zurückfällt und zutrifft. Sie schalten sie eine dumme Gans und meinten: »Wer Brot essen will, muss es verdienen.« Aber sie selbst waren weder bereit noch nach der Selbstverstümmelung imstande, Brot zu verdienen, nämlich als Königin ihrem Land Fruchtbarkeit zu bringen. »Seht einmal die stolze Prinzessin, wie sie ge-putzt ist!« Nun haben sie sich für den Königssohn mit Blut geputzt. »Du hast keine Kleider und kannst nicht tanzen, wir müssen uns deiner schämen.« Mit dem Tanzen war es für die beiden Schwestern nun ein für allemal vorbei. In grausiger Weise wendet sich die Aggression gegen das Weibliche nun gegen die Schwestern selbst. So wie der Vater mit Axt und Beil Taubenhaus und Birnbaum um-hackte, drückt die Stiefmutter ihren Töchtern nun das Messer in die Hand, und sie richten es gegen sich selbst. Das blutige Ritual findet im Geheimen, in einer Kammer statt.

Die Älteste muss sich den großen Zeh abhacken. Sie wird von da an auf den Fersen humpeln müssen, schwer-fällig und plump. Verstümmelungen an Frauen sind noch bis in die Gegenwart üblich. Chinesinnen mussten sich schon im Kindesalter die Füße so eng einbinden, dass diese nicht wuchsen und sie nur trippeln konnten. Noch mehr erinnert das Abhacken der Zehe an die Beschneidung der Klitoris. Sie soll der Frau die Fähigkeit zum Orgasmus nehmen und würdigt sie damit herab zur Gebärmaschine. Das Unheimliche an diesen Riten ist, dass sie von älteren Frauen vorgenommen wurden, sie vollziehen die Rituale, die ihren Töchtern eine vornehme Ehe garantieren. Was in anderen Kulturen durch körperliche Torturen erreicht wird, wird in Europa durch die subtileren Methoden der Erziehung und der Moral bewirkt. Die plump wirkende Frau, geeignet fürs Gebären, für Küchen- und Feldarbeit, gilt als brav und praktisch. Ihrem schwerfälligen Gang gleicht ihre geistige Ausstattung. Sie kann ihre Gedanken kaum vom Boden erheben, lebt stumpf dahin und gab der patriarchalen »Kultur« das Recht, vom »physiologischen Schwachsinn des Weibes«[34] zu reden.

Die jüngere der Schwestern muss sich die Ferse abhacken. Sie wird von da an auf Zehen laufen müssen. An ihr manifestiert sich das entgegengesetzte Erziehungsideal: die Frau als geschlechtsloses Wesen, das dem »Höheren« zugetan ist. Ob sie dann das Leben einer schonungsbedürftigen, kränkelnden Frau, einer Nonne oder »alten Jungfer« zu führen hatte, hing von den Umständen ab, unter denen sie aufwuchs.

Eine Dimension wird dem Weiblichen in jedem der beiden Fälle abgeschnitten, entweder die des Taubenhauses, die Fähigkeit, geistige Impulse aufzunehmen und mit ihnen umzugehen, oder die des Birnbaums, die Fähigkeit, ihren Leib zu akzeptieren und Mutter werden zu können.

Bis in die Gegenwart hinein wirken diese Verstümmelungen und äußern sich in dem tief eingewurzelten Minderwertigkeitsgefühl vieler Frauen. Wie die Mutter im Märchen ihren Töchtern das Messer reicht, so trägt die erwachsene Frau dieses Messer in ihrem patriarchal geprägten Bewusstsein und bringt sich, ohne es zu merken, in einer Kammer ihres Unbewussten diese Verletzungen immer wieder selbst bei, in der Meinung, nur so dazugehören zu können, nur so dem König, dem herrschenden Prinzip, zu passen. Beim »Cinderella-Komplex« überlässt die Frau dem Mann das Denken und Handeln, da er der Klügere sei, und die emanzipierte Frau passt sich der patriarchalen Kultur und ihrer Verachtung des Weiblichen so sehr an, dass sie von »Kindern, Küche und Kirche« nichts mehr wissen will.

Das schneidende Messer setzt dort an, wo es im Unbewussten verletzt, an den Füßen, am Fischleib, der die Frau mit dem Großen Weiblichen, dem Urmeer, verbindet, wo Leben, Tod und Wiedergeburt ineinander verschlungen sind, indem die uroborische Schlange sich in den Schwanz beißt. Die wirkliche Schlange tut das, wenn sie sich häutet, also verjüngt. Dieser Schlange soll der Kopf zertreten werden (1. Mose 3,15b). Jeder Frau wird beigebracht, dass das Weibliche das Tor sei, durch das Sünde und alles Unglück über die Menschheit gekommen sei. Und das schmerzt sie deshalb besonders, weil ihr ursprünglicher Instinkt ihr sagt, dass ihre Aufgabe umgekehrt die ist, den Menschenkindern Segen und Gedeihen zu spenden. Aber es wird ihr zugemutet, den Schmerz darüber gehorsam zu verbeißen. Es wird von ihr verlangt, ihre Verbindung mit der fischgestaltigen Jenseitsgöttin abzutrennen und das Wissen von ihr aus ihrem Bewusstsein zu löschen. Denn die Jenseitsgöttin, die Himmelsgöttin, soll begraben sein; wo einst ihr lebendiges Wasser sprudelte, zeigt man nun auf die Schlange, die im Staub kriecht, auf Asche und Totengebein.

Und doch trägt jede Frau die Zeichen der Großen Göttin, unterliegt dem Gezeitenwechsel der Mondgöttin mit ihrem Monatszyklus, nimmt, ob sie will und es ihr bewusst wird oder nicht, teil an den uralten Blutmysterien des Weiblichen. Eingeweiht wird sie in diese Geheimnisse von der Mutter nicht mehr, eher empfindet sie es als Strafe oder Schande, davon gezeichnet zu sein.

Denkbar ist, dass das Märchen darauf hindeutet, dass die beiden Schwestern zur Hochzeit wollen, während sie Blut im Schuh haben. Was das »Handwörterbuch des deutschen Aberglaubens« mitteilt, legt diese Vermutung nahe: »Wenn die weibliche Periode neben ›roter König‹, ›Tante‹ und anderen personifizierenden Umschreibungen auch der ›rote Schuster‹ genannt wird, so ist besonders dort eine Beziehung zum Schuh vorhanden, wo die in der warmen Jahreszeit auf dem Lande barfuß gehenden weiblichen Personen während der Menstruation Schuhe anziehen. Daher sagt man auch von einem menstruierenden Mädchen, dass es ›in die Schuhe kommt‹.«[35]

Wie das Unbewusste oft dem einseitig ausgerichteten Menschen einen Streich spielt, hätte die Mutter aus dem Grab durch die Stimme der Tauben also gerade enthüllt, was dem Königssohn durch die Geheimnistuerei in der Kammer verborgen bleiben sollte.

Das Unglück des Menschen sei, hat einmal jemand gesagt, dass er das Ende nicht mit dem Anfang zu verknüpfen verstehe. Diese Kunst aber ist gerade das Geheimnis des Weiblichen, das in der Heiligen Hochzeit gefeiert wird. Da die beiden Schwestern in dieses Geheimnis nicht eingeweiht waren, passten ihre Füße nicht in den goldenen Schuh, das Symbol der Vollendung.

Die rechte Braut

»Habt ihr keine andere Tochter?« – »Nein«, sagte der Mann, »nur von meiner verstorbenen Frau ist noch ein kleines verbuttetes Aschenputtel da: das kann unmöglich die Braut sein.« Der Königssohn sprach, er sollte es heraufschicken, die Mutter aber antwortete: »Ach nein, das ist viel zu schmutzig, das darf sich nicht sehen lassen.« Er wollte es aber durchaus haben, und Aschenputtel musste gerufen werden. Da wusch es sich erst Hände und Angesicht rein, ging dann hin und neigte sich vor dem Königssohn, der ihm den goldenen Schuh reichte. Dann setzte es sich auf einen Schemel und zog den Fuß aus dem schweren Holzschuh und steckte ihn in den Pantoffel, der war wie angegossen. Und als es sich in die Höhe richtete und der Königssohn ihm ins Gesicht sah, so erkannte er das schöne Mädchen, das mit ihm getanzt hatte, und rief: »Das ist die rechte Braut!« Die Stiefmutter und die beiden Schwestern erschraken und wurden bleich vor Ärger: er aber nahm Aschenputtel aufs Pferd und ritt mit ihm fort. Als sie an dem Haselbäumchen vorbeikamen, riefen die zwei weißen Täubchen:

»Rucke di guck, rucke di guck,
Kein Blut ist im Schuck:
Der Schuck ist nicht zu klein,
Die rechte Braut, die führt er heim.«

Und als sie das gerufen hatten, kamen sie beide herabgeflogen und setzten sich dem Aschenputtel auf die Schultern, eine rechts, die andere links, und blieben da sitzen.

Als der Königssohn auch die zweite falsche Braut wieder zurückbringt, fragt er die Eltern:»Habt ihr keine andere Tochter?« Er fragt ins Dunkel hinein, wie an eine verschlossene Wand hin. Kein Anhaltspunkt gab ihm Grund zu dieser Frage, sondern allein der Wunsch, in der sichtbaren Wirklichkeit müsse es etwas geben, das seinem inneren Bild entspricht.

Im Hochzeitsspiel um die entführte Braut werden die Entführer den suchenden Bräutigam auch durch Verleugnung des schon gefundenen Verstecks der Braut in die Irre zu leiten versuchen. Die Braut aber frohlockt, wenn sie seine Schritte hört:

> »Horch! Mein Liebster, sieh, da kommt er,
> springt über die Berge, hüpft über die Hügel!
> Sieh, schon steht er hinter der Wand,
> schaut durchs Fenster, blickt durch das Gitter!«
>
> Hoheslied 2,8.9

Die Art, wie die Eltern den Königssohn abzuweisen versuchen, ist abgründiger. Die Szene erinnert an den Drachenkampf, den der Held zu bestehen hat. Er muss den Drachen besiegen, der in seiner Höhle die Prinzessin gefangen hält. Der Vater und die Stiefmutter verhalten sich wie jemand, der sagt:»Nur über meine Leiche kommst du in mein Haus. « Sie haben so etwas wie eine Leiche im Keller, etwas, dessen sie sich schämen.»Nur noch ein kleines, verbuttetes Aschenputtel, das kann unmöglich die Braut sein.« (»Verbuttet« stammt wahrscheinlich von dem niederdeutschen Adjektiv »butt« ab. Es bedeutet: stumpf, kurz und dick, wie von einem Amboss breitgeschlagen, und im übertragenen Sinn: unansehnlich, klein, stumpfsinnig und dumm.»Der Butt« ist entsprechend Name für den flachen Schollenfisch.[36]) An keiner Stelle ist ein Mensch so verwundbar wie dort, wo er etwas verdrängt, wo er seine

Schmutzecke hat. Die soll kein Gast zu sehen bekommen, an diese Stelle in einem selbst soll kein anderer rühren. Als die einzige verwundbare Stelle des Drachen gilt sein Herz, das muss der Held treffen. Die Stiefmutter windet sich: »Ach nein, das ist viel zu schmutzig, das darf sich nicht sehen lassen.« Aber der Königssohn besteht darauf, dass es noch eine Tochter geben müsse. Er gibt sich mit der Alternative, die man ihm geboten hat, nicht zufrieden.

Die Alternativen, das Entweder-Oder, beherrschen das patriarchale Denken. Es gibt, behauptet man, nur die Wahl zwischen Leben und Tod, zwischen rot oder tot, zwischen gut oder böse. Du kannst, heißt es, nur Amboss oder Hammer sein, musst dich entscheiden zwischen Ordnung oder Chaos, wirst entweder dem Licht dienen oder der Finsternis verfallen. Dazwischen gibt es nichts. Dass beide Alternativen hinken wie die beiden falschen Bräute, wird verleugnet. Die Grauzone, in welcher die scheinbar unüberwindlichen Gegensätze ineinanderfließen, die Zone der Wandlungen, wird so tief verdrängt, dass sie wie ein schmutziges Aschenputtel aussieht, das man ängstlich verbirgt, obwohl doch gerade dieses Aschenputtel am Herd, das für das ganze Haus kocht und wäscht, die Lebensfunktionen aufrechterhält.

Der Königssohn aber ist anderen Geistes, sein inneres Bild vom Lebendigen vermittelt ihm die Ahnung, dass gerade das, was man vor ihm verbergen will, die Verhüllung derjenigen ist, die er sucht, die verborgene Weisheit. Er beharrt darauf, dass Aschenputtel heraufgeschickt wird. Sein Machtwort öffnet das Grab der Mutter.

Was sich nun abspielt, geht schlicht und selbstverständlich vor sich. Das wirklich Große ist das ganz Einfache. Aschenputtel wäscht sich Hände und Angesicht rein und tritt hervor. Weder mutet sie dem Königssohn zu, sie schmutzig zu sehen, noch verleugnet sie ihre Niedrigkeit, den Kittel und die Holzschuhe. Weder demonstriert sie

trotzig mit dem, was man ihr angetan hat, noch schämt sie
sich, ihm in ihrer unscheinbaren Hülle zu begegnen. Mit
ihrer Verneigung vor dem Königssohn gibt sie zu erkennen, dass nur er für sie zählt. Sie verzieht sich nicht in eine
Kammer, sondern setzt sich ganz natürlich auf einen Schemel und zieht den goldenen Pantoffel an, den der Königssohn ihr reicht. Sie spricht kein Wort dabei und blickt nicht
nach links und nach rechts. Als sie sich aufrichtet, erkennt
der Königssohn sie nun auch am Gesicht, er ist auf die
Schuhprobe allein nicht mehr angewiesen. Er hat sie gefunden, weil er sie erkannt hat, und während er sie findet,
erkennt er sie. Erkennen und Lieben, vom Mann her gesehen, sind in der Bibel gleichlautende Worte.

Der goldene Pantoffel, den seine Tänzerin ihm ließ, ist
nun zugleich Symbol für das Herz des Königssohns, für
sein Schloss und sein Land, in das nun seine rechte Braut
einziehen wird als eine Königin, die das Wasser des Lebens
einströmen lässt in den seelischen Bereich ebenso wie in
das Bewusstsein und damit dem ganzen Land Fruchtbarkeit bringt. Im Hohenlied sagt die Braut von sich:

»Der Quell meines Gartens
ist ein Born lebendigen Wassers,
das da herabströmt vom Libanon.
Wach auf, Nordwind, und komm herbei, Südwind,
durchweh meinen Garten, dass seine Düfte strömen,
es komme mein Liebster in seinen Garten
und esse seine köstlichen Früchte!«

Hoheslied 4,15.16

Die Stiefmutter und die beiden Schwestern werden bleich
vor Ärger, der Schreck bringt ihr Blut zum Erstarren, so
dass sie die Farbe des Todes annehmen. Wem es je geschieht, dass sein Innerstes nach außen gekehrt wird, so
dass er sich entblößt vorkommt, erlebt dies wie ein Ster-

ben. Denn alles, worauf er bisher seine Existenz stützte, alle Maßstäbe, nach denen er sich richtete, zerbrechen. Eine Erschütterung dieser Art kann der Anfang eines neuen, gewandelten Lebens werden. Aber das Märchen zeichnet mit härteren Strichen. Es lässt sie da stehen und verfolgt den Weg des Königssohns, der unverzüglich mit seiner Braut fortreitet.

Die Tauben auf dem Haselbäumchen bestätigen ihm, dass er nun die richtige Braut heimführt. Er erlebt die Übereinstimmung zwischen Traum und Wirklichkeit, die glücklich macht, die Harmonie zwischen sich und der Welt, die ergreift und erhebt und die wir Schönheit nennen.

Diesmal rufen die Tauben nicht nur, sondern kommen herbeigeflogen und lassen sich auf den Schultern Aschenputtels nieder. Das Bild des Vogels auf der Schulter ist nur noch von Hexen her bekannt, von denen es heißt, ein Rabe oder eine Krähe hocke auf ihren linken Schultern. Nur in dieser verzerrten, hässlichen Gestalt erscheint noch das ursprüngliche Bild der Göttin der Liebe, deren geistige Überlegenheit durch die Tauben dargestellt wird. Die Mutter ist in ihrer Tochter auferstanden, Aschenputtel wird von ihr selbst gekrönt mit den Zeichen ihrer Weisheit.

Eines der Hochzeitslieder aus dem Hohenlied mag ihren Ritt in den Frühling begleiten:

»Komm nur, mein Liebster;
lass uns ausgehen in die Flur,
nächtigen im Weinberg,
früh aufwachen und schauen,
ob der Weinstock treibt,
ob die Weinblüten aufgehn, die Granatäpfel blühen,
die Liebesäpfel duften und alle köstlichen Früchte,
neue und alte, Liebster, die ich dir bewahrte,
dort will ich dir meine Liebe geben.«

Hoheslied 7,12–14

Während das glückliche Paar am Haselbäumchen vorbeireitet und ihre Gestalten in duftenden Weinbergen verschwinden, könnte den Betrachter, der ihnen nachschaut, Wehmut beschleichen. Was dem Märchenpaar gelungen ist, geschieht in Wirklichkeit so selten. Nach wie vor behauptet die patriarchale, der Liebe feindliche Bewusstseinsstruktur in der Realität ihre Macht. Ihre Wandlung durch eine Heilige Hochzeit, die alles einbezöge, ist kaum vorstellbar. Trotzdem: Dem einzelnen Menschen kann es gelingen, mitten in dieser Welt ein Königreich der Liebe zu gründen und einen Garten anzulegen, in dem seine Kreativität gedeiht.

Keine Frau ist nur Aschenputtel, aber jede hat die Möglichkeit, das Aschenputtel in sich selbst zu finden und zu erleben, wie es sich entwickelt und schließlich seine schönen Kleider entfaltet. Kein Mann ist nur ein Königssohn, aber er kann sich zu dem Königssohn in sich selbst bekennen und ihm die Führung überlassen. Die Liebe hat die zauberische Macht, in der Frau das Aschenputtel aus seiner Asche herauszulocken und den Königssohn zu wirklich königlichem Handeln reifen zu lassen. Verena Kast hat die schöpferische Macht der Beziehungsfantasien geschildert.[37] Wer verliebt ist, vergöttert in seiner Fantasie nicht nur den geliebten Menschen, sondern sieht auch sich selbst in einer göttergleichen Gestalt, in der er dem anderen gern begegnen möchte. Und die Liebe hat die Kraft, im Liebenden und im Geliebten diese schlafenden Fähigkeiten so zu verstärken, dass sie in die Wirklichkeit treten und zur unverlierbaren Eigenschaft werden.

Aschenputtel ist eine Anima-Gestalt. Sie als Göttin der Liebe schafft Beziehung, indem sie alles um sie her belebt. Ohne die Anima, die keineswegs nur eine weibliche Gestalt im Manne, sondern ebenso in der Frau ist, bliebe die Welt leer und leblos. Schon als Aschenputtel den Vater um das grüne Reis bittet, stellt sie eine Beziehung her zwischen scheinbar Unzusammenhängendem. Und sie ist es, welche die Beziehung mit dem Königssohn herstellt, als sie in ihren wunderbaren Kleidern zum Tanz erscheint und ihm schließlich den goldenen Pantoffel hinterlässt. In ihrer Fantasie sieht sie im Königssohn schon von weitem den, der sie erkennen wird, und sieht sich selbst in ihrer göttlichen Gestalt.

Als der Königssohn zu dem Fest rüstet, das ihm seine künftige Frau zeigen will, erwacht in ihm die Fantasie davon, wer er für seine Gemahlin sein möchte und wie sie beschaffen sein soll. Diese sie beide über das Normale hinaushebende Beziehungsfantasie hat schließlich die schöpferische Kraft, den Königssohn zum wahren König werden zu lassen und Aschenputtel auch in der Wirklichkeit aus ihrem verschlossenen Raum herauszuführen. Da erscheint sie nicht in Kleidern aus Gold und Silber, aber doch deutlich erkennbar unter ihrem grauen Kittel. Beide finden trotz aller Hindernisse zueinander, weil ihre Beziehungsfantasien zueinander passen.

Wie groß die Hindernisse sein können, die der Verwirklichung der Liebe im Wege stehen, das wird im Märchen geschildert und durch den Gang der Handlung doch überspielt. Es wäre auch ein Königssohn denkbar, der sich damit begnügt, einmal tanzend die Liebe erfahren zu haben, der den goldenen Pantoffel zwar aufhebt, aber nicht losgeht, um diejenige zu suchen, zu der er passt. Vielleicht hütete er den goldenen Pantoffel wie eine Trophäe oder einen heimlichen Schatz, bis er zuletzt wieder im Pech versinkt. Ein solcher Mann ließe sich von dem väterlichen Denken bestimmen und wagte es nicht, sich zum Traumbild des Königssohns in sich zu bekennen.

Ebenso wäre auch ein Aschenputtel vorstellbar, das sich im letzten Augenblick doch scheut, aus seiner Küche hervorzukommen und sich öffentlich zu sich selbst und zum Königssohn zu bekennen. Eine solche Frau ließe sich vom

Urteil der Stiefmutter bestimmen, sie sei doch viel zu unansehnlich und schmutzig, um einem Mann gefallen zu können. Es ließen sich noch manche weiteren Klippen und Spalten nennen, an denen Aschenputtel und der Königssohn hätten scheitern können.

Im Märchen werden beide geschildert als von einer inneren Macht getrieben, von der Liebe, während sie den äußeren Mächten, der Stiefmutter und dem Vater, lange Zeit wehrlos gegenüberstehen. Die Realität, wie wir sie kennen, gesteht aber der Denkungsart der Eltern alles Recht zu. Ihr gegenüber erscheint der Königssohn, der mit einem Pantoffel in der Hand seine Braut suchen geht durchs ganze Land, wie ein Verrückter, und ein Aschenputtel, das Königin werden will, als etwas Unvorstellbares. Wer diese Denkungsart überwinden will, muss zuerst an sich selbst glauben und sich selbst lieben können. So drängte Aschenputtel zum Tanz, obwohl ihr gesagt wurde, sie habe keine Kleider und könne nicht tanzen, und so hielt der Königssohn sich selbst für würdig genug, ein Fest zu veranstalten.

Die Heilige Hochzeit, wie sie zwischen Mann und Frau gefeiert wird, ist auch ein Symbol dafür, wie in einem einzelnen Menschen der Ring des Lebens geschlossen wird, indem Fuß und Schuh ineinandergefügt werden, so dass es in ihm zu grünen und zu blühen beginnt: Seine schöpferischen Fähigkeiten erwachen und werden fruchtbar. Der Königssohn ist eine Gestalt, die auch in jeder Frau zum Fest rufen kann, und Aschenputtel eine Gestalt, die in jedem Mann ihre Kleider zum Leuchten bringen kann. Was das Märchen schildert, kann auch auf der inneren Bühne geschehen. Indem Aschenputtel das grüne Reis auf das Grab der Mutter pflanzt, nimmt sie das spätere Erscheinen des Königssohns schon vorweg. Der Haselnussbaum hat auch eine Beziehung zu Hermes, dem Götterboten, der zwischen himmlischem und irdischem Bereich vermittelt, die Trennwände zwischen ihnen durchbricht. So durchbricht auch der Königssohn später die Wand zwischen Aschenputtel und der Wirklichkeit und befreit sie, so dass sie sich zeigen kann. Eine Frau, die schöpferisch werden will, braucht diesen königlichen Geist, der sie ermutigt, aus der Verborgenheit ans Licht der Öffentlichkeit zu treten. Indem sie mit ihm Hochzeit feiert, wird sie zur Königin im eigenen Reich.

Und indem der Königssohn ein Fest ausruft, lockt er aus seinem eigenen Unbewussten die Anima hervor, die seine Seele belebende und befruchtende Kraft. Sie wird ihm die zauberhaften inneren Bilder zeigen, die in Aschenputtels Kleidern dargestellt sind. Aus ihnen schöpft er, sie geben seiner Fantasie Farbe und Lebendigkeit und bewahren sie davor, zu vertrocknen. Hat er dann den Mut, mit eben diesen innen geschauten Bildern vor die Öffentlichkeit zu treten und der Welt zu zeigen, wo in ihr die Weisheit verborgen liegt, dann schließt er den Ring, aus dem ihm immer neu Ideen zufließen, er wird König im Reich seiner Fantasie.

Die falschen Schwestern

Als die Hochzeit mit dem Königssohn sollte gehalten werden, kamen die falschen Schwestern, wollten sich einschmeicheln und teil an seinem Glück nehmen. Als die Brautleute nun zur Kirche gingen, war die älteste zur rechten, die jüngste zur linken Seite: da pickten die Tauben einer jeden das eine Auge aus. Hernach, als sie herausgingen, war die älteste zur linken und die jüngste zur rechten: da pickten die Tauben einer jeden das andere Auge aus. Und waren sie also für ihre Bosheit und Falschheit mit Blindheit auf ihr Lebtag gestraft.

Auf das strahlende Glück fällt ein Schatten: Die beiden Schwestern mischen sich noch einmal ein. Vater und Stiefmutter werden nicht mehr erwähnt, es ist, als seien sie beim Erscheinen Aschenputtels endgültig erbleicht, wie Nebel vor der Sonne verschwindet. Aber die Schwestern geben nicht auf. Erstaunlich ihre Fähigkeit, ihr Mäntelchen nach dem Wind zu hängen. Sie sind immer dort, wo nach ihrer Meinung die Macht wohnt. Die Haltlosigkeit dieser fast bedauernswerten Geschöpfe äußert sich in ihrem Bedürfnis, sich anzulehnen. Sie wollen ernten, wo sie nicht gesät haben. Aber die Tauben hacken ihnen die Augen aus. Sie machen sichtbar, was von Anfang an galt: dass die beiden blind sind für die Liebe, weil sie nur die Macht zu sehen vermögen. Kein Blick auf das Brautpaar wird ihnen gegönnt: Ihnen wird das Auge ausgehackt, das dem Paar jeweils zugewendet ist. Sie waren schön und weiß von Angesicht, aber garstig und schwarz von Herzen.

Nun haben sie das Gesicht verloren und müssen nach innen schauen, in die eigene Schwärze.

Wie verdient ihre Strafe auch sei, erschreckend ist das Verhalten der Tauben trotzdem. Sie tun, was Aschenputtel die Tauben einst geheißen hat: die guten Linsen ins Töpfchen, die schlechten ins Kröpfchen. So picken sie die schlechten Augenlinsen auf. Gute Linsen sind Samenkörner, aus denen etwas keimt, das das Licht sehen wird. Auch Knospen werden Augen genannt, und die Augen sind ein Symbol des weiblichen Schoßes. Sonne und Mond werden als die Augen der Himmelskönigin bezeichnet. Linsen erinnern durch ihre Form auch an Münzen. Münzen sind geprägt mit den Zeichen der Macht. Es ist, als seien die Augen der Schwestern, statt von innen zu leuchten, von außen geprägt. Ihr Blick ist ein Silberblick, der nur die Embleme der Macht und des Geldes wahrnimmt. Und wie schlechte Linsen als Saatgut nicht taugen, weil aus ihnen nichts keimen kann, ebensowenig wie aus einer tauben Nuss, so wird nun den Schwestern bescheinigt, dass sie innen hohl sind.

Zwei traurige Gestalten, die trotzdem versuchen, einige Tropfen vom Honig des Glücks zu naschen. Sie wollen sich einschmeicheln, versuchen, dem Königssohn und seiner Braut ihre Unentbehrlichkeit zu beweisen. Immerhin hat der Königssohn jede von ihnen einmal auf seinem Pferd mit sich geführt, und erst die Tauben mussten ihm die Augen öffnen, dass er erkannte, dass sie die falschen Bräute waren. Etwas von ihnen hat sich mit ihm verbunden, obwohl oder gerade weil sie versucht hatten, ihn mit ihrem schönen weißen Gesicht zu blenden. Immerhin hat auch Aschenputtel ihnen die Haare gebürstet, die Schuhe geputzt und die Schnallen geschnürt. Etwas von ihrer Eitelkeit könnte auf sie übergegangen sein, obwohl oder gerade weil sie dabei weinen musste. Erst danach lernte Aschenputtel, die guten von den schlechten Linsen zu unterscheiden.

Wer aber das Königreich seiner Liebe begründen und den Garten seiner schöpferischen Möglichkeiten anlegen will, ist gut beraten, die Weisheit zu bitten, ihn von jedem neidischen Blick zu befreien. Die Augen der eifersüchtigen Schwestern schielen immer nach der Macht. Die eine geht dabei auf Zehen und wird alles Gewonnene immer vergleichen mit einem König, der reicher und mächtiger ist als man selbst. Die andere humpelt auf den Fersen und wird die eigene Schönheit und Fruchtbarkeit immer herabziehen und verächtlich zu machen versuchen. Der neidische Blick, der sich immer mit anderen vergleicht und dadurch Unzufriedenheit weckt, wird die Saat des Glücks wegfressen und die Blumen der Freude zerpflücken. Er wird stattdessen Zwietracht säen zwischen den Liebenden oder die Früchte des eigenen Tuns madig machen. Wie klein immer das Reich der Liebe sein mag, wie bescheiden der Radius eigenen schöpferischen Wirkens, Gedeihen gibt es nur dort, wo der Blick allein auf die Quelle gerichtet ist, aus der Liebe und Kreativität kommen. Was wächst und blüht und Früchte trägt, hat sein Maß, den zierlichen Fuß, in sich selbst. Alles würde verdorben, wollte man auf großem Fuß leben, statt das rechte Augenmaß zu behalten, die Gabe der Weisheit.

So ist es ein vielleicht schmerzendes, aber wertvolles Hochzeitsgeschenk, das die Weisheit dem königlichen Paar macht, indem sie es reinigt von jedem Schielen nach anderen Königreichen. *Diese* Hochzeit bedarf keiner Augenzeugen, der Tempel der Heiligen Hochzeit darf nicht entweiht werden durch Missgunst und Eitelkeit.

Die Schwestern erinnern mit ihrem Verhalten an die törichten Jungfrauen im Gleichnis Jesu. Sie gehen dem Bräutigam entgegen, haben aber kein Öl mit für ihre Lampen. Als um Mitternacht der Ruf erscholl: »Der Bräutigam kommt!«, baten die törichten die klugen Jungfrauen um Öl. Aber die klugen Jungfrauen schickten sie fort, es sich selbst zu kaufen. Und als sie zurückkamen, war der Bräutigam schon gekommen, die Tür zum Hochzeitssaal war verschlossen, und als sie anklopften, sagte der Bräutigam: »Ich kenne euch nicht.« (Matthäus 25,1ff.) Was im Gleichnis das Öl ist, ist im Märchen das Töpfchen mit guten Linsen. Die unter Leiden gesammelte Erfahrung, durch die eigene Identität gewonnen wird, lässt sich nicht teilen, sie ist der Schatz der eigenen Individualität. Wer dann, wenn der Bräutigam kommt, nur mit einer rußigen Lampe dasteht oder nur blinde Asche in sich hat, ist zur Hochzeit nicht bereit und nicht fähig. Die über sie verhängte Strafe kostete die Schwestern aber nicht das Leben. Es wäre das Thema eines neuen Märchens, zu verfolgen, ob auch ihnen, die nun ins eigene Dunkel blicken müssen, noch ein Licht aufgeht und ob die Tauben, die ihre Augen verschlungen haben, sie ihnen zuletzt nicht doch wiedergeben, erneuert und verwandelt, anstelle der schlechten Linsen Augensterne. Denn solange ein Mensch lebt, bleibt ihm immer wieder die Chance zu einem Neuanfang, auch wenn das Schicksal ihm so übel mitgespielt hat wie den Schwestern, die bei aller Bosheit doch auch Opfer einer Gesinnung wurden, die sie gewaltsam daran hinderte, ihre innere Lebendigkeit zu entwickeln.

Der Gang zur Kirche

Bleibt zum Schluss die Frage, was das Märchen mit dem Gang zur Kirche meint. Eine christliche Trauung wirkt aufgesetzt im Rahmen dieses Märchens, das von »Heidnischem« geradezu überfließt. Die »Heilige Hochzeit«, solange sie im Ritual eines Neujahrs- oder Frühlingsfestes gefeiert wurde, fand in einem Tempel statt, aber unter anderem Vorzeichen. Nicht im »Hause des Herrn«, im kyriakon, denn das heißt »Kirche«, sondern im Hause der Göttin, die von ihrer Priesterin dargestellt wurde. Ob sie buchstäblich vollzogen wurde oder nur rituell, darüber sind die Forscher sich nicht einig. Wahrscheinlich aber doch ursprünglich sehr leiblich-konkret, allenfalls in späteren Epochen nur noch zeremoniell. Ein sumerisch-akkadischer Hymnus von der Heiligen Hochzeit zwischen Inanna und Iddindagan, das ist ein anderer Name für Dumuzi, gibt eine Vorstellung davon. Da heißt es, die »Schwarzköpfigen«, die Menschen insgesamt, haben »der Herrin des Palastes einen Hochsitz errichtet. Der König, der Gott, weilt dort mit ihr. Dass sie das Schicksal der Länder entscheide, dass sie am guten ersten Tag aufleuchte, am Schwarzmondtag die göttliche Ordnung vollende, bereitete man am Neujahrstag, dem Tag der Kultfeiern, meiner Herrin das Lager, reinigte es mit Zweigen von Zedern, machte es meiner Herrin zum Lager. Legte ihr als Geschenk ein Kleid zurecht, dass sie sich in dem Kleid von Herzen freue, das Lager genieße. Badet man meine Herrin für den heiligen Schoß, badet sie für den Schoß des Königs, badet sie für den Schoß Iddindagans, wäscht man die heilige Inanna, besprengt den Boden mit duftendem Zedernharz. Der König geht stolz erhobenen Hauptes zum heiligen Schoß, Ama'usumgalanna [das ist Dumuzi, durch den König vertreten] liegt bei ihr, kost ihren heiligen Leib. Nachdem die Herrin sich im heiligen Schoß des Lagers gesättigt, nachdem die heilige Inanna sich im heiligen Schoß des Lagers gesättigt, spricht sie an der Stätte des Lagers zu ihm: Des Helden Iddindagan bin ich.«[38]

Dem Inhalt des Märchens folgend, wäre entsprechend zu erwarten, dass das Paar nun, statt sich in der Kirche trauen zu lassen, in den Tempel einzieht, wo das Lager bereitet ist. Und dass dort keine Zuschauer zugelassen waren, vermutet Hartmut Schmökel sehr entschieden. Das Hohelied enthält eine Beschwörung, die er jedenfalls so deutet:

> »Seine Linke liegt unter meinem Haupte,
> und seine Rechte liebkost mich.
> Ich beschwöre euch, ihr Töchter Jerusalems,
> bei den Gazellen und Hirschkühen des Feldes:
> Wecket nicht und stört nicht auf die Liebe,
> bis es ihr selbst gefällt!«
>
> Hoheslied 2,6.7

Gazellen und Hirschkühe galten als der Göttin der Morgenröte heilig. »Ihre Anrufung bei der Bitte der Göttin, die Liebesnacht nicht am frühen Morgen schon zu stören, bekommt damit einen guten Sinn.«[39] So könnte man die Schwestern, die selbst hier noch mit eindringen wollen, als törichte »Töchter Jerusalems« bezeichnen, die dem Gebot der Göttin nicht folgen wollen und deshalb mit Blindheit geschlagen werden.

Das Märchen aber spricht von der Kirche statt vom Lager der Heiligen Hochzeit. Und am Anfang, als die Mutter sich von ihrer kleinen Tochter verabschiedet, heißt es: »Bleib fromm und gut, so wird dir der liebe Gott immer beistehen, und ich will vom Himmel auf dich herabblicken und will um dich sein.« Die Sterbende nennt den lieben Gott, obwohl sie sich selbst als diejenige bezeichnet, die vom Himmel auf die Tochter herabblickt und um sie ist. Und dass sie das wahr macht, davon erzählt das ganze Märchen. Der »liebe Gott« tritt sonst nicht mehr in Erscheinung. Der »liebe Gott« und die »Kirche« sind die einzigen Worte im ganzen Märchen, die an Christliches anklingen. Sie wirken wie Etiketten, die dem Märchen aufgeklebt werden, damit es mit der Fracht seiner so gar nicht christlichen Botschaft die Zollschranken vor bürgerlich-christlichen Wohnzimmern passieren kann, in denen außerdem ein Mädchen, das »fromm und gut« sein soll, was immer man darunter verstand, willkommen war.

Aber es kann sich auch um etwas anderes als um so etwas wie Etikettenschwindel handeln. Ebenso denkbar ist, dass hier ein Traum von einer Kirche geträumt wird, in die gerade dieses Paar Einzug hält. Es kann der innige Glaube sich darin ausdrücken, dass in der Kirche wirklich eine Heilige Hochzeit stattfinden kann. Solche Träume von der Kirche werden auch heute geträumt. Helmut Barz teilt einen mit, der in diese Richtung weist:

»Ich bin in einer Kirche, die aber eher wie ein Amphitheater gebaut ist. Es soll eine Hochzeit gefeiert werden. Obwohl noch viele Plätze frei sind, gönnt man mir kaum einen; ältere Frauen wollen mich fortdrängen. Ich sehe den Vater der Braut: groß, schwarz, hinkend. Dann kommt das Brautpaar einen Gang entlang. Die Braut ist oben weiß gekleidet, unten aber hat sie einen weiten roten Rüschenrock an. Die beiden beginnen eine Pantomime, zögern dreimal, ob sie zum Altar tanzen wollen oder nicht. Geschwister kommen dazu, es wird ein tanzender Festzug. Er führt zum Altar. Ja auf dem Altar werden die mimischen Darstellungen weiter fortgeführt. Dann wird ein weibliches Wesen, es ist wohl die Braut, auf den Altar gelegt. In einem feierlichen Akt wird das Genitale entblößt;

eine strahlende Kugel wird gereicht und darübergehalten.« Helmut Barz meint zu dem Traum, dass er aus tieferen, heidnischen Schichten der Seele komme, und schreibt: »Solche Träume scheinen deutlich zu machen, dass es von der spirituellen Überhöhung des kirchlichen Christentums herunterzukommen gilt, dass die tieferen Schichten der Seele, Unbewusstes, scheinbar Vergangenes, als heidnisch Verachtetes, mit einbezogen werden wollen, ja dass vielleicht nur noch von ihnen neue ›festliche‹ Spannung zu erwarten ist.«[40]

Nun braucht man im Neuen Testament nicht lange zu suchen, um auf das Thema Hochzeit zu stoßen. Die ganze Botschaft Jesu hat hochzeitlichen Geist. Er vergleicht das Reich der Himmel mit einem König, der seinem Sohn die Hochzeitsfeier rüstet. Und als die geladenen Gäste nicht erscheinen wollen, werden die Leute von den Straßen und den Zäunen eingeladen, man könnte sagen: die Aschenputtels (Matthäus 22,1ff.). Und als Johannes der Täufer gefragt wird, ob er oder Jesus der erwartete Messias sei, antwortet er: »Ein Mensch kann sich nichts nehmen, es sei ihm denn vom Himmel gegeben. Wer die Braut hat, ist der Bräutigam.« (Johannes 3,27.29) Er begründet damit die Messiaswürde von der Liebe der Braut her, den Armen und Entrechteten also, die auf Jesu Worte hörten und ihm nachfolgten.

Die Offenbarung des Johannes schildert die Braut als das himmlische Jerusalem, in dem Gott selbst wohne, und schließt die Vision von der Vollendung der Welt mit dem geheimnisvollen Satz: »Der Geist und die Braut sagen: Komm! Und wer es hört, der sage: Komm! Und wer dürstet, der komme; wer will, der nehme Wasser des Lebens umsonst.« (Offenbarung 21,17)

Das sind nur einige Textbeispiele aus dem Neuen Testament, die unmittelbar an das Märchen »Aschenputtel« anklingen. Es ist außerdem durchaus möglich, zwischen dem Königssohn des Märchens und Christus Verwandtes zu entdecken. Wie der Königssohn sich nicht davon abbringen lässt, seine Braut zu suchen, und sie gleichsam aus der Unterwelt befreit, so gilt auch Christus als Durchbrecher der Bande der Sünde und des Todes und seine Gemeinde als seine Braut, die er »in herrlicher Gestalt vor sich hinstellte, als eine, die weder Flecken noch Runzel oder dergleichen hätte, sondern sie soll heilig und untadelig sein«. (Epheser 5,27) Und wie Christus allein die Liebe bewog, das Reich seines Vaters zu verlassen, um die verlorenen Menschen zu suchen und sich ihnen anzuvermählen, so verlässt auch der Königssohn sein Schloss, um Aschenputtel zu finden.

So hätte das Märchen also guten Grund, das hochzeitliche Paar in die Kirche einziehen zu lassen. Sie will ja der Raum sein, in dem sich immer neu die liebende Verbindung zwischen Christus und seiner Gemeinde ereignen soll. Dass dies nicht immer so gut gelingt, wird von Vertretern der Kirche nicht einmal geleugnet. Vollkommen wird diese Hochzeit erst am Ende der Tage gefeiert. Inzwischen, solange die Erde steht, haben eben auch in der Kirche immer wieder einmal Stiefmütter und Väter das Sagen, die, so schrecklich es klingt, manchmal eher eine schwarze Messe des Todes in der Kirche zelebrieren. Allen armen, entrechteten und erniedrigten Aschenputtels wird daher empfohlen, nur fromm und gut zu bleiben, es werde ihnen dann im Himmel gelohnt. So war es jedenfalls lange Zeit, und manchmal ist es noch heute so, obwohl gerade in jüngster Zeit immer mehr Christen darauf dringen, die Hochzeitsfeier im Reich Gottes hier auf der Erde doch immer wieder einmal schon vorweg zu feiern. Und es ist erstaunlich, was die Kraft ihrer Sehnsucht dann auch wirklich an Festfreude freisetzt. Da ist dann wirklich jeder, auch die von den Straßen und Zäunen, willkommen und wird nicht nach einer Eintrittskarte gefragt.

Warum das in der bisherigen Kirchengeschichte nur so selten gelungen ist, darüber machen sich zur Zeit gerade viele Frauen Gedanken. Und sie kommen zu dem Ergebnis, dass die Ursache eben darin liegt, dass auch im Christentum das Weibliche immer wieder zum Aschenputtel herabgewürdigt wird. Wo aber dies geschieht, haben auch die Tauben, der Heilige Geist, keine Schultern, auf denen sie wohnen könnten. Wo dies geschieht, bleiben Liebe und Weisheit unsichtbar oder werden gewaltsam vertrieben. Das Weibliche, in dem die Göttin der Liebe wirksam wird, ist so etwas wie das verwirklichende Prinzip. Ohne das Weibliche bleiben alle Worte leer, es fehlt ihnen das lebendige Wasser. Wo Männer, wo Männliches allein regieren, kommt es zu der »spirituellen Überhöhung«, von der Barz spricht. Da wird alles abstrakt und lebensfern. Langeweile breitet sich aus statt festlicher Freude. Man sagt: Christus allein. Doch wenn seine Braut nicht mit ihm einzieht in die Kirche, kann selbst er nicht Hochzeit feiern. Um ihretwillen findet die neutestamentliche Heilsgeschichte ja statt. Dass aber diese Braut nicht nur ein armes, erlösungsbedürftiges Aschenputtel ist, sondern in ihr die Liebe und Weisheit, die Sophia, selbst wohnen, das ist eine Vorstellung, die im Rahmen des christlichen Glaubens bis heute unerhört klingt. Und darum passt das Märchen bis heute nicht so recht in die Kirche. In der Fantasie vieler Frauen und Männer der Gegenwart zeichnet sich aber ein neues Gottesbild am Horizont ab, genauer: ein göttliches Paar: Christus und Sophia, Symbol für die Heilige Hochzeit zwischen Himmel und Erde, Geist und Seele, Männlichem und Weiblichem. Aber dies zu schildern wäre das Thema eines anderen Buches.

Der Froschkönig

1 Zur Vertiefung der hier ausgeführten Gedanken: Miller, A.: Das Drama des begabten Kindes und die Suche nach dem wahren Selbst, Frankfurt 1979
2 Diese aus der Transaktions-Analyse stammenden Formulierungen beziehen sich auf die »Grundeinstellungen« des Menschen und werden näher erläutert bei: Rogoll, R.: Nimm dich, wie du bist. Eine Einführung in die Transaktionsanalyse, Freiburg 2001, z. B. S. 43f.
3 Siehe dazu a. a. O., S. 13ff.
4 Schmidbauer, W.: Die hilflosen Helfer, Hamburg 1977
5 Damit ist auf das berühmte Buch angespielt: Berne, E.: Spiele der Erwachsenen. Psychologie der menschlichen Beziehungen, Hamburg 2002. Zum Verständnis der »Spiele« vgl. Rogoll, R.: a. a.O., S. 51ff.
6 Pascal, B.: Pensées, Fr. 140
7 Gibran, K.: Der Prophet. Wegweiser zu einem sinnvollen Leben, Olten 1978, Von der Ehe, S. 15f.

Die Nixe im Teich

1 Die Nixe im Teich. In: KHM II. 181, Zürich 1946, S. 456
2 vgl. Graumantel. Aus: Deutsche Volksmärchen. Neue Folge, hrsg. von Moser-Rath, E.
3 Kast, V.: Freude, Inspiration, Hoffnung, S. 157ff.
4 Kast, V.: Imagination als Raum der Freiheit
5 Bolte, J./Polivka
6 Kast, V.: Vater – Töchter, Mutter – Söhne, S. 51ff., 89ff., 322ff.
7 Bächtold-Stäubli, H., Bd. 9, S. 127ff.
8 ebd., S. 150
9 Burkert, W.: Homo necans, S. 191
10 Grant, M./Hazel, J.
11 Gimbutas, M.: The Language of the Goddess
12 ebd., S. 111
13 ebd., S. 111
14 Bächtold-Stäubli, H., Bd. 7, S. 1564
15 ebd., S. 1563
16 ebd., Bd. l, S. 1679
17 Gimbutas, M.: The Language ..., S. 109
18 siehe Ranke, K., Bd. 2, S. 707
19 Kast, V.: Vater – Töchter, Mutter – Söhne ..., S. 109ff.
20 Kast, V.: Freude, Inspiration, Hoffnung ..., S. 157ff.
21 Kast, V.: Dynamik der Symbole, S. 44ff.
22 Kast, V.: Vater – Töchter, Mutter – Söhne ..., S. 109ff.
23 Gimbutas, M.: The Language ..., S. 111
24 Kast, V.: Die Dynamik der Symbole ..., S. 44ff.
25 Das Erdkühlein, in: Kast, V.: Familienkonflikte im Märchen
26 Gimbutas, M.: The Language ..., S. 113
27 Burkert, W.: Homo necans ..., S. 24

28 ebd., S. 24
29 ebd., S. 72
30 ebd., S. 29
31 ebd., S. 63
32 Kast, V.: Trauern, S. 158
33 Kast, V.: Sich einlassen und loslassen
34 Kast, V.: Der schöpferische Sprung, S. 53f.
35 Riedel, I.: Die weise Frau in uralt-neuen Erfahrungen, vor allem zu diesem Märchen auch S. 76ff.
36 Riedel, L: Die weise Frau .... S. 152ff.; Kast, V.: Imagination als Raum der Freiheit ..., S. 109–117
37 Kast, V.: Imagination als Raum der Freiheit ..., S. 109ff.
38 Kast, V.: Vom Vertrauen in das eigene Schicksal. Der Teufel mit den drei goldenen Haaren
39 Zaunert, P.: Deutsche Märchen seit Grimm, S. 145 (in der Ausgabe von 1964 ist das Märchen leider nicht aufgenommen)
40 Kast, V.: Wege zur Autonomie, S. 15ff.
41 Riedel, L: Die weise Frau ..., S. 18ff.
42 von Franz, M.-L.: Bei der schwarzen Frau. Deutungsversuch eines Märchens. In: Laiblin, W. (Hrsg.): Märchenforschung und Tiefenpsychologie, Darmstadt, S. 95ff.
43 Kast, V.: Imagination als Raum der Freiheit ..., a. a. O.
44 Kast, V.: Der schöpferische Sprung, S. 2
45 Kast, V.: Die Dynamik der Symbole ..., S. 181
46 Kast, V.: Märchen als Therapie
47 Bächthold-Stäubli, H., Bd. 9, S. 152
48 Kast, V.: Liebe im Märchen
49 Gimbutas, M.: The Language .... S. 67
50 ebd., S. 256
51 Kast, V.: Sich einlassen und loslassen, S. 27ff.
52 Genesis 4,1
53 Riedel, I.: Die weise Frau ..., S. 76ff.
54 Kast, V.: Vater – Töchter, Mutter – Söhne ..., S. 97ff.

Aschenputtel

1 Birkhäuser-Oeri, S.: Die Mutter im Märchen, hrsg. von M.-L. von Franz, Stuttgart 1979⁵, S. 259 und S. 28f.
2 vgl. Perrault, C.: Feenmärchen aus alter Zeit. Aus dem Französischen von Helga Groß, München, S. 91ff.
3 Kinder- und Haus-Märchen. Gesammelt durch die Brüder Grimm, 1812. In ihrer Urgestalt herausgegeben von Panzer, F., München 1915
4 Wahrig, G.: Deutsches Wörterbuch, Gütersloh. Berlin. München. Wien 1968, 1972, Stichwort »Aschenputtel«
5 Enzyklopädie des Märchens, Band 1, hrsg. von Ranke, K., Berlin 1977, Stichwort »Cinderella«
6 Dowling, C.: Der Cinderella-Komplex. Aus dem Amerikanischen von M. Ohl und H. Sartorius, Frankfurt 1982
7 Miller, A.: Das Drama des begabten Kindes, Frankfurt 1979
8 vgl. Birkhäuser-Oeri, S.: Die Mutter im Märchen, S. 256ff.

9　Göttner-Abendroth, H.: Die Göttin und ihr Heros. München 1980, S. 136ff.

10　Jung, C. G.: Die Beziehungen zwischen dem Ich und dem Unbewussten, Olten 1971, S. 102

11　Bechstein, L.: Sämtliche Märchen, Zürich 1974

12　vgl. Anmerkung 3

13　Aradia, L.: Die Lehre der Hexen, zitiert nach: Bauer, W., Dümotz, I., Golowin, S., Lexikon der Symbole, Wiesbaden 1982³, S. 156

14　vgl. Mann, U., Theogonische Tage, Stuttgart 1970, S. 285f. und Göttner-Abendroth, H., Die Göttin und ihr Heros, S. 65f.

15　Schmökel, H.: Heilige Hochzeit und Hoheslied, Wiesbaden 1965, S. 82

16　Neumann, E.: Die Große Mutter, Olten 1974, S. 299ff.

17　Schmökel, H.: ebenda, S. 82

18　Mann, U.: Der Ernst des heiligen Spiels, Eranos 1982, Frankfurt 1983, S. 44

19　Göttner-Abendroth, H.: ebenda, S. 158

20　Capra, F.: Der kosmische Reigen, München 1983⁶, S. 7

21　Nizami, Die sieben Geschichten der sieben Prinzessinnen, Zürich 1959, S. 127ff.

22　vgl. Handwörterbuch des deutschen Aberglaubens, hrsg. von Hoffmann-Krayer, E., und Bächtold-Stäubli, H., Berlin 1927–1942, Stichwort »Taube«

23　Christ, F.: Jesus Sophia, Zürich 1970

24　Handwörterbuch des deutschen Aberglaubens, Stichwort »Birnbaum«

25　vgl. Remmler, H., Der Königssohn, der sich vor nichts fürchtet, Stuttgart 1984

26　Neumann, E.: Die Große Mutter, S. 212

27　vgl. Ranke-Graves, R.: Die weiße Göttin. Ins Deutsche übertragen von Lindquist, T., unter Mitarbeit von Wilkens, L., Berlin 1981, S. 206f.

28　vgl. Wahrig, G.: Deutsches Wörterbuch, Stichwort »Treppe«

29　zitiert nach: Enzyklopädie des Märchens, vgl. Anmerkung 5

30　Reclams Lexikon der antiken Mythologie von E. Tripp. Stuttgart 1974, Stichwort »Hermes«

31　Ranke-Graves, R., vgl. Anmerkung 27, S. 384

32　Scholem, G.: Von der mystischen Gestalt der Gottheit, Zürich 1962, S. 143

33　Handwörterbuch des deutschen Aberglaubens, vgl. Anmerkung 22, Stichwort »Taube«

34　Möbius, P. J.: Über den physiologischen Schwachsinn des Weibes, München 1977

35　Handwörterbuch des deutschen Aberglaubens, Stichwort »Schuh«

36　Wahrig, G.: Deutsches Wörterbuch, Stichwort »butt«

37　Kast, V.: Paare, Stuttgart 1984

38　Sumerisch-akkadische Hymnen und Gebete, zitiert nach H. Schmökel, Heilige Hochzeit und Hoheslied

39　Schmökel, H.: ebenda, S. 109f.

40　Barz, H.: Selbsterfahrung, Stuttgart 1973, S. 91f.

Bibliografische Information der Deutschen Bibliothek
Die Deutsche Bibliothek verzeichnet diese Publikation in der
Deutschen Nationalbibliografie; detaillierte bibliografische Daten
sind im Internet über http://dnb.ddb.de abrufbar.

Sonderausgabe der folgenden, erstmals im Kreuz Verlag Zürich
erschienenen Titel:
Hans Jellouschek, »Der Froschkönig«,
© 1985 Kreuz Verlag AG Zürich,
Verena Kast, »Die Nixe im Teich«,
© 1995 Kreuz Verlag AG Zürich,
Hildegunde Wöller, »Aschenputtel«,
© 1984 Kreuz Verlag AG Zürich.

© 2009 Verlag Kreuz GmbH
Postfach 80 06 69, 70506 Stuttgart

www.kreuzverlag.de

Alle Rechte vorbehalten
Umschlaggestaltung: [rincón]² medien GmbH
Satz: de·te·pe, Aalen
Druck: CPI – Clausen & Bosse, Leck

ISBN 978-3-7831-3250-2